JN207368

続 八王子の民俗

地誌と伝承から見た八王子

佐藤 広

揺籃社

序――八王子を見つめ続ける人

小川直之

この書冊の著者、佐藤広さんとは、若い頃、それこそ二〇歳代から民俗学や博物館、地域の歴史や文化財について、ともに考え、議論をしながら本作りや研究会などを行ってきた。同じ時代を生きながら佐藤さんも私も古稀を超えたので、五〇年来の同志といえる。

根っからの「八王子びと」の佐藤さんが、前著『八王子の民俗』の続編『続八王子の民俗』をまとめられたのは同慶の至りで、再び私たちにいくつもの課題を投げかけ、さらに外から八王子を見ている者には気づかない伝承文化を教えてくれる。いくつかあげると、元禄十二年の時の鐘の「八王子」銘は、鐘の音がもった「誓約の鐘」「無間の鐘」などの意味づけからいうなら、単に時を知らせるだけでなく、鐘に「横山」ではなく「八王子」と刻むことで、鐘の音にこの名をのせて弘める意図もあったのではないだろうか。

八王子の宿形成とも関係する牛頭天王は――八幡八雲神社のいきさつにある、同社の御神体は浅川から拾いあげられたという水中出現の伝承をもつことも興味深い。この神は平安時代には確認できるが、在地信仰としては祇園系なのか、津島系なのかということが問題になる。これは現在の祭りで斎行される神輿の川瀬渡御も含めてのことで、川辺の漂着神伝承は、津島神社天王祭の「神葭流し神事」とのつながりを考えるべきか、祇園社（京都・八坂神社）の神幸祭での「神輿洗い神事」の写しなのか、ということになる。八王子と同様、多摩地方から江戸、相模では神輿を「お天王様」と呼ぶこと、さらに信州北部から上州（群馬県）、武蔵へと祇園系の祭りが広がっていることからは後者と思われるが、前者の考え方も捨てがたい。

「八王子の民俗覚書」は、市内の古老の伝承を丹念に聞き取ったものである。人は我が身のなかに、その地が持つ歴史を蓄積し、時にそれを伝えながら生きているのであり、その様を淡々と記した章である。ここから読者が何を拾い上げ、心に留めるかは、一様ではない。石川町の立川さんからの聞き書きにある、「紙の位牌」は僅か二行の記述だが、これがあるおかげで、八王子市域の民俗文化はここから西の津久井（現相模原市緑区）や郡内（山梨県都留地方）とつながっているのがわかる。

さらにこの書の特色は、自らの日記から身辺卑近の、あるいは日本の動向を記していることである。昭和三十八年から昭和五十四年までの日記からの抽出で、もの心ついた佐藤少年が成長途次で何をみつめ、感じ取ってきたのかの記録である。これは日記のすべてではないであろうし、文体は品良くまとめられてはいるが、佐藤さんが持った地域の歴史や文化へのまなざしがよくわかる。

佐藤さんとは、たとえばたましん地域文化財団の『多摩民具事典』の執筆や編集、関東民具研究会での研究会やクルリ棒、運搬具などの報告書づくりなどを行った。もっとも大きい仕事は、佐藤さんが室長、後に専門管理官を務めた『新八王子市史』の民俗編の編さんで、市内を五地区に分けての民俗調査報告書、さらには『八王子写真民俗誌』などの市史叢書の発刊であった。これらはいずれも佐藤さんの見識と情熱に支えられた仕事であった。

『続八王子の民俗』にも、こうして佐藤さんが長年かかって捉えてきた、八王子という地域がもつ、文化の歴史的奥行きと、その領域の広さが示されている。

（國學院大學名誉教授）

目次

第一章　江戸時代の地誌に記された八王子

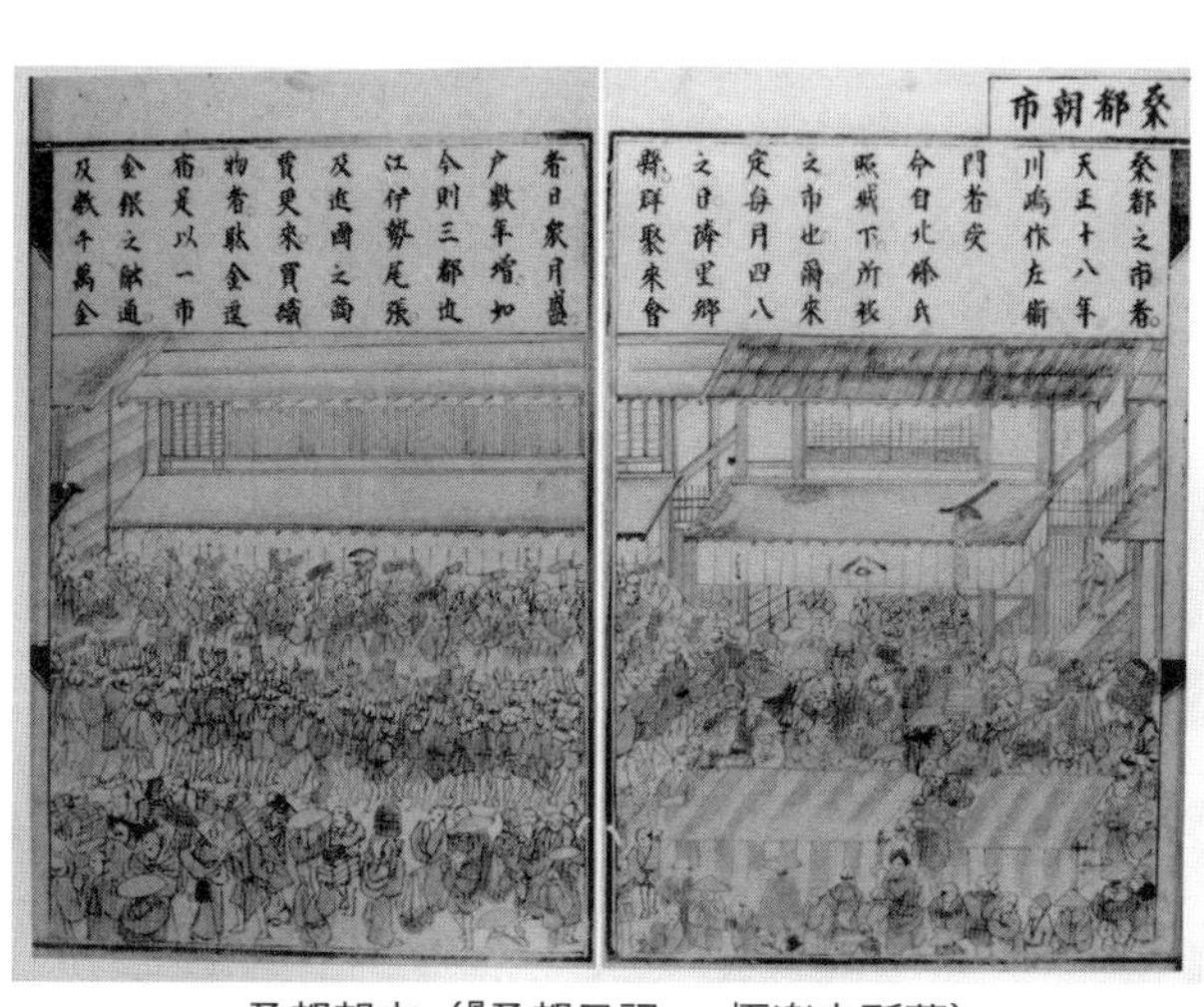

桑都朝市（『桑都日記』、極楽寺所蔵）

はじめに

今日、私たちが思い浮かべる「八王子の歴史」は、八王子市中心部の歴史である。大石氏が築き、その後に北条氏が継承した滝山城（国指定史跡　滝山城跡）下に、横山宿・八日市宿・八幡宿の三つの宿が誕生する。小田原北条三代の氏康の子、北条氏照（一五四〇?〜九〇）が城を滝山城から八王子城（国指定史跡　八王子城跡）に移し、三つの宿や寺院も八王子城下に移転した。しかし、天正十八年（一五九〇）に豊臣秀吉方の上杉景勝や前田利家の軍勢に攻められ、八王子城は落城した。北条氏は滅び、その年に徳川家康が関東に入り、武蔵・下総・上総・相模・伊豆などが家康の支配となった。八王子は家康家臣の代官頭大久保長安（一五四五〜一六一三）が中心となって、浅川右岸（南側）の横山村の原野を新しいまちづくりの場とし、横山宿・八日市宿・八幡宿の三つの宿と寺院などが八王子城下から移転した。横山宿（横山町）では四のつく日、八日市宿（八日町）では八のつく日に市（いち）が開かれ、市では次第に絹織物の取引が主となった。また、甲州道中（甲州街道）が整備されて今日の八王子に至る。八王子城跡周辺は元の八王子、「元八王子」と呼ばれるようになった。

以上の歴史が、八王子の歴史の核となっている。こうした歴史が、どのような人々によっていつ書かれ、多くの人々の認識となったたか、考えてみたい。

その疑問に答えるには、江戸時代に書かれた八王子の「地誌」を検討する必要がある。八王子の地理・風俗・習慣・伝承などを記した書物、つまり江戸時代の八王子の地誌は、今日までいくつか伝えられている。それらはみな、今からみれば遠い過去のものだが、執筆や編さんに従事した人々は自分が生きている現在（江戸時代）に記録や伝承（民俗）を調べてまとめたものである。こうした作業の中から、当時の合理的な八王子の歴史ストーリーが誕生した。

その歴史は書物の中だけでなく、まちの人々が長い間繰り返してきた祭礼の中にも存在している。八幡八雲神社（元横山町）の八雲神社（江戸時代は「牛頭天王」といった）の例大祭の中に脈々と伝えられてきた。八王子の中心部は大横町を境に、多賀神社（元本郷町）の氏子の上（西部）と、八幡八雲神社の氏子の下（東部）に二分されながら、八王子としてまとまって発展してきた。

八王子は大名が支配し、経営する藩ではなく、江戸幕府直轄の天領である。代官領・旗本領・高家領・寺社領など、村々の多くは一村で複数のものに支配されていた（一九六八『八王子市史』附編　一頁）。それゆえ、この地域では支配者の力ではなく、自治的・自律的な住民の力で政治や経済・文化が展開してきた。その暮らしのエネルギーの中には、地域コミュニティのアイデンティティとなる「八王子の歴史」が存在した。歴史は決して社会の添え物ではなく、現在と将来のコミュニティの核なのである。

この第一章は、次のような流れとした。

一「桑都・八王子と地誌」　桑都・八王子について地誌から概説する。

二「八王子千人同心の地域調査」　なぜ地誌の編さんがはじまり、どのような人々が携わったのかを明らかにする。

三「地誌に記された八王子の歴史」　八王子の主な歴史事項である「八王子」「横山党」「牛頭天王とその祭り」に触れる。

四「江戸時代の八王子の地誌」　本章のベースとなった地誌の説明をする。

一　桑都・八王子と地誌

（一）桑都・八王子

「桑都」とは　「桑都（そうと）」とは「八王子」の別の呼び名のことで、八王子の別称あるいは異称である。別称というと、さげすんでいう蔑称と通じてしまいそうだが、八王子の歴史や文化・経済をたたえる心持ちで、美称という言い方もある。

八王子は古くから絹織物生産や市（いち）での絹織物の交易の中心地であった。桑を育てて蚕を飼って繭を得る養蚕、繭から生糸をとる製糸、糸から布を織る織物（製織）。八王子を「桑都」と呼びはじめたころは、これら養蚕と製糸と織物が未分化で、桑畑で桑を育てて蚕にあたえることから、糸とりと機織りまでのすべての工程を一軒の家や近隣の家々で行うことが多かった。だから桑と絹織物との距離は近く、「桑都」という美称が八王子の人たちの心におさまっていた。

明治期の技術革新が進み、電力が織機の動力として用いられると、織物関連産業の大規模化や分業化によって、人々の感覚から桑と絹織物との距離が遠いものとなった。昭和三十四年（一九五九）に八王子織物産地買継商業組合内に「ネオン塔建設委員会」を設置し、多くの協賛者を得て、昭和三十五年に「織物の八王子」タワーが完成。八王子市の表玄関の八王子駅北口広場に、八王子のまちを象徴するものとして、地場産業の織物を内外にアピールするために建設され、その象徴は「桑」ではなく「織物」となった。平成七年（一九九五）九月、八王子駅北口地下駐車場建設工事にともない塔は撤去された。平成十年、八王子駅北口横断歩道橋の名称が「マルベリーブリッジ（桑の橋）」に決まり、平成十一年に利用開始となった（一九九九「マルベリーブリッジと絹の道」）。英語名ではあるが、桑が現代によみがえった。

近年、「桑都」という言葉が市民の間でよく使われる。それは文化庁が平成二十七年度から開始した「日本遺産(Japan Heritage)」事業に、八王子市が「霊気満山　高尾山〜人々の祈りが紡ぐ桑都物語〜」と題して応募し、令和二年（二〇二〇）度に認定されたことによる。この日本遺産に関連する様々な事業が、「桑都」の名を冠して展開されている。地域活性化を目的に、地域の文化財や伝統文化に一定のストーリー性をつけてパッケージ化し、情報発信や人材育成、伝承、環境整備などを行い、地域の産業や観光と連動してまちづくり政策を進めるためのものだ（二〇二〇　山下慶洋「日本遺産――事業開始から5年を経過して――」『立法と調査』四二四）。新たな時代状況の中で、これから「桑都」の美称はどのように展開していくのだろうか。

桑都・八王子の範囲　江戸時代、八王子とその周辺には桑畑が多く、中心部は比較的人口が密で、地域の経済・政治・文化の中心地であった。絹織物の市がたち、甲州道中の通りは賑やかで「桑都」と呼んだ。塩野適斎は「桑都日記」続編で、「桑都はすなわち今の八王子郷也。千人町の東にあり。按ずるに往昔八王子城よりこの地に連綿たり。これを総称して桑都と総称せしものか」（一九七二　栗山亀蔵訳『桑都日記』続編　九〇頁）と述べている。塩野適斎のいう八王子郷とは、江戸時代の十五宿を少し広くとらえた範囲で、近くて関係の深い元横山村や新横山村・子安村・本郷村・千人町なども含まれる。八王子の惣号（総称）、つまり広い範囲の名では八王子城のあった元八王子をも含んで、「桑都」と総称したものかといっている。

植田孟縉著、原胤明校訂の「八王子郷名蹟拾遺」（町田市立自由民権資料館〈図師町佐藤家旧蔵・複写史料〉）では、八王子明神（日吉町　日吉八王子神社）は「西は小仏峠をかぎり　北は秋川をかぎり、東は玉川（多摩川）をかぎり、東より南は由木領猿山峠（野猿峠）をかぎり　杉山峠（御殿峠）武相の境川をかぎ」る範囲の総鎮守で、その中には七十余村あり、永禄・天正（一五五八～九二）のころからその村々を八王子の〇〇村といい、この地域の惣名が八王子だといっている。いわゆる由井領の範囲である。由井領は、由木地区を除く八王子市域と三沢や豊田の日野市の一部、相原や小山の町田市の一部である。

さらに植田孟縉は「武蔵名勝図会」の中で、八王子がこの辺の惣号となり「江戸にては府中辺より西の方は国堺（武蔵と相模の境）までを八王子と思えり、また、檜原、五日市辺の者江戸へ出て住居を問われれば、八王子在なりと答うる如し」（一九七五　片山迪夫校訂『武蔵名勝図会』二七〇頁）と記している。江戸の人たちは、府中（府中市）から西の方は小仏峠あたりまでを八王子と思っていた。檜原（西多摩郡檜原村）や五日市（あきる野市）辺のものが江戸へ出て、「どこから来たのか」と問われ、出身地を答えても分かってもらえないので「八王子の近辺」と答えたのだ。

桑都を冠するものに桑都八景がある。八景とは元々は中国の洞庭湖（湖南省）付近の瀟湘八景をならったもので、わが国では近江八景（滋賀県）や金沢八景（横浜市金沢区）が著名である。「桑都日記」続編では、八王子城主の北条氏照が支配する地域で、風光の優れている土地を選んで桑都八景と呼んだという」（一九七二『桑都日記』続編九〇―九三頁）。八王子城秋月・桑都晴嵐・山田落雁・高尾翠靄・水崎夜雨・浅川帰釣・十十里暮雪・大戸晩鐘の八景である。それぞれに簡単な説明と詩と和歌がついている。桑都晴嵐に、「蚕かふ桑のみやこの青あらし市のかりやにさわくもろびと」という歌が付されている。この桑都八景は、江戸時代になってから八王子城を偲んでつくられ、定着したものと思われる。

桑の都が出てくる歌といえば「浅川を渡りて見れば富士の根の桑の都に青嵐吹く」、「浅川を渡れば富士のかげきよく桑の都に青嵐吹く」が、大正十五年（一九二六）に八王子市が市制十周年を記念して発行した『八王子』に紹介されている。また江戸の根岸鎮衛（やすもり）の随筆「耳袋」に、「宇川（浅川）をわたれば富士の雪白く桑の都に青嵐立つ」（二〇一七『新八王子市史』通史編三　近世上　一六頁）」がある。これらの歌は平安時代末から鎌倉時代初期の歌僧の、西行に仮託したものである。青嵐（せいらん）（あおあらし）とは青葉を吹き抜ける風、つまり初夏の薫風のこと。また、晴嵐とは晴れの日に立ちのぼるかすみをいう。

江戸時代末に発行されたと思われる「桑都年中行事抄」（二〇一五『新八王子市史』資料編四　近世二　七二七―七三四頁）では、桑都八景が①浅川夕照　②新地暮雪　③子安落雁　④滝山夕月　⑤念仏堂晩鐘　⑥船森帰帆　⑦水崎夜雨　⑧不二森青嵐　と、ほぼ八王子郷の範囲となっている。

「桑都年中行事抄」には、桑都に通い集い遊ぶ人々が出かけられる神仏の祭りや縁日、八王子と縁のある寺社なども掲載されている。「桑都」という呼び名は、八王子城下からの歴史を背景に、八王子中心部とその周辺にも及んだ。八王子イコール桑都で、今日では養蚕が盛んであった由木地区も含めて「桑都」と呼んでよいと思う。

（二）桑都・八王子の地誌

地誌とは　地誌とは「ある地域の地名・位置・地形・気候・集落・交通・産物・風俗・習慣・伝承などについての記録」（一九八八「地誌」『国史大辞典』第九巻）であり、風土記・名所記・名所図会・紀行などがある。名所記は「江戸時代、各地の名所を紹介することを目的として著された書物」（一九九二「名所記」『国史大辞典』一三巻）である。名所とは、本来は歌の「名所（などころ）」で、「万葉集」などの歌枕としての地名を意味していた。次第に本来の名所よりも、寺社・旧跡・名勝などをふくむ名所の紹介に変化していった。名所図会は「実景描写の挿絵を多数加えた地誌」（前掲書）で、名所記が展開したものである。紀行は「旅行中の体験・見聞・印象などを書きつづったもの。紀行記ともいう。修辞に気をくばり、作者の深い思索を示した紀行文学のほか、単なる記録・地誌の類も多く」（一九八四「紀行」『国史大辞典』四巻）ある。

こうしてみると、地誌には風土記、名所記、紀行などがある。それに「村方旧記」を加えたい。「村方旧記」とは、享保期（一七一六〜三六）以降に、村の開発者である土豪百姓の系譜をひくもの、あるいは経済的成長をとげた村役人などが、居住する村や周辺地域を対象とした記録のことである（二〇一〇　岩橋清美『近世日本の歴史意識と情報空間』）。八王子市域では、「横山根元記」と「散田村初り之事を記」がある。

八王子に関する地誌の成立時期

①村方旧記の「横山根元記」は、大久保市之亟忠盈が享保十五年（一七三〇）に作成した。

②村方旧記の「散田村初り之事を記」は享保年間（一七一六〜三六）に一度まとめられ、のちの天保十三年（一八四三）に追記したものと思われる。

③「八王子十五組地誌捜索」は、文化十一年（一八一四）の成立と思われる。幕府による「新編武蔵風土記稿」の編さんの過程で、調査編集にあたった八王子千人同心が作成した。「地誌捜索」とは、幕府の地誌編さんでの調査活動などをいい、その過程で作成された成果の稿本の表題ともなっている。その稿本は関係者が所持する。

④「新編武蔵風土記稿」は、幕府の昌平坂学問所の地誌調所で、間宮士信が編集にあたった。文化七年に編さんに着手、文政十一年（一八二八）に完成。最終的には補訂し、天保元年（一八三〇）に幕府に献上した。文化十一年に八王子千人同心組頭の原胤敦が命を受け、組頭七名も加わって同年九月から多摩郡などの編さんにあたる。八王子市域が入っている多摩郡の部は、文政五年に稿本にまとめられた。

⑤「八王子郷風土記」は、八王子千人同心組頭の原胤明の編集で、文政五年から文政九年までの間の成立と思われ

る。

⑥「武蔵名勝図会」の著者は、八王子千人同心組頭の植田孟縉（うえだもうしん）。武蔵全域ではなく、多摩郡を対象としている。文政三年に脱稿し、文政六年に幕府に献上した。

⑦「八王子郷名蹟拾遺」は植田孟縉著、原胤明校訂で、文政六年から文政九年の間に成立か。

⑧「桑都日記」は、八王子千人同心組頭の塩野適斎著。正編は文政十年の序があり、続編は天保四年に脱稿。

⑨「高尾山石老山記（たかおさんせきろうさんき）」は竹村立義（たけむらりつぎ）著。文政十年成立。

⑩「八王子名勝志（はちおうじめいしょうし）」は百枝翁著。万延元年（一八六〇）以降の成立。

各地誌の成立時期をみると、「新編武蔵風土記稿」の多摩郡の部ができた文政五年が画期となっている。文政三年にすでに脱稿していた「武蔵名勝図会」を、植田孟縉は間をおいて文政六年に幕府に献上している。また、文政五、六年以降に、植田孟縉の「八王子郷名蹟拾遺」と原胤明の「八王子郷風土記」が完成している。植田、原とも「新編武蔵風土記稿」の編さんにかかわった八王子千人同心組頭で、幕府の地誌編さんが一段落してから、自らの著作を完成させたものと思われる。

「八王子名勝志」は、「新編武蔵風土記稿」の多摩郡完成の文政五年から約四〇年後の刊行で、国立国会図書館蔵の「武州八王子十五宿地誌捜索 全」を資料として使用しており、幕府の地誌編さんの成果が活用されている。

二　八王子千人同心の地域調査

まず江戸時代の八王子とその周辺の記録や伝承（民俗）から地誌をまとめ、「八王子の歴史」を記した八王子千人同心について知っていただきたい。なお、本稿は『八王子千人同心史　通史編』と『千人のさむらいたち ― 八王子千人同心』を主に参照させていただいた。

（一）八王子千人同心について

八王子千人同心　千人頭一人―組頭一〇人―平同心九〇人が一組となり、一〇組あって千人頭の姓から原組・窪田組・河野組などと呼ばれた。千人町には旗本身分の千人頭と御家人身分の同心が主に集住し、武家屋敷が連続する景観であった。同心は、八王子を中心とした周辺の村々に住む郷士の集団で、普段は農業を営み、農民と同じく年貢を納めた。同時に、武士としての役も負うので幕府から扶持米（ふちまい）（主君から家臣に米を給与する）などが給付された。兵農分離の身分社会である江戸時代にあって、農民でも武士でもあるという半農半士の個性的な存在であった。

成り立ち　八王子千人同心の原型は、戦国時代の甲斐国を統治する武田氏の組織に、小人頭（こびとがしら）という役職があった。小人頭は九人が各々三十名ずつの小人（こびと）をもち、武田信玄の居館や甲斐の幹線道路の警備を行った。天正十年（一五八五）、武田氏が滅んで織田信長が亡くなると、甲斐国は徳川家康の支配となった。家康は武田氏の家臣を自分の家臣団に組み入れ、甲州の境界九か所に警備のために小人頭を配置した。このとき、小人頭―小人・中間（同心）の組織ができ、八王子千人同心の原型となった。

八王子城下から千人町へ　天正十八年（一五九〇）七月、小人頭らは甲州から落城してすぐの八王子城下に、戦後の治安維持のために移った。天正十九年には小人頭が一〇人、小人が五〇〇人となり、八王子城下には二年半あまり駐屯し、文禄二年（一五九三）正月に後の千人町に移住した。当初から「千人町」と呼ばれていたわけではなく、「五百人町」といわれていた時期もあった。千人町は新しい宿のすぐ西側にある。八王子千人同心の千人町への移住は、新たなまちづくりでの計画の具現化であり、宿の形成とも関連する。

慶長四年（一五九九）に大久保長安によって、関ヶ原の合戦準備として千人の集団となる。小人頭は千人頭、小人は同心となり、ここに八王子千人同心が成立する。

組織と公務　八王子千人同心は、初期には武力集団として、関ケ原の合戦、大坂冬の陣や夏の陣にも参戦した。八王子千人同心の代表的な任務は日光勤番である。徳川家康（東照宮）と家光（大猷院）を祀る日光の火の番は、慶安五年（一六五二）に命じられ、幕末まで行われた。千人頭二名の二組と、各組の同心五〇名（組頭合計一〇名が含まれる）ずつが五〇日、全一〇組が交代で勤めた。寛政三年（一七九一）には千人頭一名、同心五〇名で期間が半年となった。

蝦夷地へ　幕府はロシアの南下を意識し、防衛と現地住民への対応から東蝦夷地と千島を直接支配した。千人頭の原半左衛門は、同心家の子弟の職の課題や、かつて将軍に謁見する際の席をある千人頭が誤ったために降格され、その復帰を願い、蝦夷地の警備と開拓を幕府に願い出た。寛政十二年（一八〇〇）正月に幕府から命ぜられ、同年三月二十日に半左衛門弟の新介が四三人をひきいて八王子を発ち、翌日に五七人と原半左衛門が出発した。奥州道中を経て津軽半島の三厩（青森県東津軽郡三厩村）から海路で松前に渡り、函館にいたる。新介は勇武津（苫小牧市勇払）に五〇名をひきい、半左衛門は海岸線をとおり白糠（白糠郡白糠町）に五〇名を連れて入った。開拓や警備、土木事業等にあたったが、厳しい自然の中で自給にもいたらず、病死者と帰還する者が多く出た。

幕末・解体へ　幕末の幕府による軍制改革で、西洋式の軍隊への変換が行われた。慶応二年（一八六六）に千人隊と改称され、千人頭は「千人隊の頭」、同心は「千人隊士」となった。その後、将軍家茂上洛の供奉、横浜警衛、甲府への出兵、長州出兵、一揆への対応などに追われる。

慶応四年四月に、官軍と戦う幕臣の一部は宇都宮に転戦し、日光に立てこもった。このときの火の番の千人隊の頭は、前任者が亡くなり急遽替わった石坂弥次右衛門であった。日光では両軍の話し合いで戦火を交えることはなく、石坂は閏四月十日に八王子に帰った。しかし日光で戦わなかったことや同心の内部にも各論があって、石坂は一一日の明け方に切腹した。

慶応四年七月に千人隊は解体し、その年の九月には明治元年となる。千人隊の頭は徳川家に従い、徳川領地の静岡へ移住する。最後は七〇名ほどが朝臣（朝廷に仕える）となり、多数の千人隊士は農業に従事することとなった。

(二)　地誌編さんと八王子千人同心

幕府の地誌編さんと八王子千人同心　一八世紀末から、ロシアや欧米の外国船が日本近海に通商を求めて渡来し、対外危機が高まった。国内的にも飢饉・頻発する一揆など、村々や都市の課題に直面し、幕府は統治の根本施策を再考する必要に迫られた。そこで寛政改革で松平定信が示した地誌調査が、享和三年（一八〇三）に湯島の昌平坂学問所に地誌調所（ちししらべどころ）をおいて具体的に行われることになった。そこで「新編武蔵風土記稿」や「御府内備考」などの幕府の地誌編さんが行われた。

文化十一年（一八一四）に、八王子千人同心の千人頭、原胤敦に地誌捜索の命が伝えられる。植田孟縉、秋山定克、筒井元恕、風祭公寛、八木忠譲、原胤明、塩野適斎の七名の組頭が手付として加わった。

福井保氏は、「多摩・高麗（こま）・秩父三郡については、特に八王子千人同心の人々が起草している事実は注意を要する」と述べている（一九八三『江戸幕府編纂物』解説編）。幕府はなぜ八王子千人同心を地誌編さんに加えたのであろうか。それは千人町に集住する八王子千人同心が多摩郡内に住み調査地に近いこと、また編さんの学識が認められることなどである。経費の面や調査対象地の地理に明るいことは編さんのメリットであった。背景には、塩野適斎や原胤敦、植田孟縉らが幕府役人との関係（二〇一一　馬場喜信『植田孟縉　雲は夢見る世に事なきを』）をもっており、地誌捜索を担当する信頼関係があった。

地域調査の実際　八王子を含む多摩郡の地誌捜索は、文化十一年から十三年（一八一四〜一六）の間に行われた。調役名は「聖堂方御用掛原半左エ門手附」と名乗って村々を巡り、宿泊などの経費は昌平坂学問所から支出された。調査の実際は、①先触れを出す　②村を訪問する　③質問項目を提示し回答を得る、または書上げを提出させる　④旧記、系図、寺社の宝物、古墳、古城などを実見する　⑤それぞれが書いたものを「〇〇村地誌捜索」として千人町の原家に届ける　⑥校訂浄書を行う　⑦昌平坂学問所で、校訂浄書をする。（一九九五　土井義夫「八王子千人同心の地誌捜索」）。

こうした調査は「その村・地域の歴史的・文化的諸要素全体を掌握しようとする領主権力による直接的な把握であり、あからさまな統治行為そのものである。（中略）幕府が本格的に取り組んでいく歴史・地理編さん事業とは、従来の領主権力にはない新たな統治のはじまりである」（二〇〇六　岸本覚氏の書評『日本史研究』五二五）と地誌の政治的性格を指摘している。こうした突然の引用を行うと、馴染まないかもしれない。特に、最寄りの千人同心が村を巡って史料を集めるなどの地誌捜索をするわけで、地域での受け入れの感覚は「権力による統治」ということとそぐわないかもしれない。しかし、調査そのものは幕府を背景に、支配のルートを用いて先触れを出し、名主や村役人を相手に調査を行う。これは、岸本氏の指摘を認識しておく必要がある。

地誌調査と地域　地誌編さんの影響として、地域の人々が家系図や由緒を整備したりしている。また、この地誌捜索に際して、二件の史料の移動があった。一つは川口（上川町）の円福寺にあった懸仏（かけぼとけ）が明神町の子安神社にもどされた。「文化十三年子春、地誌捜索のためにかの寺へまかり」（「八王子郷名蹟拾遺」の「子安大明神社」の項）植田孟縉が発見した。二つ目は、入間郡で発見された「横山根元記」が、横山宿の名主宅に移された（一九七七　村上直・樋口豊治「解題　横山根元記」『日本都市生活史料集成』八宿場町篇　三二、三三頁）。これは地誌編さんの目的ではなく副産物であり、地元の八王子千人同心が関わった結果である。

以上のことから、次のようなことがいえる。

①八王子に関する地誌の作成は、八王子千人同心が幕府の地誌編さんにあたった文化十一年（一八一四）以降のことである。

②幕府が作成した「新編武蔵風土記稿」は稿本として保存され、「地誌捜索」という控の調査報告書が活用された。八王子では調査報告書の「八王子十五組地誌捜索」が、八王子に関する風土記、名所記、紀行に直接的・間接的に影響を与えた。

③幕府は統治のため、風土記の編さんを行った。その多摩、秩父郡の調査の中心的人物であった植田孟縉は、風土記より歴史（時間）を重視する名所記への関心が強く、「武蔵名勝図会」を著わした。

④幕府の地誌編さんの影響で、八王子に関する風土記「八王子郷風土記」と、名所記「八王子郷名蹟拾遺」が成立した。

⑤幕府の地誌編さんでの働き、八王子宿に関する二冊の地誌の成立、そして「桑都日記」（正編・続編）とあわせて

みると、地誌の成立には強い地域意識をもつ八王子千人同心の存在がある。

⑥この時期に作成された地誌により、八王子の中心部は滝山城下から八王子城下に移り、さらに現在の市中心部に移ったという歴史がまとめられた。

三　地誌に記された八王子の歴史

(一)「横山」と「八王子」

横山村・横山宿　八王子の中心部は、江戸時代はじめの寛永年間(一六二四~四四)ころまで町奉行・町年寄が支配していた。寛永の末ごろからは代官が支配する村となった。江戸幕府の行政上の正式名称は八王子宿ではなく「武蔵国多摩郡横山村」、甲州道中の宿駅の正式名称は「横山宿」であった。記録では公的に正保(一六四四~四八)のころは「横山町」といわれ、元禄(一六八八~一七〇四)になると、横山町であり「八王子」ともいうと付記される。天保(一八三〇~四四)期には横山宿、横山町、横山村などと一定しない。一般には十五の宿(組)があるので、「八王子横山十五宿、八王子十五組」などともいわれた(二〇一七『新八王子市史』通史編三　近世上　五三—五八頁)。

十五宿(組)とは、新町(新町、元横山町・明神町の一部)・本宿(本町)・子安宿(旭町・東町・明神町の一部)・横山宿(横山町)・八日市宿(八日町・南新町)・八幡宿(八幡町)・八木宿(八木町)・横町(大横町)・馬乗宿(天神町・三崎町・南町・中町の一部)・寺町(寺町)・上野原宿(上野町)・小門(おかど)宿(小門町)・本郷宿(本郷町)・久保宿(日吉町・追分町の一部)・嶋坊(しまのぼう)宿〈島之坊宿〉(日吉町)である(二〇一六『旧八王子町の民俗』三頁)。ほかに滝山（大善寺・極楽寺）がある。

「横山」派と「八王子」派　明治はじめに横山宿の名主の川口氏が、まちの名を横山町とする書類を持って横浜にある神奈川県庁に向かった（八王子を含む三多摩は、明治二十六年に神奈川県から東京府に移管）。対抗する元の八王子千人同心家の粟沢氏が馬で追いかけてその書類を奪い、八王子は横山町にならなかった（一九六五　佐藤孝太郎「生き返った八王子の名」『八王子物語』下巻　明治篇）。

明治十一年（一八七八）七月に郡区町村編成法が施行され、神奈川県では大区を郡に、小区を町村に再分合させて町村に江戸時代の呼称を用いた。そのとき八王子の十五宿は横山宿となり、八王子の名は一度消えた。「この名称は当時のこの地域の大問題となり、八王子派と横山派との対立が起こった一件は、面白い逸話ないし伝説として伝えられている（一九六八『八王子市史』附編　二六頁）。

川口氏が横山町と届けようとしたのは、江戸時代の八王子の名が正式には横山村あるいは横山宿であったので、行政的には正しい行為であった。千人町も含む横山宿以外の地区から反対の嘆願書が出され、明治十二年には八王子駅と名称変更されて「八王子」となった。このときはじめて「八王子」が公的なまちの名となった。こうした逸話には、江戸時代からの経緯がある。

佐々木蔵之助氏は『由井野』三号で「史料紹介　復活した八王子の地名」と題して史料二点を紹介している。一つは地名を旧に復する嘆願書の写しで、八王子横山十五宿のうち横山宿を除いた十四宿の総代人、村用掛全員の連名によるものと、明治初期を語る座談会の記録記事の抜粋とである。

嘆願書は神奈川県令の野村靖宛てに出されたもので、「八王子」を主張する理由は、従前から八王子駅と称し、変更すると商取引や手紙のやり取りで不便となる。区裁判所と警察は八王子の地名を冠している、これまで発行されている書籍の名もみな八王子といっている、などであった。佐々木氏は「横山派は横山宿と積極的ではないが元横山村・新横山村と子安村であり、八王子派は八日市宿以下の十三宿であった。八日市宿は、横山宿と同様に伝馬をつとめ、市場を開催してきたのにまち全体の名が横山宿となるのは反対であった」（一九九二　佐々木蔵之助「史料紹介復活した八王子の地名」）としている。

橋本直紀氏の研究によると、郡区町村編成法で、同時期に現在の八王子市域で別の地名の問題が生じていた。同じ郡内に同村名が存在するので、神奈川県は明治十二年三月三十一日に同名村名の改称を行った。その結果、八王子市域には北平村・西長沼村・東中野村・西中野村・北大谷村・西寺方村・南大沢村・北大沢村（加住町）と、同じ村名を区別するために東西南北を冠した八つの村が生まれた（二〇二三　橋本直紀「多摩ニュータウン開発前の南大沢」『令和四年度八王子千人塾レポート集』）。

八王子に築いた城＝八王子城　「八王子十五組地誌捜索」と「八王子郷名蹟拾遺」によると、八王子の呼称の由来は、永禄・天正（一五五八～九二）の頃からと述べ、「北条氏照八王子に城を築きて八王子城という　今の元八王子なり」とあり、氏照が八王子というところに城を築いたので「八王子城」と呼んだとしている。

『新八王子市史』では、永禄十二年（一五六九）の北条氏康書状写（二〇一四『新八王子市史』資料編二　中世　編年資料五九五）に「八王子筋」とあり「この時点ですでに八王子の地名が存在していたことが確認でき、この地域には北条氏照以前から八王子権現が祀られ、八王子と呼んでいたとみてよいだろう」（二〇一六『新八王子市史　通史編二中世』四九五頁）と述べている。

八王子城下からの宿の移転　八王子（元八王子）から横山村へ宿を移転させたので、その新たな移転先を「八王子」と呼ぶようになった。そこでは横山宿・八日市宿・八幡宿のうち横山宿が親郷なので、新たな宿を「横山宿」、あるいは移転した地が横山村であったから「横山村」と呼ぶ。

また、当時の伝承としては八王子明神（日吉町　日吉八王子神社）があるので惣名としての「八王子」の呼び方がある、と記されている。その範囲は八王子明神を総鎮守とする七十余村の村々で、由木地区を除く現在の八王子市域と、町田市と日野市の一部とであった。

さて、市内叶谷町の住吉神社の境内から出土した鰐口に、「干時永禄三庚申年」九月十九日」、「奉納武州多西郡由井惣社住吉宮」（二〇一四『新八王子市史』資料編二　中世　編年資料四七八）と刻まれている。このことと八王子明神に関する伝承を合わせてみると、八王子城の築城後に、由井惣社は住吉宮から八王子明神にかわり、八王子明神は八王子城の落城後に城下から島之坊宿に遷座したと考えることができる。もともと由井惣社のつかさどる範囲の村々を「八王子」と呼び、その呼称は新しい宿の成立と八王子明神の遷座とともに拡大した。八王子城が落城した天正十八年（一五九〇）以降、広い範囲を「八王子」と呼んでいた。

八王子↓横山↓八王子　「八王子」という呼称は、八王子城周辺の「八王子」から、移転先の新たな地を「横山」といい、その後次第に移転先のまちも「八王子」といい、八王子城下を元八王子というようになる。
永禄十二年（一五六九）の北条氏康書状写（前掲　編年資料五九五）、天正十九年（一五九一）の大久保長安書状（制札）（二〇一三『新八王子市史』資料編三　近世一　資料二四九）などに「八王子」と記載がある。これらは八王子城下で後の元八王子のことである。現在の八王子の中心部を、慶長五年（一六〇〇）の大久保長安文書（一九九八　村上直「徳川氏の関東入国と代官頭」七頁）、寛永三年（一六二六）の大善寺鐘銘（二〇一三『新八王子市史』資料編三　近世一　資料三）は「横山」、寛文七年（一六六七）の検地帳（前掲書　資料四）も「横山村」、貞享年間（一六八四〜八八）の万覚帳（前掲書　資料七）には「八王子町」、元禄十五年（一七〇二）の村鏡（前掲書　資料八）には「八王子横山十五宿」とある。

時の鐘・「八王子」の地名が一般的に　元禄十二年（一六九九）に、八日市宿名主の新野氏が中心となり、八王子千人同心、宿内の人々、近郷の村々の人々も加わって宿内に時刻を知らせる「時の鐘」（上野町念仏院　八王子市指定有形文化財）を建立した。

その梵鐘の銘文では「八王子」となっている。享保十五年（一七三〇）成立の「横山根元記」で時の鐘について、「上ノ原（上野町）天神（天満宮）林の内に仕立申候、然る所に銘文に八王子町時の鐘とこれあるに付、当所は大善寺の鐘をはじめ、その外残らず古来より横山とこれあり候に付、横山の分は銘これを除く文に、時の鐘には構い申さず候事（一九七七「横山根元記」『日本都市生活史料集成』八　七〇九頁）」とある。これを郷土史家の佐藤孝太郎氏は、「これまで作られた諸寺院の鐘には地名を「横山」と記したけれど、この元禄の時の鐘は八王子町と記し横山を除いたのであった。つまり、横山村の地に移転した八王子城下の宿の町人達が宿越以来二、三世紀の時代を経ての努力の結果、ここに八王子という地名を確立したものであり、また時の鐘は、その宿越町人の努力を最も有力に語る象徴でもあった」（一九六五　佐藤孝太郎「時の鐘の由来」『八王子物語』上巻　江戸以前篇　二五七頁）と説明している。

元禄時代となって代官衆が江戸へ引き上げ、商人たちの宿が成長発展し、両陣営の融和を図って市場の運営と宿の暮らしに欠かせない時刻の問題で、中ほどに位置する八日市宿が中心となって時の鐘を建立したと考えてみたい。

上と下　現在の八王子の中心部は、大横町から西は「上（かみ）」といい、多賀神社（元本郷町）の氏子である。大横町から東は「下（しも）」といい、八幡八雲神社（元横山町）の氏子である。間の大横町は毎年上・下交替で氏子となる。元々は多賀神社が本郷村の鎮守社、八幡八雲神社の八幡神社が横山村の鎮守社で、両社ともに新たにできたまちの十五宿の中には位置しない。両社ともにまちの移転前からあった両村の鎮守社であった。多賀神社の位置は浅川に近接し、新たなまちづくりでは浅川を制御する要所であった（二〇一四　鈴木泰「江戸時代の浅川治水と八王子のまちづくり」『水資源・環境研究』二七巻二号）。先住の神々で地主神として祭祀し、両社を八王子の宿の鎮守としたのではないか。二分された氏子集団は双分制（集団が二つの部分からなって相互補完的関係）であり、八王子の中心部は、上と下とが祭礼などで互いに競い、発展するかたちになっている。

まち建設の二説　八王子宿の建設については二つの考え方がある（二〇一七『新八王子市史』通史編三　近世上　四七、四八頁）。一つは『八王子市史』下巻や『八王子織物史』上巻などの考え方で、八王子城下から横山村へ三宿（横山宿・八日市宿・八幡宿）をすぐに移し、文禄二年（一五九三）に小人頭らをのちの千人町へ移住させてまちの完成をみた、という見解である。

もう一つは徳川家康のもと、代官頭の大久保長安が落城直後に八王子城下に拠点を設け、小人頭らを城下に呼び、のちの千人頭と同心、配下の代官らを指揮し、軍事・民政を託されて地域支配にあったった（一九九八　村上直「徳川氏の関東入国と代官頭」『歴史の道調査報告書第五集　甲州道中』五―七頁）。つまり八王子城下に拠点をおいて城下の復興をいったん図った。薬王院文書の天正十九年（一五九一）四月の大久保長安書状（制札）に、「尚々たれ人成共、竹木ミたりニきりとり候ハヽ、早々召つれ可被参者也、已上、高尾山八王子近辺に候間、誰人成共みたりニ竹木切取候ハヽ、自前々法度之地ニ候間、八王子へめしつれられへき者也」（二〇一三『新八王子市史』資料編三　近世一　資料二四九）とある。ここでいう「八王子」は、八王子城下（のちの元八王子）である。「高尾山八王子近辺」と、高尾山と連続しての八王子の用例にも留意すべきだ。一説に文禄元年に、大久保長安は横山（小門町）に陣屋を築き、翌年、八王子千人同心がのちの千人町に移住する。

把握していた横山村の情報　先の武田氏が滅んだ天正十年（一五八二）ころに、武田信玄の息女の松姫（台町　信松院の開基）やその妹らが案下峠（上恩方町）を越え、恩方を経て、御所水（台町）に移り住む。御所水には湧水があり、大久保長安は小門の陣屋にこの御所水から水を引いたという。

次のような伝説が、昭和七年（一九三二）に八王子教育会が発行した『郷土教育資料』に掲載されている。「大久保長安の居を小門宿に構えるや、まず御所水村及び散田村より水を引き入れ飲料及び消防用に供した。これが八王子市に水道のできた初めであるという。散田村ではその頃より諸芸人・物貰いの類、一切立ち入るべからず、という立札を村内各所に設けたものであるが、これは長安が水のお礼として水源地散田村に特に許して立てさせたものであると伝えられている」（一九三二「水のお礼に禁札」『郷土教育資料』二四七頁）という興味深い伝説である。

新しいまちをつくる横山村の原野は浅川に近いが、河原地で水源を得るにはなかなか難しい土地であった。長安は既存の湧水に着目し、小門に陣屋をかまえた。

八王子周辺は、古くから禅宗寺院と甲州との結びつきが強かった。また軍事的な面でも、永禄十二年（一五六九）の小山田信茂との廿里合戦、同年の武田勝頼が活躍した滝山合戦など、もともと武田家臣としての大久保長安や小人頭（八王子千人同心）は、八王子城や横山村周辺の地勢などを把握していたものと思われる。そのために迅速に新たなまちづくりを展開させることができたのであろう。

「八王子」の名にこだわる訳　八王子城下から移転した八王子千人同心の集住する武家町の千人町と、修験の島之坊宿は八王子中心部の西部にあり、歴史的にも元八王子（八王子城）との関係は深い、さらに八王子千人同心は組織名として「八王子」を慶長年間（一五九六～一六一五）から使用してきた。

大久保長安が落城直後の八王子城下に拠点を置き、小人頭ら（八王子千人同心）も八王子城下に入った。数年ではあるが、徳川氏支配のもとで、新たな八王子のまちづくりが胎動しはじめたのは八王子（のちの元八王子）で、その八王子が横山村の原野に移転した。大久保長安や八王子千人同心らの武田家に由緒を持つ人々は、北条氏滅亡後の八王子城下で新たなまちづくりをはじめ、そこをスタートとして横山村の原野に宿を移した。だから「八王子」という地名にこだわったのではないか。

(二) 横山党と横山村

横山村と横山党　横山党とは「八王子市域をその本拠地とする武士団であるとみられ、平安後期から鎌倉初期にかけて大きな勢力を持っていたが、建暦三年（一二一三）のいわゆる和田合戦で、本宗家をはじめとして一族の多くが滅びることになる。そのため、数多くの中世武士団の中でも〈幻の武士団〉ということもできよう」（二〇一六『新八王子市史』通史編二　中世　三七頁、三八頁）とある。万葉集の「多摩の横山」や勅旨牧小野牧などとかかわりがある。横山党に関する八王子の地誌の記載のうち、元横山村（元横山町）・横山氏の古墳（現在は元横山町の妙薬寺境内にあり、横山氏墓として昭和四年（一九二九）に東京都指定旧跡となる）・八幡宮（元横山町の八幡八雲神社境内、横山党根拠地として昭和十一年に東京都指定旧跡となる）について触れてみる。なお、元横山村の内、天領の部分を十五宿の一つの本宿といい、私領の部分を元横山村といった。

元横山村の項では、「八王子十五組地誌捜索」「八王子郷名蹟拾遺」「武蔵名勝図会」が「横山党の草創の地」、つまり横山党が開拓した土地としている。幕府編さんの「新編武蔵風土記稿」では、「横山党の人の旧地」として草創の地とはしていない。「八王子郷風土記」は「新編武蔵風土記稿」にならっている。横山氏の古墳では、「八王子十五組地誌捜索」「八王子郷名蹟拾遺」「武蔵名勝図会」はほぼ同文であるが、「武蔵名勝図会」のみ「新編武蔵風土記稿」の「その名をつたえず」という記述を受けて「草創の横山氏」を「横山氏なる人の一類たるの墓」と変更したのではないかと思われる。

横山党の根拠地　八幡宮については、「武蔵名勝図会」のみが「横山氏がこの草創の地のころ勧請せし神社」とし、「八王子名蹟拾遺」に記載はないが、他は「草創の後勧請せし神社」としている。

なお、昭和三十六年（一九六一）に眞上隆俊氏は、「桑都日記」続編の「宝生寺旧記」や「大義寺過去帳」などから八幡神社の創建を享禄三年（一五三〇）とし、横山党の根拠地については「旧八王子市内を取り巻く一体の台地の一部に之を求むべきであろう」（一九六一「八幡八雲両社について」『多摩文化』七号）との見解を示す。昭和四十二年発行の『八王子市史』下巻（二七七頁）では、市域南部の湯殿川流域に比定している。平成二十八年（二〇一六）発行の『新八王子市史』通史編二　中世では、元横山町周辺と湯殿川上流の上椚田村・下椚田村周辺の二つの地点が想定されている。

（三）牛頭天王──八幡八雲神社

八幡神社と牛頭天王　八王子市元横山町に八幡八雲神社がある。八幡神社と八雲神社を合祀した神社で、八王子中心部の下（しも）（東部）の鎮守社である。江戸時代に八幡神社は八幡宮、八雲神社は牛頭天王（ごずてんのう）といわれた。明治初年の神仏分離で、牛頭天王は素戔嗚尊（すさのおのみこと）にあてて八雲神社と改称した。

八幡神社は、宿が八王子城下から移転する以前からあった横山村の鎮守社で、平安末から鎌倉時代の横山党との関係が先述したように述べられる。牛頭天王（八雲神社）は、八王子城下の鎮守の御神体が川口村（上川町）経由で八王子に流れ着き、慶長年間（一五九六～一六一五）に八幡神社の境内に祀ったのがはじまりと伝わる。眞上隆俊氏は、この牛頭天王の祭祀のはじまりを「新編武蔵風土記稿」「武蔵名勝図会」「八王子十五組地誌捜索」は慶長二年

（一五九七）とし、市守神社神官の旧記では慶長十三年、阿伎留神社旧記では寛文九年（一六六九）、「桑都日記」では承応二年（一六五三）としていることを指摘し、眞上氏は承応二年が妥当であろうとしている。

なお八王子周辺の農山村地域では、牛頭天王をお天王様と呼び、鎮守社に八坂神社や津島神社を合わせて祀り、夏の祭礼にお腹の病にきくという酒饅頭をつくる民俗がみられる。夏祭りはいずれも疫病を防ぐのが目的で行われる。

八王子の地名の源・八王子権現　八王子市の地名の源は、八王子権現の「八王子」である。元八王子町の八王子城跡内の山上に、素戔嗚尊と八王子神を祀る八王子神社がある。江戸時代は「八王子権現」と呼んだ。権現とは神仏習合の本地垂迹説で、仏が人々を救うために様々な姿をとって権に現れることをいう。江戸時代は西明寺（元八王子町廃寺）が八王子権現の別当で、神護寺とか神宮寺といい、その地を人々は「ジゴジ」と呼んだ。「武蔵名勝図会」には、祭神は牛頭天王（素戔嗚尊）ならびに八王子（八将神）なりとある。

日吉町には日吉八王子神社がある。江戸時代は八王子神社、八王子明神といい、別当は島之坊（本山修験）で、その先祖の俊盛という人が、文禄四年（一五九五）に勧請し、由井領の総鎮守としたという。「武蔵名勝図会」では、「殊に八王子の号はこの神社（八王子神社）のいますを以てなりと云」とある。この八王子神社があるので、八王子というと述べている。そして「八王子社は坂本山王の上宮七社の内なる八王子宮を勧請せしと見えたり」とある。

滋賀県大津市坂本に日吉大社がある。日吉山王権現は比叡山、または天台宗の守護神として琵琶湖畔の日吉大社で祀られている。日吉大社の後方に、神体山の八王子山（牛尾山）がある。山王権現は多くの神社群の総称で、上七社、中七社、下七社の山王二一社で形成される。この上七社のうちに千手観音を本地仏とした八王子（牛尾神社）がある（一九九二　嵯峨井建『日吉大社と山王権現』）。

牛頭天王　京都市の八坂神社や愛知県津島市の津島神社で祀られている。疫神に発し、除疫神の性格を持ち、各地の祇園会系統の夏の祭りで祀られる。

牛頭天王はインドから中国を経て日本に伝わるとき、様々な神仏と習合を重ねた。インドでは祇園精舎（釈迦が説法を行ったという古代インドの寺院）の守護神とも、チベットで五頭山の神だったともいう。日本の牛頭天王祭りは、天王祭ともいわれ、夏越の祓いという六月三十日に災厄を祓う行事や、神社での茅の輪くぐりとも関連する地方もある。牛頭天王が巨端将来（こたんしょうらい）に宿を断られて困っているときに、蘇民将来（そみんしょうらい）が宿を貸してくれた。そこで蘇民将来に疫病除けの呪符を与え、それ以降は蘇民将来の子孫が神符や茅の輪、粽（ちまき）などを持っていれば疫病を避けることができるという蘇民将来伝説とも結びついている。素戔嗚と同体となり、妃神・子神（八王子）と合わせた三神の一体ともいわれる（一九七二「天王祭」『日本民俗事典』、一九九四「牛頭天王」『神道事典』など）。

祇園祭　京都市の八坂神社で、七月に怨霊を鎮め、疫病を除くために行われる祭り。平安時代から祇園御霊会といって、江戸時代まで祇園社（八坂神社）で疫病を払う目的で行われた。牛頭天王を祀り、四条河原で神輿洗いの神事が行われる。三基の神輿（中御座神輿＝素戔嗚尊・牛頭天王、東御座神輿＝櫛稲田姫、西御座神輿＝八柱御子神・八王子神）の渡御、山鉾の巡行などが行われる。

祇園祭は疫病を払う典型的な夏祭りとして日本各地に伝えられ、地方の祭礼でも山車や鉾を曳きまわす。博多祇園山笠（福岡市博多区　櫛田神社）、小倉祇園太鼓（北九州市小倉区　八坂神社）、豊橋祇園祭（豊橋市　吉田神社）、山口祇園祭（山口市　八坂神社）などがある。

八王子の牛頭天王の氏子　「横山根元記」にある「鎮守の事」の記録は、八王子の祭礼を知るには欠かせない重要な資料である。まちが八王子城下から移転する前からあった横山村から分離した本宿、浅川から神体のあがった新町、移転した親郷の横山宿が牛頭天王の初期の氏子となった。八日市宿は宿が元八王子にあったときからの氏子であったが、すぐには氏子とならずに、川島半次郎（当初のまちづくりに加わった長田〈川島〉作左衛門の孫）の代になって氏子となった。八幡宿は元八王子のときに氏子であったと思われるが、牛頭天王の氏子とはならない。八日市宿の氏子入りが遅れ、八幡宿が氏子とならなかったのは、市場の開催権の問題などもあったのだろうか。

牛頭天王の祭礼　八日市宿が氏子となった万治二年（一六五九）に大祭を行い、それ以降は六月十三日を祭日とし、長田作左衛門宅（横山町　八王子市指定旧跡　長田作左衛門邸跡伝承地）の前に御旅所を建てた。名主や年寄りは裃を付けて刀を差し、新町まで御神体を迎えに行き、八日市宿の角で送り返した。御旅所には十五日の朝まで入った。この万治年中の祭りのときに八日市宿が鉾二本、横山宿の四日場から獅子二頭、同じく横山宿の二十四日場から太鼓一柄と長刀二振を出し、横山与惣左衛門・三郎左衛門・清兵衛が御旅所へ幕一張を奉納した。その後、新町からも奉納があった。

寛文八年（一六六八）から寛文十年までの三年間は大祭が続いた。元禄十一年（一六九八）にも大祭を行った。享保十三年（一七二八）には大横町・馬乗宿・寺町が氏子となり、大祭を行った。

四日場の采女（うねめ）が天王社（牛頭天王）の社家（神職）で、五日市村（あきる野市）の松原能登守が万治の大祭のときから、元八王子の由緒があるので祭りに来ている。以上は「横山根元記」の記述である。

これらの記述からすると、牛頭天王の例祭は、天正十八年（一五九〇）の八王子城の落城後、約七〇年を経た万治二年にはじまった。その一〇年後の寛文八年には三年続けて大祭を行えるようになった。万治二年から四〇年後の元禄十一年にも大祭を行った。

元禄十二年には江川太郎左衛門が八王子の代官となった。十八代官が次第に江戸へ移った後で、居住者に経済力がついてきた節目となる時期なのであろうか。「石川日記」の享保十三年六月十一日「この朝八日市より天王祭礼ゆえ見物に参り候」、同十三日に「昼前まで小雨降る　天王祭礼扨々賑に御座候　天王祭礼見物」、同十五日に「多賀明神祭礼　町にて芸いたし候　祭礼見物」（一九九一改訂『石川日記』（一）（二）（三）八〇頁）とあり、現在の東浅川町から下の牛頭天王と上の多賀明神の祭礼見物に出かけている。この年の牛頭天王大祭は、鎮守を持っていない大横町、馬乗宿、寺町が新たに氏子となったために行われた。

「横山根元記」の御師（おし）（寺社の職で、参拝者の案内や宿泊を業とし、地方に出てはお得意先の旦那場をもって信仰を広める。伊勢では「おんし」という）之事の項には、伊勢、富士、大山（伊勢講・冨士講・大山講）の旦那場となっているが、「享保十三年申年当町悪病流行申に付、牛頭天王へ願上ヶ依之大谷部刑頭大輔旦那場に相成候事」とある。八王子で悪病が流行したので、新たに牛頭天王の御師の旦那場となったとある。まちに疫病が流行したので、横町、馬乗宿、寺町の三宿が新たに牛頭天王の氏子となり、享保十三年に大祭が行われた。

牛頭天王の祭儀　江戸時代の牛頭天王の祭日は六月十三日であった。この日は八幡宮に牛頭天王を祀った日である。神輿は牛頭天王の御神体が出現した板屋淵に入る。相原悦夫氏は『八王子の曳山祭』で、昭和十年前後の本祭りの神輿渡御について次のように記している。「神社での御神霊移しの儀式が終了すると、榊を先頭にふれ太鼓、幟の巡行が町内をめぐり祭礼のはじまりをひろめた。その後から神輿の神幸（渡御）が行われる。神幸の経路は神社を出発、中通りを西へ進み、大横町を回って本町通りを東へのぼり、大義寺（元横山町）から北へ暁橋（あかつきばし）畔に行き、浅川での川瀬渡御の準備を行う。神輿の飾り、瓔珞等を一切はずし、さらしの胴巻きを回し、水中に神輿を入れて下流に流し、新町板屋淵で引上げて、飾り付けを行い、新町豊泉家前に置き奉納儀式を行う」（一九七五『八王子の曳山祭』二一、二二頁）とある。戦前まで神輿は浅川に入った。神輿は、ご神体を取り上げた新町の五兵衛の子孫の家の前へ行き、臼の上に御神体を安置し、麦煎りを供える。名主や年寄りは裃を着けて刀を差し、新町まで神輿を迎えに行った。八日市宿まで御神体を送って戻り、横山宿の御旅所に十五日の朝まで籠る。獅子頭、太鼓、長刀などの行列が万治二年（一六五九）から行われたのであろう。

この祭りは、牛頭天王がもともと鎮座していた元八王子（八王子城）に存在していたと考え、かつて祭祀を司っていた神職が、当初は五日市から、その後は川口村から祭祀に参列した。牛頭天王の神職については、正徳五年（一七一五）と享保五年（一七二〇）の「八王子横山村差出帳」（二〇一二『八王子市史叢書一　村明細帳集成』六六、七五頁）に「芝明神（芝大神宮　東京都港区芝大門）斎藤修理支配　鎮守天王禰宜　横山宿　采女」、享保十五年（一七三〇）の「横山根元記」の鎮守の事には「四日場（横山町）采女は天王社家」とある。

牛頭天王伝承の構造　牛頭天王に対する信仰は、「水辺における禊祓（みそぎはら）いの習俗と関係するところ深く、どの祭りも川辺で行われることの多いことも注目されるべきであろう」（二〇〇四「祇園信仰」『神道史大辞典』）といわれている。まさに八王子宿の牛頭天王は川、浅川に関係する。横山宿・八日市宿・八幡宿の三宿が八王子城下（元八王子）から移転してきたという歴史的事実を、牛頭天王の御神体が八王子城から川口村を経由して新町の板屋淵に流れついたという伝承によって上書きし、神輿の川瀬渡御で神体の漂着を毎年再現した。

「横山根元記」では明確に牛頭天王を元八王子の氏神としているが、「八王子十五組地誌捜索」ほかでは、川口村の鎮守となっている。八王子宿の北を流れる浅川の流路を考えると、元八王子↓川口村↓新町の板屋淵へと御神体が流れ、子どもの託宣（神が子どもにのりうつり神の意志を告げる）があったとして川口村の鎮守としている。途中に川口村を位置づけたのは、横山宿旧家の川口家が河口兵庫助（円福寺大般若経に名がある）との系譜関係を述べていること、川口村（上川町）の牛尾家が八王子城の牛頭天王を落城後に祀っていて牛頭（ごず）という小字名があった。牛尾家の牛尾善十郎は八王子千人同心で、植田孟縉の「武蔵名勝図会」を文政九年（一八二六）に書写している（二〇一五五味元『川口で活躍した千人同心　牛尾善十郎』）。植田孟縉は「武蔵名勝図会」で「川口村に天王森とて今にあり。古えこの天王を祀りし跡なりと云」と川口村の牛頭天王について触れている。

天正十八年（一五九〇）に落城した八王子城の牛頭天王が、いったん川口村で祀られ、後に十五宿の新町の五兵衛が板屋淵から牛頭天王の御神体を取り上げて八幡宮境内に祀った。板屋淵は、旱魃でも水が枯れない大切な水源であったと伝わる。元横山村の鎮守である八幡宮境内に、流れ着いた牛頭天王を祀るのは、その土地に先に祀られている八幡神を尊重する考えからと思われる。

新たな地での宿の開発は、牛頭天王の伝承と実際の歴史的経過をみると、宿の移転以前から存在していた元横山村と子安村に接した東部にあたる横山宿、元横山村の一部であった本宿、新町や子安村の一部であった子安宿でまちづくりが早くから始められたのではないか。

牛頭天王の祭りは、まちの歴史を毎年追体験する場となり、宿は人口が密な都市的なまちに成長し、疫病除けの祭りは欠かせないもとなった。

四　江戸時代の八王子の地誌

（一）横山根元記

享保十五年（一七三〇）に大久保市之亟忠盈が作成した。大久保は、享保五年の八王子横山村差出帳（一九九七古文書を探る会『明治三年の村明細帳にみる八王子の村　付享保五年八王子宿明細帳』、二〇一二『八王子市史叢書一　村明細帳』）にその名がみえ、「浪人壱人　是は当村出生にて妻子御座候、身上稼候につき先々之御代官様へ申上今以浪人相立罷有候」とある。「八王子郷風土記」の牛頭天王の項の斎藤家旧記のところに、「宿役人市之亟という者」という記述があり、同一人物であろう。

内容は、天正十八年（一五九〇）の八王子城の落城、そして新八王子宿の建設から享保年間にいたる一四〇年間の横山村（八王子宿）のことが三四項目にわたって記されている。（一九七七　村上直・樋口豊治校注「横山根元記」『日本都市生活資料集成』八宿場町篇）

（二）散田村初り之事を記

「此書は自分家に申伝へあり、享保度々古き仁達に聞置候昔の訳け相調候分は皆記置也、御水帳辺りに有所の字等の訳、能々見合得心あるべし、六人の開発主の外は武士也、其下々は平士足軽家来筋也、干時天保十三壬寅年二月写之」とある。享保年間（一七一六〜三六）のものを、天保十三年（一八四三）に写したと思われる。冒頭は太平記や寺の縁起を用い、開発伝承や家々と寺社の由緒などが述べられている。散田村は、古刹の廣園寺がある山田村と元禄年間（一六八八〜一七〇四）まで一つの村であった。御所水村（台町）に接する八王子宿に近い村である。（一九二六　串田克明『散田村初り之事を記』、一九八六　小浦泰晴『土地っ子が綴る散田の歴史』所収）

（三）八王子十五組地誌捜索

幕府の「新編武蔵風土記稿」の編さんの過程でつくられたもの。八王子千人同心の組頭らによる共同作業の成果物である。地誌捜索とは、この場合は幕府による歴史資料の調査のことをいう。文化十一年（一八一四）ころの成立と思われる八王子宿の調査報告書と位置付けられる。（一九二六『八王子十五組地誌全』八王子史談会、「武州八王子十五宿地誌捜索」国立国会図書館デジタルコレクション）

(四) 新編武蔵風土記稿

文化七年(一八一〇)に、神田湯島の幕臣の教育を行った昌平坂学問所の地誌調所で編さんに着手し、天保元年(一八三〇)に完成した。武蔵国二二郡のうち、多摩・高麗・秩父の三郡の調査は、八王子千人同心が命を受けた。調査は文化十一年九月から実施し、八王子を含む多摩郡の部は文政五年(一八二二)に稿本にまとめられた。(一九九六『新編武蔵国風土記稿』多摩郡五巻　文献出版)

(五) 八王子郷風土記

八王子千人同心組頭の原胤明の編集で、千人町の部分は原胤明自らが執筆している。原胤明は植田孟縉と同年配で、多摩郡・高麗郡・秩父郡の地誌捜索に従事している。この書の成立は、文中の表記から文政五年(一八二二)以降、原胤明の没した文政九年(一八二六)の間までと考えられる。植田孟縉の「八王子郷名蹟拾遺」を引用している。(一九六〇『写本八王子郷風土記』多摩文化研究会)

(六) 武蔵名勝図会

著者は「新編武蔵風土記稿」の地誌捜索の中心的人物であった八王子千人同心組頭の植田孟縉である。全十二巻で、書名には「武蔵」とあるが、埼玉から東京・神奈川の一部の武蔵全域ではなく、多摩郡を記述の対象としている。文政三年(一八二〇)脱稿、文政六年に幕府に献上した。名所や旧蹟を対象とした名所記である。(一九六七　植田孟縉著・校訂『武蔵名勝図会』慶友社)

(七) 八王子郷名蹟拾遺

著者は植田孟縉で、原胤明が校訂している。成立の時期は、本文中の記述から判断して文政六年(一八二三)以降で、校訂者の原胤明が亡くなった文政九年までの間と考えられる。各地誌との記述内容を比べてみると、幕府の地誌捜索で作成された「八王子十五組地誌捜索」よりも先か、同時期にほぼ出来上がったものと思われる。記述内容から調査は、「新編武蔵風土記稿」の地誌捜索と重なる部分もある。内容は、名所旧跡の名蹟を中心として八王子郷の名所を案内した名所記である。（町田市立自由民権資料館〈図師町佐藤家旧蔵・複写史料〉）

（八）桑都日記

著者は、八王子千人同心組頭の塩野適斎（一七七五～一八四七）である。正編と続編とに分かれ、正編には文政十年（一八二七）の序があり、八王子千人同心は甲州の武田家家臣であったので、武田家滅亡の天正十年（一五八二）から文政七年まで、八王子千人同心に関する事績を主として編年で解説している。（一九七三『桑都日記』鈴木龍二記念刊行会）

続編は天保五年（一八三四）の脱稿で、正編の遺漏を補う目的で作成され、永禄四年（一五六一）の出来事から記され、幕府の地誌捜索の記録も掲載されている。（一九七二『桑都日記』続編　鈴木龍二記念刊行会　国立公文書デジタルアーカイブ）

（九）高尾山石老山記

著者は竹村立義で、文政十年（一八二七）にまとめられたもの。同年の八月二十三日に江戸を出発し、甲州街道を下って布田宿（調布市）、横山宿（八王子市）、高尾山（八王子市）、石老山（相模原市緑区、相模湖の南岸）、七国峠（八王子市）を越えて横山宿にもどる紀行文である。（二〇一五『高尾山石老山記』）

（十）八王子名勝志

著者は「百枝翁」で、成立時期は本文中の記載から万延元年（一八六〇）以降と考えられる（二〇一四・一五　加藤典子「解題」『八王子名勝志』一・二）。巻一は日本橋から日野宿（日野市）まで甲州街道に沿って記載され、巻二と巻三の前半が八王子宿（八王子市）、巻三の後半と巻四の前半は高尾山、巻四の後半は猿橋宿（大月市）から大月宿（大月市）までである。八王子市域では挿図が多くあり、興味深い。

おわりに

この章では、江戸時代の地誌に書かれた「八王子」を取り上げた。

「桑都」は八王子の美称（別称）で、桑都と八王子は、ほぼイコールである。この桑都と八王子は、北条氏照が築城した八王子城があった元八王子や由井領も含んだり、八王子宿周辺の元横山村・子安村・本郷村・千人町を含めたりして使用されてきた。

「八王子」の地名の起源については、「新編武蔵風土記稿」の「元八王子村」「八王子権現」などに記載の伝説がもとで、昭和四十二年（一九六七）発行の『八王子市史』下巻「華厳菩薩の伝説」（一三九五―九八頁）などで、あたかも延喜十六年（九一六）に華厳菩薩（妙行）が八王子権現を祀り、その後に北条氏照が滝山から城を移し、その城に守護神として八王子権現を祀って八王子城といった、とある。これが八王子の地名の由来として語られている。しかし、「延喜十六年、華厳菩薩（妙行）が」「氏照が城に八王子権現を守護神として祀って八王子城といった」には大いに疑問がある。もともとこれは宗教的な説明である。

元八王子の山稜（山の尾根）付近に古くから八王子権現が祀られていた。永禄・天正（一五五八～九二）のころ、八王子城が築かれる深沢山一帯をすでに「八王子」といっていた。そこに北条氏照が城を築いて「八王子城」と呼び、その後「八王子」が地域名として広く用いられた、と歴史的にはいうべきだ。

天正十八年（一五九〇）に八王子城は落城し、家康の支配となり、城下でいったんまちの再興が行われ、治安維持のために甲州から小人頭らが駐屯した。それから横山村（現在の八王子の中心部）に新たなまちづくりが行われた。小人頭らは文禄二年（一五九三）に後の千人町に移住する。大久保長安によって慶長四年（一五九九）に千人の集団となって、八王子千人同心がここに成立する。

千人町のすぐ東側に位置する新しいまちは、その地が元は横山村であったので、幕府の正式名では「武蔵国多摩郡横山村」といい、甲州道中の宿駅の正式名は「横山宿」であった。この新しいまちを一般には「八王子」、古い八王子城下を「元八王子」と呼んだ。

江戸時代、八王子という地名は公式名の横山村（横山宿）の別称となり、「八王子ともいう」となる。江戸など一般には横山より八王子という地名のほうが広く知られる。「横山根元記」以外の八王子千人同心がまとめた八王子の地誌の題名は、いずれも「八王子十五組地誌捜索」「八王子郷風土記」「八王子郷名蹟拾遺」と、すべてに「八王子」が使われている。幕府による地誌編さんの「新編武蔵風土記稿」では、「横山村」「横山宿」であったが、八王子千人同心組頭が作成した地誌では「八王子」を主張した。

明治はじめに、「横山派」と「八王子派」の地名対立があったとき、「横山宿」の名を阻止したのは十五宿内ではなく、宿外の千人町の旧千人同心家の者であった。この話に象徴されるように、江戸時代を通して組織名に「八王子」を冠していた八王子千人同心の人々が、八王子という地名に最も愛着をもっていた。

また、歴史的にも先に信玄の娘、松姫らが新たな暮らしの地としていたのが、横山村に近い御所水村であった。大久保長安の命のもと、八王子城下でまちの再興に加わり、長安が御所水の水を活用して陣屋を構え、小人頭らがのちの千人町に移住する。新しい「八王子」のまちは八王子城下にはじまり、その持続形として横山村のまちづくりがあった。八王子城下でのまちの再興に従事し、その後も新しいまちづくりを行った、そのため八王子千人同心は「八王子」の地名にこだわったのではないだろうか。

明治になって千人隊の頭（千人頭）は徳川氏領地の静岡へ去った。しかし多くの旧八王子千人同心の人々は、旧武田家臣の由緒と、徳川家康（代官頭大久保長安配下）の八王子城下からの歴史が誇りであった。大正から昭和、戦前戦後は、八王子千人同心が編んだ地誌に記された八王子（中心部）の歴史が、郷土史家や行政によって普及され、今日に至っている。長い歴史があり、多くの人々に親しまれた「八王子」が、はじめて公的な行政地名となったのは、なんと明治十二年（一八七九）のことであった。

第二章　八王子の民俗覚書

――フィールドノートから

上恩方町上案下のセイノカミ（渡辺嘉平画）

はじめに

これまで多くの方々から、八王子市域の民俗を教えていただいた。その民俗を後世へ伝えるため、私のノートに記載してあったことを、項目をたてて掲載した。教えていただいた方々、ご家族や関係者の皆様に心から感謝申し上げる。

凡例

一　ここに報告するものは、主に一九七〇年代以降に、明治末年から昭和初め生まれの方々から著者が聞き書きしたものである。

二　利用に供するため八王子市域を旧町・旧村の別に区分して八王子市への編入順とし、話者の町名は現在の町名を用い、その掲載順は「八王子市の町丁別世帯数及び人口」に従った。

三　話者ごとに、分かる範囲で【町名】（小名　話者の氏名　生まれ年　調査年）などを記し、個々の見出しは筆者が設定した。

四　もともと本報告は、報告することを目的に計画的な民俗調査を実施したものではない。したがって各地区を均等に扱ってはいない。また、調査時に作成した図や撮影した写真などは省いた。

五　聞き書き実施時に、同行していただいた方々が存在する場合もあるが、記録が不確かなため同行者の氏名の記載は分かる範囲とさせていただいた。

六　過去に私が執筆した報告や論文作成時に、ご教示いただいた聞き書きや話者のお名前は、ここではあまり取り扱わなかった。既刊の印刷物に発表した報告や論文などは、平成二十九年（二〇一七）に八王子市が発行した『新八王子市史』民俗編に収められている「八王子市民俗関係文献目録」を参照していただきたい。

一　旧八王子町

(一) 旧八王子町　明治二十二年（一八八九）町制　大正六年（一九一七）市制

明治十一年（一八七五）七月二十二日に郡区町村編成法が制定され、神奈川県は同年十一月十八日付で県下に一区十四郡を置くことを通達した。それまでの多摩郡は南多摩郡・北多摩郡・西多摩郡の三郡に分割され、八王子市域の村々（一宿六十五か村）は南多摩郡に属した。このとき、本宿（本町）の禅東院に南多摩郡役所が置かれた。

明治十一年末までは「八王子」の名称は公的に使われず、江戸時代の十五宿を総称して「横山宿」と呼んでいた。住民の間には「横山」の名を支持する人々と「八王子」の名を支持する人々との間で呼称対立があり、神奈川県に嘆願し、明治十二年に「八王子駅」と名称変更した。ここにはじめて「八王子」が公的な地名となった。

明治十五年七月には町村の分合があり、旧十五宿と元横山村・新横山村・子安村が合併して「八王子」と総称した。明治二十二年に、市制・町村制の施行で本郷村と千人町が加わり、八王子町が誕生した。

明治二十六年、八王子町を含む西多摩郡・北多摩郡・南多摩郡の三多摩地域が神奈川県から東京府に移管され、東京府南多摩郡八王子町となる。大正六年（一九一七）九月一日に市制を施行し、東京府八王子市となる。昭和十八年（一九四三）七月一日、東京府が都制を施行し、東京都八王子市となる。

【八王子全体】（佐藤孝太郎氏、明治36年生まれ、大楽寺町在住の郷土史家、1975年調査）

上と下の祭り　七月二十六日が八幡八雲神社の祭りで「下（しも）の祭り」といい、八月十五日の多賀神社の祭りは「上（かみ）の祭り」という。両社の氏子の境は大横町で、大横町は毎年交互に上と下の氏子になった。戦前までは八幡八雲神社の神輿は浅川に入った。元横山町で浅川に入り、新町で浅川からあがる。そして豊泉氏の大坂屋（おおざかや）の前で神事を執り行う。御仮屋は横山町の郵便局前（長田作左衛門邸跡伝承地＝八王子市指定旧跡）にあった。白丁（はくちょう）を着た各町会から出た人々が神輿を担いだ。

天王祭り　「裏宿天王（元横山町の八幡八雲神社の八雲社・江戸時代は「牛頭天王（ごずてんのう）」といった）川流れ、子安（子安町の子安神社）の天王（現在の祇園祭）泣き天王」といった。

【八日町】（金子吉蔵氏、明治28年生まれ、1979年調査、説経節の八代目薩摩津賀太夫氏案内）

八王子に移り住む　金子家は明治三十年（一八九七）の八王子大火のときに、埼玉県川越市の近くから引っ越して八王子に来た。埼玉では農家だったが、茶や繭の運搬をしていたらしい。八王子では糸屋をした。

市　四日と九日に市（いち）がたった（大正五年二月にそれまでの市場を廃し、織物取引は買継商の店舗で行い、雑品は四日と九日に改められた）。糸座へ出かけたが、買うほうは場所が決まっていた。農家の人が一反風呂敷や籠を背負って糸を持って来たが、糸の太さが均一でなく、いろいろだった。市では通りにマゲというものを張った。買った糸は撚らせてから機屋に売った。

家　母屋と離れと倉があった。店の入り口にガス灯があって、ガス会社の人が点けに来た。家の中には置炬燵（おきごたつ）や火鉢があり、床に置く台ランプもあった。階段は横に引き出しがついている（階段箪笥）ものだった。

食　家には囲炉裏はなかったが、釜が二つかかる竈があった。鉄鍋や鉄釜があって、その脇にはマキが積み重ねてあった。小僧さんや女中が二升釜でご飯を炊いた。二升へ六合くらいの割合でヒキワリ（碾臼であらくひき割る）の麦を入れ、家族の者も使用人も同じ飯を食べたが、惣菜は家族の者と使用人では違っていた。ゼンバコ（膳箱＝箱膳。一人分の食器を入れておく木箱で、食べるときには蓋を裏返して食器をのせて食べる）を使って食べ、鮭、揚げ、目刺し、クサヤ、沢庵などが惣菜であった。朝飯は午前六時半ころだった。午前一〇時はお茶だが、これは家族だけで行った。お昼には、新しくご飯を炊いた。午後の三時には女中や使用人もみんなでオサツ（薩摩芋）、煎餅などを食べた。夜なべ仕事は、柱と柱との間に糸を張って、小僧さんに糸つなぎをさせた。小僧さんには鉄砲玉（飴玉）を買いにやって、それをしゃぶらせた。

正月　お飾りは鳶の者が行う。提灯を大通りに下げた。年始は、背中に丸に川の文字の入った茶色の革羽織を着て、小僧さんと番頭を連れて挨拶に歩いた。正月の四日は初荷で、旗を立てて通りで俵に入れた小さな蜜柑をまいた。それを子どもたちが拾った。七草には粥をつくる。十五日は奉公人が休む。お供えの餅を入れた小豆粥に砂糖をかけて食べる。餅つきは暮れと寒に行った。二十日はエベスコウ（恵比須講）で、二十日正月ともいった。稲荷様は、伏見稲荷、豊川稲荷、穴守稲荷などを町内の家々では祀っていた。初午には舞台を掛け、縮緬の大きな旗をあげ、お囃子を子どもたちがやった。

婚姻と誕生　町内の近所の人が、高張提灯を持って嫁を迎えに出る。家に入るときには、子どもが附木（火付け木＝スギやヒノキの薄くはいだものの片方に硫黄を塗ったもの）に火をつけており、それを消した後に嫁はそれをまたいで家に入った。子どもは家で生んだ。子を産む場所は特に決まってなかったが、暗いようなところで出産した。エナ（後産＝のちざん。胎児を出産した後に胎盤などが胞衣として産み出される）は産婆さんが素焼きの甕に入れて持って行った。

墓　大正十三年（一九二四）ころ、家で死者が続いて出てしまい、墓相をみてもらって市内の寺にあった墓地を市営墓地（緑町霊園）に移した。

下肥　北野からコヤシアゲ（農家が肥料に使うために汲み取りに）に来た。

影絵（写し絵）　成田山不動（八日町　成田山傳法院）で、影絵（写し絵＝江戸時代末から明治期に、スクリーンの後ろからガラスに描いた着色の絵を投影機で写し、八王子周辺では説経節の語りで演じたもの）をみたことがある。

※一九八四「八王子市八日町の民俗雑記」『桑都民俗の会　月報№54』桑都民俗の会、二〇一五『八王子の民俗ノート№6』
に再掲

【八日町】（林市郎氏、昭和14年生まれ／林マサ子氏、昭和15年生まれ、2015年調査）

登喜和　「割烹登喜和（ときわ）」は明治四十一年（一九〇八）の春に創業し、平成六年（一九九四）に店を閉じた。閉店してからもう二〇年が経過する。店の建物は、二階建てで大広間と中広間があって、大広間には舞台が設えてあった。全部で一三の部屋があった。

店のはじまり　初代の林新吉は、明治十四年（一八八一）九月六日生まれで、八王子の「若松（わかまつ）」という料亭の長男の古藤新吉として生まれた。「若松」では妹に養子を迎え、その養子が後とりとなり、新吉は林家に養子に出た。林家は、八日町の洋品店の裏にあり、隣が鳶頭の家で、家業は草履職人であった。一〇代のころ、最初に弁当屋を開業したが、一度経営に失敗した。二七歳で割烹の店を持った。当時の献立の記録が残されている。戦争中は青梅に疎開した。店の名は一番好きな常盤、つまり緑が平穏に続くという言葉から「登喜和」とした。

織物関係者と芸者衆　正月は一番忙しい時期で、昭和の終わりぐらいまでは、織物関係者の新年会が多かった。関西から買継商（問屋と生産者の間に入り、商品の中継ぎをする商人）が来た。当時は三業組合（料理屋・待合・芸者屋の組合）で、芸者衆も八〇名くらい居た。着物を着ての宴会は座敷が都合良かった。

【追分町】（小俣惣司氏、昭和3年生まれ、鳶頭、1977年調査）

纏の馬簾　纏についている馬簾（厚紙や革などを細長く切って、胡粉を塗って垂れ下げたもの）は、飛び火（小児の水疱性皮膚炎）の薬になる。馬簾を焼いて、胡麻油で練って飛び火につける。よく馬簾をもらいに来る者がいた。

出産と白丁　神輿を担ぐときに着る白装束の白丁を、お産のときに産婦にかけてやるとお産が軽くなるという。頭のところに、白丁を借りに来る人がいた。

麻で臍の緒を切る　神輿を担ぐときに肩から斜めにかける麻を、もらいに来る者がいた。この麻で産婦の髪を結ぶときや臍の緒を切るときに用いた。

【千人町】（秋山広誠氏、明治38年生まれ、1978年調査）

氏神社　元から千人町に住んでいる人は、高宰神社が氏神である。元本郷町から移ってきた人も多く、その方たちは多賀神社の氏子である。

屋敷神　秋山家の屋敷内にある稲荷神は、万歳稲荷といって京都まで行って名前をいただいてきた。かつては万歳の姿を彫った木彫があった。

農具　唐箕は昭和十三年（一九三八）に、当時一三円で買い求めた。踏み鍬は、昭和九年ころに買った。山六（八木町）あたりで買い求めた。踏み鍬は長い柄が付き、土に刺し込む三本の鉄の刃の元はカタ（肩）といって横棒があり、このカタを足で踏んで、ここを梃子（てこ）として左側に土を起こす。後ずさりで畑を耕していく。この畑うないは、十月ころの麦蒔き前に行う。

高尾山の大イチョウ　ちょうど高尾山の金毘羅台の大イチョウが黄色くなるころ、麦蒔きをする。

【大横町】（遠藤蔵雄氏、大正4年生まれ、1988年調査）

凧揚げ　浅川で大凧が揚がったことがある。三尺（約九一センチ）の凧を揚げたことがあると聞いたことがある。絵描きで、凧の絵を描いて子どもたちに売っていた人がいた。

道具市　甲州街道で月に何回か道具市があった。在から買い出しに来て、繭の売買もしていた。

お十夜　大善寺（大横町→大和田町→大谷町）のお十夜になると、寒くなってきて羽織を着る時期になった。

【大横町】（大野敏夫氏、大正15年生まれ、1992年調査）

箪笥店の創業　大野箪笥（たんす）店（「箱縫（はこぬい）」という屋号）の初代の縫之助が二一歳のとき、埼玉県の川越から八王子に出て、明治十七年（一八八四）に箪笥製造をはじめた。二代目が源吉といい、敏夫氏が三代目である。敏夫氏は一四歳のときに、元浅草（台東区）の坂巻という家具店に奉公に行った。そこで働きながら学校にも通ったので、身体を壊してしまった。戦後は父親と仕事をしながら技術を覚えた。教わるだけではなく、自分流に工夫して仕事をすることが重要であった。最盛期には、店には職人が三人いた。

織物と箪笥店　春秋の婚礼シーズンとなると、箪笥が良く売れた。仕事は桐箪笥の製造や修理が中心であったが、機場（機業の盛んな土地）である八王子の土地柄を反映して、反物を巻くための巻き板や、反物を納める箱を作った。現在では美術品を収納する桐箱を中心に製造している。かつては、川漁で、鮎をとるときに使うメン（面＝顔の大きさの箱状で正面にガラスをはめ込み、横に渡した棒状の木をくわえて鮎漁に使う）などもつくった。

桐箱　反物を入れる箱は一軒の機屋から、一〇〇から二〇〇箱の注文があり、昭和三十二年（一九五七）から三十三年ころには、一日に五〇箱から六〇箱つくった。

桐材　桐材は、はじめは川越（川越市）の山口桐材店から仕入れていた。昭和三十四年から三十六年ごろまでは一年分の桐材をまとめて仕入れ、別に土地を借りて三、四メートルの高さに、井桁に積んで野ざらしにしておいた。桐材の保管には、湿気があったほうが良く、樹皮が黒くなるほど中の材が白くなり、良い素材となった。

釘や金具類　板と板を止める釘は空木の木でつくられていて、桝で一升、二升と買った。買った釘を、一本ずつ自分で削って使う。釘には厚い板を止めるアシクギ、引き出しの脇を止めるスンズマリ（寸詰まり）、引き出しの底と背の部分を止めるコクギなどがある。組紐も必要である。箪笥に付ける、引手、化粧座、裏錠、蝶番、衣裳座、取手、棒通しなどの金具類は、元浅草まで行って商店から買う。

鉋　鉋は、細工鉋・丸面取り・銀杏面・際鉋・仕上げ・ナカヒコ・アラヒコ・長台・手斧のような前鉋などがある。

正月の行事　正月二日は道具直しといって、鉋を研ぎ、道具の手入れをした。正月は仕事場に、お供え餅を供えた。

職人仲間の講　団扇講という名の高尾山薬王院の講が、田原町（台東区）にあった。明治三十七年（一九〇四）ころに都内では講の存続が危うくなり、八王子で講の運営を行うようになった。五月の第一日曜日には、職人仲間で高尾山に登った。

【新町】（安田正三氏、明治43年生まれ、1989・94年調査）

籠屋の創業 新町の安田竹細工店は初代の藤太郎が、埼玉県所沢市安松（やすまつ）の内野家の三男であった。同じ村の出身者で、笊をつくっていた八王子市大横町の安田家の住み込み奉公となり、竹細工を習い覚えた。藤太郎は三崎町に独立したが、明治三十年（一八九七）の八王子大火にあい、新町に移転した。その後二代の勲、三代の正三さんとなった。初代のころには、養蚕用具づくりが主であった。戦争中は金属の代用品としての籠をつくり、日野市内の工場で使う籠もつくった。最近は花籠などもつくる。

得意な製品 籠屋にも得意があって、研いだ米を入れて水を切る米揚（こめあ）げ笊や肥料を入れる肥笊などの小物細工、豚を運ぶときに入れる豚籠や護岸工事に用いる蛇籠などの大物細工、角物といって御用籠などを主につくる人もいた。安田さんは小物細工を中心に行い、自宅の作業場で仕事をする。庭仕事といって、養蚕で蚕棚として使うエビラを出張して農家の庭でつくり、蛇籠は川原でつくることもあった。

材料の竹 材料の竹は、真竹・篠竹・黒竹・煤竹を使う。籐（とう）は籠の縁を巻くのに使う。

籠作り 竹ひき鋸（のこ）で、竹を切る。片刃の削り包丁で、節を削る。両刃の割り包丁で竹を割る。割り包丁で、紐状のヘネをつくる。シキ（底）を編む。腰だてといて、底から胴を編む。胴編みは、横に回すマワシという竹を編みこむ。最後に、縁（ふち）巻きをする。

籠屋の軒数 戦争中は、東京都竹製品工業統制組合があった。その「組合員名簿」によれば、昭和二十年（一九四五）、八王子に十七軒、町田に十二軒、五日市・調布に十三軒、青梅に二十五軒の籠屋があった。

籠屋の信仰 祖神講（そしんこう）を結成していて、神田神社（千代田区外神田）の籠祖（かごそ）神社へ、一月十五日、五月五日、十一月五日に参詣した。先代のころは、八王子市内の職人が集う太子講（たいしこう）に参加していた。正三さんの代から、竹材店・蒸籠（せいろう）づくりの職人も加わって、籠祖神社を信仰するようになった。

安田家の井戸　安田家の井戸は、雨が降った後は井戸の水が手に持った柄杓で水を汲めるほど浅かった。九尺（約二七三センチ）くらいしか掘ってないのに、水が出た。防空壕をつくろうと縦に六尺（一八二センチ）掘ったら、水が溜まってしまった。

新町周辺のこと　空襲で焼ける前には地元の相撲番付を持っていた。それには少年の部もあった。新町の焔魔堂の裏には萩原牧場があって、乳牛を飼っていた。一段下のパイパスの通り辺りから水田で、その一段上は畑だった。百姓もやりながらお店を営んでいる家がぽつんぽつんとあった。籠屋・鍛治屋・豆腐屋・荒物屋が二軒、甲州街道に出るまで近郊の村々から歩いて出てくる人が多かった。道ではたまに馬力（馬がひく荷車）とすれ違う程度で、道路の両脇が下水となっていた。沢渕には古い家が何軒かあった。水車を動力とした糸を撚る撚り屋があった。そこの長島本家が今の元横山町で、穀屋をやり、水車で米を搗いたりしていた。極楽寺（大横町）の裏の橋の下に堰があって、そこから水を揚げていた。東宝映画館のところに青物市場があった。

【新町】（豊泉こと氏、1981年調査）

富士講の碑　新町の豊泉戸七さん（明治三十二年一月七日没）のお宅には、富士山を信仰し、富士山に登る人たちの富士講の石碑がある。それは自然石を使ったもので、碑の正面上部に左右に日月を配し、その間に富士山の山形を刻み、碑の中央には縦書きで「気の用心」と彫られている。

富士講の先達　豊泉戸七さんは富士講の先達（リーダー）で、富士講を明治二十五年（一八九二）に創設し、太平洋戦争の戦災でいったん途切れたが、昭和三十年（一九五五）に再開した。毎年、夏に富士山に登山し参拝する。一月二日の夜は、近在各地から富士講の講員が集合し、飲食を共にして一晩中就寝せず、三日の朝日を礼拝して解散したと言い伝えられている。

【南町】（南町町会、1970年代調査）

御神酒枠　御神酒枠とは祭礼の当日、御神酒所に安置されるもので、制作は寛政三年（一七九一）。八王子十五宿当時より大山（神奈川県伊勢原市外）の御供講という名の講中があった。相模大山の大山講の中でも大きな勢力があり、大山の山開きもこの講によって行われたといわれている。往時祭礼が無事に終わると、この神酒枠に御神酒を入れて、若者が子安明神（明神町）の泉水にて身を清め、行者の装束を着て肩からレイ（鈴のついた襷）をかけ、神輿のように神酒枠を担いで大山までお参りに行った。見送り・出迎えも高張り（長い竿の先に高く掲げた提灯）をかかげるなどして盛大に行われた。

【南町・南新町・中町】（松田旭子氏、大正十年生まれ、三崎町／高瀬勝郎氏、昭和三年生まれ、高瀬喜美枝氏、久野久夫氏の紹介、2015年調査）

髪結いの松田さん　松田さんは八王子市横山町に生まれ、沢渕（元横山町）で育ち、五人兄弟の末っ子であった。父は京都の織物と八王子の織物との交流を図るような問屋を経営していた。父親はいつも客商売なので、趣味が豊かな人だった。松田さんが小学校一年のときに商売がダメになってしまい、南新町に引っ越した。そのとき「はやしや」という待合（客が芸妓を呼び遊ぶ茶屋）を借りて住んだ。その待合の大家さんは、地元で後に書店経営をされる方であった。松田さんの御舅さんは仙台の出身で、関東大震災の前に東京に出て、柳橋（台東区）で日本髪を結う仕事をしていた。当時、松田さんは飯田橋（千代田区）で暮らしていたが、昭和十八年（一九四三）六月に八王子に帰り、その年の十二月に結婚した。昭和二十年三月に、灯火管制の下でお子さんを出産した。小谷（こたに）横丁に八木さんというお産婆さんがいて対応してくれた。空襲では上野町の実家に逃げた。逃げる途中、天神町あたりで警備の人に呼び止められたが、「実家に行く」と言えば通してくれた。実家の窓を開けたら空襲が見えた。戦時中は、町会から住家が元の待合なので大きな家のために東京の被災者を預かってほしいと依頼された。そこで中島飛行機（航空機メーカーで、全国に工場があった）に勤めている人などが入った。

戦中の暮らし　戦時中は外に白いものは干せなかった。南町辺りは、どこを掘っても水が出た。洗濯はみんな良くやった。空襲で焼ける前には、家の床下にビール瓶をたくさん入れておき、また、燃料の薪も入れていた。焼けた後には、桟俵（さんだわら）（藁（わら）製の円形の俵の蓋）を敷いて、家族四人で寝ていた。

芸妓衆の髪を結う　松田さんは、南町で「柳橋」という美容院を営んでいた。芸妓者衆の髪を結った。毎日髪を結うことを「日髪（ひがみ）」といって、芸妓衆は毎日髪結（かみゆい）に美容院に来た。芸妓には中町で着物を着せる。美容院のお客は、恩方、千人町、政治家や商店の奥さん、学校の先生など、幅広い人が来た。

美容院の仕事　美容院の仕事で、結婚式では市街地の料亭、大横町の八王子生活館（市の結婚式場）、八幡八雲神社（元横山町）、立川市の諏訪神社（柴崎町）などには出張で出かけた。美容院には、住み込みで大勢の弟子がいた。良く働いてくれた。今でも弟子たちと付き合いがある。

南町・中町界隈　南町・中町界隈には「今ほど横丁」と呼ぶ横丁があった。「今ほど」とは「また呼んでください」という意味である。人力車の「上総屋」には番頭が五、六人くらいいて、人力車をあつかい、後部には自転車の脇に幌（ほろ）を付けたもので営業していた。雑事も取り扱っていて、待合の集金を請け負ったりしていた。「ふじの湯」という風呂屋があった。「私のおばあちゃんは、風呂屋に行っても熱い湯が好きで、燃料代が余計かかるから」と言ってお金を追加する人であった。おばあちゃんは、野球の話をしていた。よく富士森公園に行った。カンタさんという芸妓が野球をやっていた。

芸妓衆　八王子の芸妓衆は、長野県の上諏訪と行ったり来たりしていた。相模の田名（相模原市中央区）にも八王子の芸妓衆はよく行っていた。

【寺町】（井上泉氏、1977・79年調査）

捩りこみの技術　機（はた）（織機）に新たに経糸（たていと）をかけるとき、すでに織りあがっている織物の経糸に次の織物の経糸を繋ぐ作業を、捩（よじ）りこみいう。続いて違った組織を織り込むには、新たにヒッコミを行うか、かつてはボウズムスビ（坊主結び）といった。これは普通の結び方で、女工さんが時間をかけて結んでいた。捩りこみは、岡本すてじさんという方が、大正のころ桐生から八王子に導入した技術である。

捩り込みの爪　岡本さんは、縞（しま）買いの渋谷（大横町の織物仲買商　渋谷商店）の裏に所帯を持って住んでいた。市内の業者は、捩りこみを岡本さんから習った。一人前となるには、手で行うには一か月間くらいで覚える。強い糸を使う場合に、桑摘みの爪（桑の葉を摘み取るときに使う指輪状の鉄製の爪）のような金属製のツメを用いる。爪は指輪のようなリングになっているところは金物の廃物を使い、輪から立ち上がった爪の部分は時計のゼンマイを使った。尖った爪の先端を、右手の親指の爪に引っ掛けてずれないようにする。親指と人差し指の間が、一〇段も皹（あかぎれ）（手の皮膚が荒れて裂ける）のようになった。そこで、岡本さんと井上さんとで考え、桑摘みの爪をヒントに用具を試作し、昭和十七年（一九四二）から十八年ころに爪が完成したという。爪を使う方が三〇パーセントぐらいスピードは落ちるが、糸を「もぎる」のと違って、仕上りが美しくなる。八王子で井上さんのほかに二、三人使っていた。豊泉さん、上野町の伊藤利一さんも使っていた。

爪を用いない　爪を使わない場合は、スピンドル油と歯磨き粉を練ったものをつくり、缶に入れて滑り止めに使う。これを付けると、指を切らない。繋いだ糸の節が筬（機織りの用具で経糸を整え緯糸を打ち込む用具）を通るとき、筬に当たる。一本を繋ぐときのみ、糊を使う。捩りこみは、右撚りの糸のときには右に撚る。左撚りの糸のときは左に撚る。織物によって撚りをかける方向が異なる。捩りこみの一方の糸の撚り方が異なる場合は、捨て糸を一本の糸に二本を結びつける。

手から機械へ　井上さんは二四歳くらいのころから、三〇年から四〇年くらい捩りこみをやっている。指を使う仕事なので、指に保険を掛けたこともあるという。土浦（茨城県土浦市）の霞ヶ浦絹業や半原（神奈川県愛甲郡愛川町）のカネカ織物、秩父などでも働いたことがある。昭和三十年ころからは、機械経継が行われるようになった。

【万町】（内田総淑氏、明治27年生まれ、説経節十代目薩摩若太夫、１９７７年調査）

道化節　坊さんが道化ながら踊るのを道化節という。

車人形　由木地区の堀之内から関戸（多摩市）にかけて、説経節の語り手がいた。西川玉造（二代目西川玉造＝宿村佐兵衛か）は車人形の人形遣いで女役を遣った。昭和三十年（一九五五）ころまでやっていた。八王子へ連れてきて、縁日などでもやってもらった。玉川文蝶（二代目か）も来た。文蝶は立役（男の人形を遣った）だった（これは戦前のことか）。

人形遣い　車人形の人形遣いとして、安土（暁町）に田中源三郎という人がいた。彼を「達磨屋の源ちゃん」と呼んだ。息子が日野の高幡に住んでいた。左入（左入町）の馬場谷戸には、野島さんという車人形を遣う人がいた。川口地区には義太夫節で三人遣いの人形座があった。吉田東九郎や吉田文五郎が関係していた。恩方（下恩方町の瀬沼家）には昔、小さな車人形があった。

【万町】（村野杉次＝浮世亭燕楽　幇間、1983年調査）

東京音頭　東京音頭をビクターの人が八王子に来て、初めて習った。みんなに燕楽と小燕楽が、千葉時計店の裏の空き地で教えた。森万（呉服店）の二階の回廊で踊ったこともある。昭和六、七年になると、小沢条太郎の武蔵毎夕新聞の主催で、東京音頭とさくら音頭を八王子館で毎年やった。その前には関谷座でやった。

八王子の寄席など　栃木亭は戦災で焼けて終わった。栃木亭は戦前、大正のときにはあった。栃木亭は高座があって浪曲が主だった。二間半に幅が一間くらいの広さで芝居はできない。そこでは燕楽さんは安来節などの踊りをやった。ラジオ放送がはじまるとお客さんが少なくなり、女将が運営をやめた。関谷座は芝居が主だった。有楽座は、途中で八王子館になった。鶯金亭は早くにやめてしまった。屋根寅亭というのもあった。

高級楽隊　長谷川さんという方が、高級楽隊をやっていた。出征兵士を送るときや凱旋で兵士を迎えるとき、お祝いなどのときに、依頼されて演奏をしていた。燕楽さんは、この長谷川さんの弟さんにお囃子を教わったという。長谷川さんは、八日町の裏に住んでいて、大胴（大鼓）、ラッパ、小さな太鼓などを持っていて、長谷川兄弟と他に数人依頼して四、五人でやっていた。

【万町】（篠崎保治氏、1983年調査）

花火が専業　先先代の英助（一八六八～一九四二）さんが、好きで趣味的に花火をやっていたが、それが次第に専門的になってきた。大正十三年（一九二四）には火薬類の取締法ができ、素人は火薬が取り扱えなくなってしまい、花火を専業とすることになった。

花火工場　以前は自宅で花火をつくっていたが、後には医療刑務所の西南で、緑町の丸山というところに二軒長屋の工場をつくり、そこに留守番をおいていた。

各地で花火　現在の子安町の篠崎煙火店は当家の分家であり、先代の篠崎豊治（一八九一～一九七〇）の弟である。全国各地に花火を打ち上げに行ったが、火薬を所持して汽車に乗れないことが困った。神奈川県の箱根・平塚・厚木・田名（相模原市）・与瀬（相模湖）や、山梨県の河口湖・上野原・西原（上野原市）、都内では両国、日野・立川、遠くは秋田、愛知県の花火の競技会などにも参加した。八王子市内の運動会や片倉・宇津貫町のお祭りなどへも行った。

最後の花火　めじろ台で宅地を売り出す直前に、市制施行何周年かで、花火を打ち上げたことがある。それが最後の仕事であった。昭和四十五年（一九七〇）くらいに煙火店をやめた。

【上野町】（鴨下長治氏、鳶頭、1975年調査）

鳶職の衣装　鳶職（とびしょく）が着る印半纏（しるしばんてん）は浅草でつくる。モモヒキ（股引）は台東区三ノ輪でつくり、鳶職がまとめて八王子の商店に頼む。自分で持っている印半纏は、背中に梅で田町の遊郭「ほうせん」の紋である。半纏は資金を出してくれた旦那の紋を入れる。町会からは、半纏代をもらって半纏をつくる。

大盃　丹塗りの大盃は上野町の郷土資料館で保管してもらっている。鳶職の新年会で供えた御神酒を大盃に満たして、乾杯する前に出席者全員で順に御神酒を飲む。また、新たに組頭に昇格したときなどの儀式でこの大盃を使う。

鳶職の組織　鳶職の区割りは、三区十番まである。一区は横浜街道より東で一番・二番・三番、二区は国道一六号線から小杉会館までの通りで四番・五番・六番、三区は八幡町から高尾までで七番・八番・九番・十番となっている。

火事と鳶職　戦前までは、鳶の者は八王子消防署に交代でつめていた。今でも自分の地盤などに火事や風水害があれば出かける。

纏持ち　火事のとき纏持ちは、屋根にのぼって纏を振ってイキで火を消す。纏持ちを殺してはならないから、下に詰めたものは一生懸命に消火につとめる。風下の屋根に纏持ちが立って、火をその家の前で食い止める。纏は組頭の家にいつも置いておく。

市中心部の正月飾り　門松は十二月二十三日ころに備え付け、締め飾りは十二月二十七日か二十八日ころに飾る。正月六日の晩に取り外す。屋内の内飾りは十二月三十日に飾る。門松には街で一般的な突き出し・竹を斜めに削いだ削ぎ竹（喧嘩に竹を使い、酔っぱらいが竹で刺されたことがあり、禁止になったことがある）・竹の先を尖らせずに平行の寸胴・柱を使った角だての四種類がある。

門松づくり　門松をつくるには真竹が二本必要。真竹の先を鋸で斜めにきり、鉋で仕上げる。水で湿らせた籾殻で竹を磨く。長さの異なる三本の竹を棕櫚縄で結ぶ。店や家の両門にすえて胴のあたりを松で覆う。熊笹を添えて菰で松の根元を包む。梅の枝を添える。門松づくりで使う縄の結び方はヘイガシラという結び方である。

内飾り　材料は昆布・裏白・杠葉・馬尾藻・海老・橙でお供え（餅）を飾る。台に昆布を垂らす。紅白の締めを垂らす。杠葉を四枚十字に置く。裏白・供え餅を置く。扇のような紙製のせいしろうを置く。松葉に半紙を巻く。橙を置く。海老を置いて、昆布と藪柑子を海老の横に刺す。馬尾藻を海老にかける。橙やお供え餅を竹箸のようなもので突き刺して固定する。

【上野町】（矢島てる氏、明治20年生まれ、1975年調査）

糸の出荷　四枠をヒトマドという。揚枠所（小枠にとった生糸を大枠に巻き直し糸束を作る所）へ糸を持っていく。検査して十二から十六デニール（繊維の太さを表す単位）だと合格で、合格するとヒトマドにつき髪結のモトイイ（元結＝日本髪で使う細い紙製の紐）を一把ずつもらえた。それが楽しみであった。糸は横浜へ出した。矢島さんは、群馬県の藤岡から八王子に嫁に来た。

二　旧小宮町

（一）旧小宮町

明治二十二年（一八八九）村制
昭和九年（一九三四）町制
昭和十六年（一九四一）八王子市に編入

明治二十二年（一八八九）に、市制・町村制の施行で大和田村・西中野村（江戸時代は中野村、明治十二年三月三十一日付の村名改称で西中野村となる）・北大谷村（江戸時代は大谷村、明治十二年三月三十一日付の村名改称で、北大谷村となる）・宇津木村・石川村・粟須村・北平村（江戸時代は平村、明治十二年三月三十一日付の村名改称で北平村となる）の七か村が合併し、神奈川県南多摩郡小宮村となる。明治二十六年に小宮村を含む三多摩地域が神奈川県から東京府に移管され、東京府南多摩郡小宮村となる。昭和九年（一九三四）に町制を施行し、南多摩郡小宮町となる。昭和十六年十月一日に八王子市と合併する。昭和十八年に都制の施行で東京都となる。

【高倉町】（吉見善明氏、昭和16年生まれ、2014・15年調査）

粟須新田　高倉は江戸時代に新田開発が行われた地域で、粟須(あわのす)新田と呼ばれていた。地形は台地状を呈し、河川は地域内には無く、飲料などは井戸を掘削して確保していた。吉見家には二本の深井戸があり、一つは今でも使用可能な状態で、もう一つの井戸は埋められている。水の確保が困難な地域であり、水田耕作はできず、桑畑や野菜の栽培などを中心とする畑作農業を営んでいた。

吉見家　吉見家は現在から五代前の江戸時代に、吉見三次郎という方の名前が知られているという。現在、吉見家は氏子総代をつとめ、この氏子総代には、断続的ではあるが吉見家、渡辺家、石川家の三家で二代から三代くらい続いている。吉見家には、一人から二人の作代(さくだい)（奉公人）がいた。住み込みの人、季節に来る人、パート的な人もいた。農地は、農地解放後（昭和二十一年の農地改革）には畑だけで二町二反あった。吉見家の旦那寺は宇津木町の龍光寺(りゅうこうじ)で、墓は現在のコニカミノルタ八王子工場の角の共同墓地にあったが、区画整理にともない龍光寺に改葬した。氏神社は高倉稲荷神社で、屋敷内には弁天様を祀っている。弁天様については特に伝承はない。

組　高倉には講中とクミという古くからの組織があり、一組から六組まであったが、四組までが古くからの家々で構成され、五組は五群ともいわれ、現在のコニカミノルタの西側道路に沿った家々だった。六組は高倉稲荷神社の西隣に沿った家々である。五組、六組ともに勤め人の世帯で、サラリーマンで比較的新しい一群だが、戦前にはすでにつくられていると思う。吉見善明氏宅は一組に所属し、一組は一三軒、神社東側は二組で、西側は六組を除き三組、四組と続いている。

農地　この地域は八王子市の中心部まで三キロから四キロメートルと近く、戦後はトマト、キュウリ、ナス、スイカ、大根、陸稲（おかぼ）（畑に栽培する稲）、小麦などを栽培し、大根やスイカなどの野菜づくりでは先進地域であった。食糧難の時代に陸稲も供出（政府が一定の価格で買い取る）した。農作業は初午を目安にはじめられたが、昭和三十年（一九五五）代までは野菜作りが中心で、その後、植木の苗などを育て販売した。柘植（つげ）やドウダンツツジなどを、富士見町などの新たにつくられた団地に提供した。

区画整理事業　当時の日本住宅公団による区画整理事業が、甲州街道を挟んだ北側地域で行われることになり、昭和三十年代後半に区画整理をめぐって反対運動があった。この区画整理は、八王子市で最初の区画整理事業で、戦災復興事業として工業団地を造成したものであり、当時の街区整備が現在の高倉地域の発展の基礎となっている。

スイカの栽培　吉見善明氏の父親の吉見良雄氏は、スイカづくりに秀でていた。スイカの苗と夕顔の茎をカミソリで切って、お互いを紐で結んで夕顔に接ぎ木する。吉見良雄氏はスイカの栽培法の研究に熱心だったが、失敗もあり一年くらい収穫のないときもあった。スイカは苗床の温度管理の難しい作物で、苗床に使う落葉は加住地区の雑木林まで採りに行った。落葉の運搬は、クロガネのオート三輪車も使い、三輪車の荷台には大きな竹籠に落葉をぎゅうぎゅう詰めにして運んだ。スイカの苗床には、落葉に人糞をまく。人糞は肥溜（こえだめ）に一旦入れて腐らせてから下肥（しもごえ）として使った。スイカは八王子の丸共市場に、話者の吉見氏が小学生のころはリヤカーで、そのうちオート三輪車で持って行った。ヒキニといって、吉見家のスイカは質がよいので、競（せり）にかける前に引き取られたという。昭和二十年（一九四五）後半で、スイカ一つ二五〇円ほどだった。

高倉大根　八王子市中心部の織物工場で働く女工さんが食べる沢庵を出荷した。善明氏以前は、大根を大八車（人が運ぶ木製の荷車）に積んで運んだ。戦前から八王子には機屋が多いので、そこに沢庵にした大根を売った。夏は野菜、八月半ばから大根の植え付けがはじまる。十二月二十日くらいまでは忙しかった。コニカミノルタの近くに水が出たので、その水を汲んで来て、盥（たらい）に入れ、鮫皮（さめがわ）を使って洗った。夜なべに二〇本ほどを一つにまるく（束ねる）。旧日野市立病院の向かいにあったキリスト教会の人達が大根洗いを手伝ってくれたことがある。大根は世田谷区の松原の市場へも出荷していた。

井戸　吉見家の井戸は深井戸で六〇尺（約一八メートル）あり、水位は浅くなったり深くなったり動く。幼いころは釣瓶井戸（滑車でロープに結んだ水桶を上下して水を汲む）で、物心ついたころは手押しポンプに変わっていた。井戸替えはせず、井戸掘り職人もいなかった。裏の畑にもう一つ井戸があったが、埋めてしまった。この井戸は大根を洗う時に使った。

大和田の坂　大和田（大和田町）の坂は急なので、リヤカーや荷車のアトオシ（後押し）をした。下り坂は荷車が加速しないように引っ張る。坂を下ったところに内田の饅頭屋、志村屋、小林製材所などがあり、帰りにはそのあたりで飯を食ったり、大人は酒を飲んだり一休みした。

麦と米　かつて、押麦の御飯を食べたことがある。白米はギンメシ（銀飯）ともいった。高倉にはサラリーマン世帯の地域があって、そこに同級生がいた。そういう人たちからは自分たちが白い飯の弁当を持って行ったので、うらやましく思われた。

紙の位牌　かつて葬式で亡くなった人の戒名を紙に書いたものを配ったことがあり、紙の位牌が仏壇にあった。現在は行っていない。

葬式　昭和二十八年（一九五三）に、吉見善明氏の祖父が亡くなったころは土葬であった。現在も組単位で墓穴を掘るロクドバン（六道番）の役割を分担して行っている。現在は火葬で墓がカロウト（唐櫃）になっているので墓穴を掘る必要は無くなり、ロクドバンは石屋さんと納骨を準備する役回りとなっている。

高倉稲荷神社　高倉町の氏神で、境内に社務所がある。社務所内には薬師如来などの仏像があり、春と秋のお彼岸には一組から四組のうち、一つの組が当番となって、平成二十五年（二〇一三）の秋まではお念仏を行っていた。

火の見櫓　高倉町のかつての火の見櫓は、共同墓地にあったあすなろ（翌檜）の大木を利用し、その木の途中に半鐘を吊り下げていたが、昭和五年（一九三〇）十二月に、新たな鉄骨製の火の見櫓が建設された。吉見豊吉氏の弟の喜章氏が世田谷の三軒茶屋に住んでいた際、世田谷が東京市の区に編入されることから、三軒茶屋にある消防署が取り壊されることになり、望楼が不要になった。その望楼を新田（高倉）で買い取る話となり、協議の結果運搬費用も含めると五百円の費用であった。（一九九二、吉見良雄「火の見やぐらの思い出」『高倉平成会だより』第七号）

雨乞い　吉見善明氏の記憶では、神社で一度だけ雨乞いを見たことがある。青梅の御嶽神社（武蔵御嶽神社）で水をいただき、その水を龍吐水（細長い木製で箱状のものから丸く長い筒がついた手押しポンプ）に入れ、水を撒いたら間もなく雨が降ってきたことに驚いたことを覚えている。それは昭和二十年代ころのこと。武蔵御嶽神社は、黒田という御師（各地にある御嶽講の世話をし、代参のものを家に泊める）のところに行った。

屋敷神　屋敷神は弁天様である。社の裏に蛇を模した枝が括られている。特別に一族などで集まって祭りなどは行わないが、祖父は毎日のようにお参りして柏手を打っていたのを見ていた。

お念仏　葬儀の最後にお念仏を行っていて、平成七年（一九九五）の父の葬儀の時には行った。組中の女性の慰労会のようなものであった。白黒の饅頭などが出た。組の人と、親戚のみで構成されている。

大山講　現在、伝承はないが、高倉稲荷神社境内に相模の大山講の石造物がある。

富士講　現在、伝承はない。ただし高倉稲荷神社境内に石造物がある。

【石川町】（立川秋雄氏、昭和11年生まれ、2014年調査）

立川家　武田信虎（のぶとら）（戦国時代の武将　武田信玄の父）の家臣である三枝氏が、現在のあきる野市から日野、そして小宮へと移動したことにはじまる。小宮（八王子市の小宮地区）では立川文ヱ門を名乗る。立川正之さん、勇さん、愛治さんは我が家とイッケ（一家＝同族）である。

結婚　昭和十一年（一九三六）生まれの立川秋雄さんは、二六歳の昭和三十八年（一九六三）一月に市内明神町の子安神社で結婚式を挙げた。当時、自宅ではなく結婚式場で式を挙げるのは珍しかった。結婚式の当日は、神社での式の前後に自宅に仲人や組合（古くからの近隣組織）の人たちを呼んで飲食をした。奥様は昭和十三年生まれで、日野の豊田から嫁に来た。両方で仲人をたて、仲人のことをオヤブン（擬制的な親分子分関係。儀礼で贈答などを行う）といった。

組合に加わる　立川秋雄家は分家してシンタク（新宅）に出た家なので、古くからある近隣組織のクミアイ（組合）に加入するには経過を要し、仲人が口をきいてくれて入ることができた。実家から出て独立して所帯を持ち、居宅は桑畑のあったところを造成して建築した。

豆腐店を営む　学校を出て、立川秋雄氏が就職するころは、近くの大きな会社でも不景気で就職難。縁故がないとなかなか会社には入れないという時代であった。最初は立川市内で自動車修理工として勤務した。当時は、自転車で自宅から小宮（小宮町）に出て、多摩川の築地（ついじ）の渡しを使って通った。立川まででは通勤に時間がかかるので、その後は市内大和田町で働いた。独立して自分で何か商売をしたいと考え、最初は蕎麦（そば）屋を考えたが、他の人が嫌がる仕事をやってみようと思いたった。冬の寒い時期でも早朝からの水仕事で大変な豆腐店を営もうと考え、調布市の豆腐店で修業した。夜の十一時か十二時ころにオートバイで家を出て調布まで通い、仕事は午前三時とか四時の早朝からとりかかった。まず火の付け方から教わり、なかなか肝心なニガリ（苦汁）の分量などは教えてもらえなかった。仕事を見て覚えようとしたが、見る機会もあまりなかった。豆腐づくりの大事なところは簡単には教えてもらえなかった。一通り豆腐づくりを覚えるまでには三年かかるといわれたが、自分で仕込みからすべてを試みるなど工夫して早く覚えた。調布での仕事は豆腐づくりではなく、まずは行商を主にやった。当時の売値は、豆腐二五円、油揚げ八円であった。家族の反対もあったが、姉の理解もあり、昭和四十二年（一九六七）の夏に自分で豆腐店をはじめた。場所は現在の自宅の隣で、息子さんが住んでいる場所である。一五尺（約四メートル五五センチ）から一六尺の深さの井戸を掘った。仕事用に二か所に井戸を掘った。綺麗な砂利が出たほうの井戸は澄んだ水が出て、飲用にも適した。良い水が出て、豆腐づくりに使用した。もう一つの井戸は水が濁るので使えなかった。その後、水道をひいてもらいたいと思い、地域の方々が動いてくれて水道が実現した。朝に豆腐をつくり、午後三時ころから三時間くらい、宇津木（うつき）や大谷（おおや）などを回って販売に歩いた。近所に先行する地元の豆腐店があったので、販売の範囲が重ならないよう努力し、販売方法を変えて、八百屋さんなどの店舗に豆腐をおいてもらって販売する努力をした。豆腐店の経営は五年くらいで軌道にのった。学校給食に豆腐を卸すようになった。「立川屋とうふ店」の豆腐の特徴は、絹と木綿の中間のような豆腐で、これが良く売れた。大豆を煮る釜を煮釜といい、燃料には最初は石油を使い、その後ボイラーに切り替えた。日常生活の風呂などの燃料は薪や石炭を購入した。

地域の歴史への関心　平成二年（一九九〇）に石川町会の会報「いしかわ」が発刊された。次第に新しい町会会員が増え、平成十八年の広報でアンケートをとると「石川町の成立ち」などを知りたいという多数の意見が寄せられた。

そこで、立川さんが広報担当の一員となったとき、立川さんが「石川歴史の会」を主宰していた関係もあって、歴史担当となった。記事は文章を立川秋雄さんが、図版などを黒川健次さんが担当して「歴史探訪」という題で会報に連載することになり、平成十九年四月十五日発行の「いしかわ」第六九号に初回を掲載し、全一九回、五年間連載した。「石川歴史の会」は、一〇年前くらいに石川町会内の人たちで結成し、最初は一四人ではじめた。年間四回から五回の八王子周辺の史跡巡りを行い、会員は二八名になった。会活動での成果や連載記事をもとに、立川秋雄さんが自費で黒川健次さんの編集で、『古甲州道入口　石川町を中心とした石川周辺の歴史』（二〇一〇年発行　A5判六三頁）と、『石川歴史探訪その二　古里をたずねて』（二〇一三年発行　A5判七一頁）にまとめた。

御嶽神社　鎮守の御嶽(みたけ)神社の祭礼の日は、古くは九月十九日で、現在は十九日に近い土・日に行われる。平成二十六年（二〇一四）の祭礼は九月十三日（土）と十四日（日）である。祭礼では、西蓮寺(さいれんじ)と御嶽神社で石川町龍頭(りゅうとう)の舞保存会によって、獅子舞（八王子市指定無形民俗文化財）が行われる。獅子舞は夕方の六時ころからはじめて、十二時ころまで行った。また、この祭りには露天商が多くの店を出す。参拝者は多い。新旧の家々があり、神社の氏子範囲を明確に示すことはなかなか困難である。昔から地域にある家は氏子で、各家では祭礼のときに、以前は家ごとに区分された寄付をした。神社の役員は年番といって九人いる。町会の三地区から三名ずつ選ばれる。その年番は神社の掃除を毎月交替で行う。祭礼の前や正月の準備では、役員全員が行う。元旦には神官が来て、新年の顔合わせを行う。

町会　現在の石川町会の地区割りは、北方(きたかた)・南方(みなみかた)・宮田方(みやたかた)の第一地区、中坂方(なかさかかた)・向方(むかいかた)・石川西(いしかわにし)の第二地区、田島方(たじまかた)・日向方(ひなたかた)・石川東(いしかわひがし)・日向方東(ひなたかたひがし)・日向方南(ひなたかたみなみ)の第三地区の三つの地区に分かれている。

中坂講中　立川秋雄氏の住むところの講中（古くからの組織）は中坂講中(なかさかこうじゅう)で、現在の町会では第二地区に入る。かつては二〇軒くらいの軒数で「中坂講中」といい、三組に分かれている。クミ（組）はクミアイ（組合）ともいい、七、八軒で構成されている。それぞれのクミには特に名称はないが、立川姓や内田姓、金子姓などがそれぞれの組に集住している。新しい家で何年も経過すれば、酒一升を買って組合に入ることもできた。組合の者は、同じ組合で結婚式があれば夫婦で出席した。新しい家は組合には入れるが、講中には入れない場合があった。

椀倉　中坂講中では、現在の交番があるところに、土地を借りてワングラ（椀倉＝講中の共有の用具を収納する倉）を所有していた。椀倉には、座布団、膳、椀、箸、うどんを入れるキリダメ、卓袱台（ちゃぶだい）、薬缶、土瓶、銚子などを収納していた。この椀倉は二〇から三〇年前に廃止した。

伝染病院　明治から大正のころに伝染病が流行し、八王子市の要請で桜塚（石川町の小字の名）に伝染病院が設置された。昭和四年（一九二九）に八王子市立台町病院ができると、桜塚病院は廃止された。この伝染病院の用地は共有地か寺の土地だったかもしれない。病院を取り壊すのは、町会の人々が行った。

地名　「藤の木」という場所は、立川文ヱ門が住んでいた場所を指す。大きな藤の木があって、地域の目印になっていた。藤の木地蔵があり共同墓地がある。「天竺田（てんじくだ）」は、北側に山を背負い、その山の麓に湧水があり、その湧水は日照りにも枯れず、この水を飲むと体に良いといわれている。天竺田で栽培された米は美味で、食すと老人も元気になり、天竺田とか養老田という。六反田（ろくたんだ）は湧水が多く、この水田で収穫された米は美味しいという。養蚕が盛んなころには、六反田に共同の繭の乾燥場をつくった。昭和三十年代までは稲作が盛んであったが、谷地川（やじがわ）が大きく蛇行していたので、昭和五十年に大規模な河川改修が行われた。現在は、八王子市役所の石川事務所や石川市民センターがある。「新田原」という高倉に草の捨て場があった。「下原（しもっぱら）」は、石川内にあった。「コバタケ」とは、高倉の近くの畑の名。「クワバラ」は、八高線の近くの畑の名。「ツルマキ」は、向方にあった水田の名。旧石川村や旧栗須村では、上方、下方、北方、南方、中坂方、田島方、日向方などと、「方(かた)」を付ける地名が多い。

築地の渡し　昭和二十七年（一九五二）ころには、多摩川にまだ築地(ついじ)の渡しがあった。渡しにはロープを対岸まで通して船を通した。大雨だと渡しの船が流されてしまうので、渡しでの通行は不可能で、上流の拝島橋を渡らなければならなかった。多摩川は今と違って水量は多く、小宮ではたびたび堤防が決壊したことがある。

干し柿　石川地区では渋柿がたくさん植えてあり、十月下旬から十一月初旬までが収穫期であった。干し柿は正月の御馳走だった。青年団で各家を訪問して、夜の十時ころまで渋柿の皮を剥(む)いた。柿剥き専用の剃刀(かみそり)のような形状の刃物があった。柿は柿の後ろからぐっとやって剥く。渋柿を干すには篠竹を横串にし、横に七つくらいの柿を刺し、それを縦に十本縄でつないで編み、軒先に掛けて約三週間程度干す。

柿渋　横溝さんというお宅の屋号は渋屋(しぶや)という。三、四代前から昭和二十二年（一九四七）、二十三年ころまで柿渋の製造を行っていた。横溝さん宅では一〇〇本くらいの渋柿の木を管理していたらしい。九月上旬ころに柿を収穫し、厚い板の上で柿を小槌(こづち)でつぶし、水を入れた大きな桶に入れる。渋の水を甕(かめ)に入れて発酵させて、熟成させて保存する。柿渋は、防水、防腐剤として使われ、板塀への塗布、番傘（竹の骨に紙を貼り、その紙に油や柿渋を塗った雨傘）、団扇、漁網などに使われた。多摩川で使う、投網(とあみ)（川漁で水面の上から円錐形の網を投げて魚を捕る網）の防腐剤にも使ったりした。府中の釣り道具屋に、樽に入れた渋を納めていたとも聞いたことがある。

大根　昼間に鮫皮を使って大根を洗い、八畳間の畳を上げて、そこで八〜一〇本編み、明朝干し、夕方には家の中に入れ、乾いた大根を一連につくる。鮫皮で大根の表面をザラザラにしたほうが、乾燥には良い。十二月いっぱい作業する。沢庵にして、オート三輪（自動車）に積む。淀橋（新宿区）の市場に出荷すると結構売れた。途中、烏山（世田谷区）で休んだ。

衣服　立川さんのお母さんのころ、女性は腰巻を付けていた。男性は股引をはいていた。

糸取り　母は繭から糸をとって、手機で布を織った。

米と麦　ご飯の麦と米の比率は、七対三である。奥様の実家のある日野の豊田は水田が多く、昭和二十七年（一九五二）、二十八年には白米になっていた。立川秋雄さんは豊田では米でも、この辺りは麦と白米であったという。ご飯は朝晩炊き、すえてしまったら水を入れておかゆで食べた。押麦を加えた飯でつくったおにぎりは粘り気がなく、おにぎりにならなかった。弁当は、白米を多くのせて少しでも見栄えを良くした。米と麦を混ぜるだけではなく、麦を布巾に入れて分けて炊くこともあった。普段は麦七に米三だが、弁当の時には麦五、米五の半々で炊いた。

うどん　晩ご飯に食べていた。

お茶　午前十時ころをオチャといい、軽いものを食べ、午後三時ころにはサトイモやサツマイモを食べた。

鶏　鶏を数羽飼っていて、時には殺して肉を夜食の鍋に入れる。煮団子に餡子(あんこ)をいれたものを食べた。

養蚕と民家　山岸（丘陵の麓）は湿気てしまうので、立川勇家は山岸から前方に家を出した。家を出したところは、以前はクワバヤシ（桑畑）であった。

御祈祷　田島橋近くの、Uさんは、馬頭観音だろうか石仏と版木を持っている。頼まれた家に出かけて行って祈祷をする。石仏は風呂敷に包んで背負っていく。また、版木で摺(す)ったものを家の中に貼り、祈祷をした。先代のころのことである。この家は、大正十年（一九二一）ころに、中坂講中から向方講中のバンドウザカのところに引っ越した。旧の屋敷は、山の上にあって不便なので引っ越したという。

オカマジメ　暮れのオカマジメ（御竈締め）は、明神町の子安神社の神官に切ってもらう。

どんど焼き　近年、市民センターの行事で行う。田島橋の下でお飾りを燃やす。以前は各家々で梅の木に繭玉をさして飾った。

稲荷講　中坂講中の立川姓で、稲荷講を行っている。稲荷は本家の立川正之家の裏の山に祀られ、立川姓の濃い親族たちの五、六軒で集まる。稲荷の祠の前で火を焚き、メザシを焼いた。各家で煮物を持ち寄り、飲酒する。

土用　土用（暦法で春・夏・秋・冬に土用がある）の日には、庭を掘ったら悪いことが起こるといった。

水神様　ミズガミサマ（水神様）は井戸の神である。井戸は、昔は釣瓶井戸だった。立川秋雄氏のところは手押しポンプである。井戸屋も近くにおり、埋まったら浚うときに呼ぶ。

恵比須講　恵比須講は、一月二十日と十月二十日に祀る。お金を枡に入れて供える。魚のお頭つきを供える。

産婆　左入に産婆さんがいた。昭和二十六年（一九五一）ころ、出産は自宅に産婆さんを呼んで行った。昭和三十九年ころには、病院で出産した。

お七夜　子どもが誕生してから七日目のお七夜には、隣近所の人を呼んで御馳走した。オムツを子どもの頭に乗せて、井戸と便所に線香を供えて、母親ではなく近所の婦人に巡ってもらった。

お食い初め　子どもが誕生してから百日目に身内のみで行う。

七五三　御嶽神社にお参りする。

仲人　仲人は親戚の濃い人、本家の親しい人、本家の指示でお願いした人などが仲人になった。その仲人を結婚した者たちは親分と呼び、盆暮の品を届ける。

結婚　石川に嫁に来たら、病気になっても休むこともできないようだった。それほど農作業などの暮らしがきびしかったという。石川から嫁を迎える相手方には歓迎されたという。結婚式では、家に入るときに火をまたいでお勝手口から入った。

葬式　昭和四十三年（一九六八）くらいの葬儀が最初の火葬であった。墓穴掘りはロクドバン（六道番）といって、四名出て晒（さらし）を四人で分け、墓のある山の上までリヤカーで行った。旦那寺は宇津木の龍光寺である。

墓　立川秋雄家の墓は西連寺にある。藤の木の共同墓地に墓を持つ家もある。

熊野速玉神社　熊野速玉（くまのはやたま）神社は御嶽神社境内に祀られているが、以前は天竺田にあった。

日向講中　日向講中の家々の旦那寺は、ほぼ高月町の円通寺（えんつうじ）である。

念仏講　講中の婦人が集って念仏を唱和する念仏講は、四月八日の釈迦念仏と、春・秋の彼岸のお中日（ちゅうにち）念仏で、講中で年三回行った。宿は持ち回りで、その宿の座敷で念仏を唱えながら大きな輪になった数珠をみんなで繰（く）る。たのまれ念仏といって、葬式の後で女性が念仏を行った。男の念仏は葬式が全部すんでから行う。男の念仏では十三仏のみ唱えた。年忌の供養で念仏を頼む家もあった。

お日待ち　講中でお日待ちは年一回開かれ、婦人が駄菓子を持って寄った。新たに嫁入りしたお嫁さんが、その場で紹介されることがあった。

不動講　不動講は年二回行っている。不動（不動明王像）が描かれた掛図があって、かつてはそれを掛けて毎月二十八日に行っていた。

御嶽講　御嶽講は農家の講である。青梅の御嶽神社（武蔵御嶽神社）への代参（グループの中から籤（くじ）などで選ばれた数人の人が、遠方の神仏に代わりにお参りしお札を受けてくる）は、交代制で三人だった。帰宅後はお札をみんなに配った。現在も何軒かの家が行っている。

榛名講　青梅の御嶽神社に参る以前は、群馬県高崎市の榛名山（はるな）（榛名神社）に参る榛名講があった。これは、ずいぶん早くに無くなった。榛名講で代参に行った折に桜の苗木を持ち帰り、神社の境内に植えたことがある。

※二〇一五「石川町の立川秋雄氏聞き書き（小宮地区）」『八王子の民俗ノートNo.5』八王子市市史編さん室

【石川町】（井上輝久氏、昭和19年生まれ、2014年調査）

井上家　話者の井上輝久家は、十代前に分家した家である。井上家の屋号は、川の向かいに屋敷を構えることからムカイ（向かい）と呼ばれ、屋敷のなかに稲荷様を祀る。また、谷地川の北岸方面から見ると、南岸には田中・井上・井上の三軒しかなく、サンゲンヤ（三軒家）と呼ばれた。

七苗字七氏子　七苗字七氏子とは、七つの姓にそれぞれ氏神社があることをいう。和田姓は山王宮、立川姓は天神宮、内田姓は八幡宮、金子姓は大六天宮、沢田姓は神明宮、池田姓は愛宕宮、串田姓は熊野速玉宮を氏神として祀り、これを七苗字七氏子といっている。和田姓は、江戸時代の多摩川の氾濫で流失した作目村の住民であったが、この地に移り住んだという。和田姓も中嶋姓も高月町の円通寺が旦那寺である。

講中　石川地区では、古くから住んでいる家相互の葬式や結婚式などの付き合いのある集団を講中という。現在の石川町会内には、日向講中、田島講中、中坂講中、宮下講中、宮田講中の五つの講中がある。日向講中には、和田・井上・田中・中嶋・中嶌・門倉（元々は左入から来た）の姓の家々で構成される。井上家は日向講中に属し、昭和三十年（一九五五）ころ一九軒の家があり、三つから四つのクミアイ（組合）に分かれている。田島講中は宇津木姓で、四月が大祭で大和田の日枝神社の神官が祭祀に来る。

椀倉　椀倉は人寄せで使う膳や椀、座布団などを入れておく講中共同の倉で、これらと共に葬儀で使う斎壇も講中で所有していた。

渡し　多摩大橋の下流に築地の渡しがあった。

青年会　戦後、青年会があった。二〇歳になったら市の成人式のころ、青年会に加入した。夏に盆踊り大会が行われた。井上輝久氏は、石川地区の青年会会長になった。そして、八王子市の青年会の会長にもなった。上川、大和田、加住などにも青年会があった。それは八青連といった。女子学級、弥生会があった。

堰　用水堰。大星教会のほうにあった堰は深くて怖かった。そこは、河童に連れ込まれるといわれるほど深かった。用水には「どんどん掘」という名の堀があった。「爆弾池」というのもあった。

ヤジ　川が流れて、谷が少し開ける場所を「ヤジ」という。

真土と原土　谷地川には段丘（河川などに接する高低差のある階段状の地形）がある。それを下、上といい、上を「原」と呼ぶ。川の近くの下の土は真土（耕作に適する質の良い土）で作物が甘くなる。現在住んでいる場所は下の真土のところで、粘土質の地だから大根などは駄目だった。サトイモは下が良い。サツマイモは上の原土では駄目だが、ジャガイモなどは作りやすかった。

農作物　春から夏は小麦・大麦、夏はナス・トマト・キュウリ・スイカ・サツマイモ・サトイモを作っていた。オカボ（陸稲）もあった。野菜は八王子の横山町の青物市場に売りに行った。

高倉大根　暮れには高倉大根で沢庵を作った。高倉大根は九月に種を蒔き、十二月ごろに収穫で抜いて、とれた大根を鮫皮（サメの皮を乾燥させた表面がザラザラしたもの）で洗った。鮫皮で洗うのは大根の表面をざらざらにして、大根が乾燥しやすくするためである。世田谷の松原の市場へ、オート三輪で出荷した。

下肥　八王子市の中心部へ、肥料に使うために糞尿（人の糞尿を肥料とした下肥をつくるため）の汲み取りに行った。リヤカーやオート三輪車で行った。昭和三十年代の記憶では、八王子の薬局や靴屋へ下肥を汲みに行った。オート三輪で行くようになる前は、肥桶をリヤカーに積んで行った。

薪山　薪山(まきやま)といって、自家で使用する燃料をヤマ（山林＝雑木林）で得た。井上家では田畑のほかに山林も持っていた。山では薪や焚き木をとった。下刈りといって、山林に生えている笹などを刈りとる。山林の落葉を掃(は)いて集めるくず掃きを行い、クズッパ（落葉）はショイカゴ（背負い籠）で背負った。古いことではないが、加住地区のみつい台団地のところの薪山をやったときには薪などの運搬にトラックを使用した。

米と麦　米と麦の比率は六：四であった。米六割、押し麦四割くらいが常食であった。

糯米　糯米(もちごめ)は正月と三月の節供の餅を搗くので使い、餅を十何臼か搗いた。三月節供分の餅は水に漬けて四〜五月まで食べる。これをミズモチ（水餅）という。これが食べきって無くなると、次は徳利穴（畑に掘った保存用の穴）からサツマイモを取り出し、十時と午後三時のお茶の食べ物とした。

葬式　葬式のときには、講中の一九軒が三、四組のクミアイ（組合）に分かれる。五軒で一組とする。例として、一組は井上家二軒プラス和田家の三軒で構成される。葬式終了後は帰宅して飲食を行う。この組合は、結婚式の際は夫婦の片方だけ出席する。

山王様　日向講中では山王様（日枝神社）を祀り、四月八日に春祭り、十月八日に秋祭りを行っている。両祭とも現在はその日に近い土曜日に行う。

不動講　不動講を日向講中で行っている。講中の一九軒の男性のみ参加する。一年に二月、四月、十月の三回、軸を掛けて榊の大きなものを用意し、真言を一〇〇回唱え、線香を供える。そして高幡不動（日野市　金剛寺）に参る。

お念仏　講中の女性のみで行う。一九軒中一〇軒で宿を決めて行っている。数珠繰りをする。

地鎮祭　集落内で行う場合の地鎮祭(じちんさい)は、鎮守の御嶽神社の神主をしている宇津木町の田中氏が行っている。

大星教会　大星教会は石川町にある宗教法人で、家を建てる場合にお手洗いの場所をどこにするか決めるとき・結婚・就職などのときにうかがう。宇津木氏が管理していて、かつて「オロクバアサン」と呼ばれた方が神がかりになったことにはじまる。

五輪様　大星教会裏の板碑は「五輪様（ごりんさま）」と呼ばれる。集落で祀ることなどはしていない。

稲荷　それぞれの家で稲荷の祠を持っているが、共同で祀る稲荷もある。ちょうど集落の真ん中にある田中家に元々は集まった。共同墓地も講中のものである。その共同墓地には、かつて僧が住んでいた。

【平町】（内田氏、明治22年生まれ、一九七八年調査）

大イチョウ　大イチョウは、「平町大蔵院のイチョウ」として八王子市の指定文化財（天然記念物）となっている。母乳の出ない婦人は、乳が出るようにと拝む。

萩の宮　西玉（さいたま）神社にある萩の宮には、歯痛のときに願掛けをする。拝島あたりから来る人もいた。

水天宮様　石製のお宮で、川が荒れないように祈願する。毎年正月五日と五月五日にクラブに集まる。昔は水天宮のある所まで川の水が来てしまったことがある。

今井の荒神様　春先に、養蚕がよくできるように、青梅市今井の荒神様（三柱神社）からお札をもらってきて戸袋（木製の雨戸を収納する縁側の端につけた箱状のもの）に貼った。

山の神　山の神は団地ができて移転し、西玉神社の裏にある。正月十七日に、子どもたちが掃除をする。六年生が頭となって、六歳から一五歳くらいの小中学生の男子が集落内を巡り、賽銭を集めて、それを元にして供え物を供える。

【小宮町】（福島忠治氏、昭和10年生まれ、２０１４年調査）

福島家　福島姓は、古くに埼玉街道に土着したと伝えられる。福島姓に三系統あり、忠治氏の本家のサカシタ（坂下・前のうち）、ケエド（街道）、オオセド（大背戸）がある。現在福島姓は二五軒あるが、ほとんどの家が前記の三軒の分家である。いずれの家も高幡不動の檀家である。福島忠治氏は、日野市の自動車会社に長い間勤務した。通勤時間は、自転車で二五分くらいであった。後に八王子みなみ野の研修施設兼展示施設に勤めた。その自動車会社に勤務していた人は、近所で多かった。当時一〇代の人たちは国分寺などにいったん住んで、次第により郊外へ住むようになった。

講中　講中は多摩川に近い小宮地区の北西部の関根家の方の八石、小宮地区の北東部の鶴見橋周辺の四谷、八石の南に位置する上方、それに下方の四つに分かれている。そして、下方は、さらに二つのクミ（組）に分かれている。

地名　小宮地区には、八石、下河原、上方、観音組、四谷などの名がある。講中と、これらの地名とは被っている。

椀倉（お椀倉）　椀倉は、井上肉屋の裏にあった。昭和四十年（一九六五）前後、おばあさんが亡くなったときに葬式で膳椀を借りた記憶がある。

氏子　小宮町は日吉神社と八坂神社の氏子である。

青年団のグラウンド　現在の小宮町老人会運動場の辺りは青年団のグラウンドや畑だった。

分校　福島忠治氏が小学四年生のとき、現在の町会会館の場所に分校ができた。そこは小学校三年生までの就学で、そのため忠治氏は一年生のころから徒歩でずっと第八小学校（石川町）まで通った。

小宮の資源　小宮町の農業は規模が小さく、農業を行うところは河川沿いが中心である。多摩川があるので、多摩川では魚が獲れ、また砂利の採取もできた。

井戸　幼いころは釣瓶井戸で、深く掘らなくても水が良く出た。水には困らなかった。

井戸屋　小宮のお椀倉の脇に井戸屋があった。その後引越し、石川市民センターの道が曲がる所に石川鑿泉(さくせん)工業所としてある。

セエノカミ　今はどんど焼きともいう。戦前、上方と八石の子どもたちがセエノカミをやっていた。石川市民センターができ、福島忠治氏が住民協議会の総務部長に着任し、どんど焼きの実施を提案して復活させた。現在は団子を三千個（千串）ばかり用意する。お飾りなど燃やすものは田島橋のすぐ下で行う。神主は大和田町の神官の松宮氏を呼ぶ。

宮参り　七五三の七歳のお祝いに日吉神社と八坂神社に行った。その時には供えるために赤飯を持って行った。

葬式　墓はそれぞれの家が所有する家墓(いえばか)で、火葬となったのは八王子市に合併して条例で決まったと思う。土葬のときは出棺のとき、庭で左回りに三回廻った。葬式のときの穴掘りは四名で、喪家が属するクミではない別のクミが担当した。

結婚　この辺では、昭和三十年（一九五五）代の初めくらいまで家で結婚式を行った。話者の福島忠治氏は立川の諏訪神社で、近所の人も招いて結婚式を挙げた。

榛名講　講中で二人代参する。榛名神社から帰ってきたら宿で飲食をする。お札を配り各家で神棚に祀る。

御嶽講　御嶽講は、講中で五人くらいが青梅の御嶽神社に代参する。ほか、榛名講に同じ。

念仏講　葬式の最後にオトコシ（男衆）が念仏を唱える。男衆が帰るとその後で、喪家のお勝手にいた女性達で年配の人々が念仏を唱える。

廻り観音　観音様が廻ってくる廻り観音は、昭和二十年（一九四五）ころか、戦前まで行っていた。石川町のどこかの家から、厨子に入った観音様が福島の本家に来る。三日くらいの間は厨子ごと座敷に安置し、講中の女性が念仏を唱え、子どもは文字が上手くなるように習字で願いごとを書いて供える。その後、日野の東光寺に持って行く。忠治氏の父親が観音の厨子を背負って行った。

※二〇一五「小宮町の福島忠治氏聞き書き」『八王子の民俗ノートNo.5』八王子市市史編さん室

三　旧横山村・旧元八王子村・旧恩方村・旧川口村・旧加住村・旧由井村

（一）旧横山村　明治二十二年（一八八九）村制
昭和三十年（一九五五）八王子市に編入

明治二十二年（一八八九）、市制・町村制の施行で下椚田村・寺田村・大船村・下長房村・散田村・館村の六か村が合併して、神奈川県南多摩郡横山村となる。明治二十六年、横山村を含む三多摩地域が神奈川県から東京府に移管され、東京府南多摩郡横山村となる。昭和十八年（一九四三）に都制の施行により東京都南多摩郡横山村となる。昭和三十年四月一日に八王子市と合併した。

【散田町】（谷合良一氏、昭和6年生まれ、2011年調査、ふるさと歴史の会の澤本宜男氏・大井英二氏同行）

家の経営　谷合さんは、散田町五丁目の農家に生まれた。野菜をつくっていても、たくさんできれば値が下がってしまい、暮らしもなかなか安定しなかった。弟が教員をしていたので相談し、幼稚園の経営を考え、視察などをした。ある幼稚園に行った際、園児が亡くなった事故があったのを聞いて幼稚園経営は断念した。他所に仕事に行くのは好まなかったので、何か地元でやりたいと考えていた。

略農　小学校給食でミルクが出るようになり、子どもたちは成人になってもミルクは飲むものと考えた。そこでチチウシ（乳牛）を購入し、父親がまだ健在のころには、牛に子を産ませて販売することもやっていた。乳牛は町田市相原の小林さん、山梨の長田さん、八王子市谷野（やの）町の人など、博労（ばくろう）が扱っていた。乳牛の飼育の仕方は、母親の従兄弟が嫁に行った由井村の中島さん宅に行って指導していただいた。乳の搾り方も手搾りか搾乳機へと変わった。物置の跡をつかって屋敷の中で酪農をやっていたが、次第に屋敷内では手狭になり、農協の融資を受けて牛舎を散田小学校の前に新築した。乳牛の数が多いときには二〇頭くらい飼っていた。酪農は昭和四十年代まで行っていた。さらに牛舎を作って酪農を続けようと考えたが、小学校ができて家数も増えて、近隣から臭いといわれるようになった。わが子も学校に行くので、子どもの立場を心配して酪農はやめることにした。

鉄道会社の開発　次第に農地も宅地化されるようになってきた。鉄道会社が宅地開発を行い、路線の延長を計画していた。そこで、土地は埼玉県の会社が買い付けに来た。農家の集まりで、鉄道会社から手付金が入った。そして、鉄道会社に土地を売った。当時の地価は水田で坪三〇〇〇円、山は一二〇〇円から一三〇〇円であった。そうしたことは、めじろ台の団地の分譲より七年から八年前のことであったと思う。

郵便局　酪農から郵便局の経営に転換したのは、嫁の従兄弟が郵便局長で、私の仲人が郵便局をやっている方で、そうした環境もあって郵便局をやってみようと思った。私は一年間、長房（ながぶさ）町の郵便局に研修に行った。当時、郵便局の外回りの仕事はダットサンで動き回った。

機屋との関係　平岡（ひらおか）町の機屋の渡辺さんとは親戚づきあいをしていた。祝儀不祝儀の付き合いをした。

沢庵大根　沢庵用の大根をつくり、機屋などに干した大根を持っていって漬けてやった。

山の神　山の神があった。農閑期の一月から三月までは、薪山という山仕事があった。樹齢が一八年から二〇年くらいたった楢や橡などを薪にして、八王子の中心部で売った。主に機屋に売りに行き、残りは自宅の燃料とした。薪山をやるには、山を持っている地主から、一反いくらで買い求めた。地主は並木町の方、縞買いの方、廿里町の方などだった。この辺りでは炭焼きはやっていなかった。時には、薪山の仕事をやらないで、博打をやっていることがあった。

祖父の句　かつて麦は押し麦を食べた。ヒキワリ（挽き割り）は、トロロジルで食べた。「四角四面の粟餅よりも、きれっぱしでも米が良い」という祖父の句があった。祖父の栄太郎は、米と粟の味の違いを詠んだ。

ヒジロ（囲炉裏）　囲炉裏をヒジロといい、ヒジロの縁の四角い木製の部分はマッコと呼び、自在鍵はオカマサマ（御竈様）といった。ヒジロの中には鉄製のテッキ（鉄器）があって、その上で餅などを焼いて食べた。焙烙というフライパンのような底が平らな鉄鍋でヤキモチ（焼き餅）を焼いて食べた。そのヤキモチにはサツマイモを入れた。ニコミ（煮込み）といってうどんを食べた。土間にはヘッツイ（竈）があった。

食物の購入　豆腐屋は天秤を担いで台町からきた。おでん屋が、味噌田楽を自転車で売りに来た。追分には埼玉屋という八百屋があって、野菜を買いに行った。魚は追分町の杉田屋というところに買いに行った。

履物　普段は下駄を履いた。学校へ行くにはアサヒグツという布の靴で通学した。

高宰神社　散田町の氏神様は高宰神社で、氏子の範囲は、めじろ台一丁目から四丁目・散田町一丁目から五丁目、並木町、千人町一丁目から四丁目と広い。九月十七日が祭礼であったが、四月十七日に変更となった（その後、八月の第三日曜日になり、現在は六月の第一日曜日）。元々は廣園寺に向かってめじろ台四丁目のところに高宰神社が建っていた。万葉歌碑のところにいったん移ってから、また現在地のところに移った経過がある。高宰神社には財産はない。崇敬会があり、かつては人口割で神社の維持分担金を町会から出してもらっていた。神官は元横山町の八幡八雲神社の宮司である柚井氏である。地鎮祭などは、日吉町の日吉八王子神社の小松さんを頼むことがある。年末の御竈締めは、小松さんにお願いする。高宰神社には南朝伝説がある。

達磨　ダルマ（達磨）の購入は、四代続いている。拝島大師（昭島市の拝島大師本覚院）に行き、毎年同じ大きさの達磨を同じ店から買って来る。前年の達磨は拝島大師に納める。

神々と講・日待ち　めじろ台一丁目にあった八幡社は、日吉町の日吉八王子神社の小松宮司が祀った。御嶽講は毎年三月にお日待ちを行い、寺上だけの一〇軒（後藤三軒・川井・小浦・串田・飯室・山崎・青木・谷合）で四月にお参りする。大山講もあった。

子どもの遊び　戦争中は紙で勲章をつくったりして兵隊ごっこをした。パース（面子）やベーゴマ、凧揚げ、竹馬などをやった。また、長房町の陸軍幼年学校のところのアカガケ（赤土の崖）ですべった。浅川に泳ぎに行った。川まで行くと並木町のメンバーに、堰をつくってくれといわれ、それを作ったら川で泳ぐことができた。バッサリという仕掛けで、鳥のコジュケイをとった。泥鰌はとったが、食べなかった。ザリガニはまだいなかった。紙芝居が太鼓をたたいてやって来た。

行商　薬屋は富山の置き薬が来た。紙風船をもらった。鋸や鎌を売りに来る人もいた。化粧品は中散田のクリーニング屋さんのおじさんがやっていた。また、鋳掛け屋（鍋や釜の漏れを修理する）も来た。

水田　散田では水田は畑に比較して少なかった。水田はウタリッタといって、谷戸田で湧水を水源としていた。そのため水が冷たく米の収穫量が少なくなるので、水を暖めるために畦道のすぐ脇に土を盛って水口から水を回す仕組みがあった。溜池が一か所あった。そこはカヤト（茅の原）になっていた。水田は、足が膝の下くらいまでくる深さであった。直播（じかまき）ではなく、苗代（なわしろ）をつくって田植えをした。こうした水田は現在の山田小学校（山田町）の桜田（さくらだ）、高専通り付近にあった間渡（まわた）し、現在の永生（えいせい）病院の北あたりの古滝（ふるだき）などにウタリッタがあった。水田の面積は八升（はちしょう）蒔（ま）き、三升蒔きなどと呼んでいた。収穫高はセドリといって一畝（九九・二平方メートル）一俵（約六〇キログラム）とれる。ちなみに一反（約千平方メートル）は、だいたい六俵から七俵の収穫であった。稲の品種は、愛国とか東山三八というものであった。水田耕作にともなう儀礼は特になかった。

食事　食事は朝飯、お昼、夜食といい、午後のお茶をオコジュウといった。

畑　畑は一町歩（九九〇〇平方メートル）所有していた。父親はオカイコ（養蚕）を中心にやり、桑畑が多かった。しかし戦争になると食料増産の時代となり、桑の木を扱（こ）げば（引き抜けば）補助金を受けることができた。サツマイモはオキナワとかイバラギという品種のものをつくった。麦は大麦も小麦もつくった。陸稲（おかぼ）もつくった。

下肥　人糞を肥料とする（下肥）ために、糞尿を汲みとりに行った。それは戦後になってからのことで、長房町のお宅に行った。

【散田町】（石井ウメ子氏、大正11年生まれ、2011年調査、ふるさと歴史の会の澤本宜男氏・大井英二氏同行）

私の暮らし　八人兄弟で下から二番目だった。私の母は、明治二十五年（一八九二）生まれで、おじいさんが塩・タバコを売り、賃機（ちんばた）（機屋（はたや）から依頼されて賃金を得て機を織る）をやっていて、姉たちは機織りをしていた。

立川飛行機　一八歳の昭和十四年（一九三九）から昭和二十年まで、軍用機を生産していた立川飛行機で部品をつくる仕事をやっていた。一時間あたり六銭五厘の給料で、退職のときには一二〇円いただいた。戦争中は、標準服（昭和十五年に国民服令が制定され、定められた服装）を着て会社へ行った。

結婚　私は本家ではなく、新宅に嫁に来た。嫁に来るには、四つの輪の付いた大きな荷車に荷を載せて来た。箪笥に布団、張板（着物などを解いた布を洗って張って乾かすための板状の用具）、実家の山に生えていた朴ノ木で作った裁ち板、針箱、茶箪笥、下駄箱などを持ってきた。結婚式が終わってから、散田中を紹介のために歩いた。三日目がカミアライ（髪洗い）といって、実家へ帰ることができた。蚕室の脇に住むことができた。主人は海軍に行き、知多半島（愛知県）へ出て終戦となり、家に帰っても当時は仕事がなかった。

食生活　現在の家の下のほうに、幅が六尺（約一八二センチ）くらいの道があって、その下が畑であった。大麦を食べた。キミ（黍）、アワ（粟）、糯米、陸稲では粳米を食べた。石臼でそば粉をつくった。朝ご飯に飯を炊いて、十時ころにオチャ（お茶）をして、昼に朝炊いたご飯を食べた。午後のお茶はオコジュウといって、三時ころにサツマイモやサトイモをたべた。サツマイモは横蔵（畑の土手などに掘った穴倉）に袋に入れて、吊るして入れておいた。夕飯にはお焼きとか水団を食べた。お勝手は土間で鋳物製のヘッツイ（竈）があった。

水田　今の京王高尾線めじろ台駅のあたりが我が家の水田で、田は深く膝の上まで潜ることがあった。お米は実家からもいただいた。

用水　井戸は主人と本家のお兄さんとで掘った。手押しポンプで水が枯れることはなかった。少し東には、横穴に水が溜まっているところがある。結婚した当初はお風呂がなかった。実家に風呂をもらいに行っていた。後に風呂は竹でトヨをつくり、手押しポンプの井戸から風呂に水が入るようにした。

お雛様　小さいころ実家の母の雛が蔵の中にあった。雛は大きくて四〇～五〇センチの高さがあった。古くなった雛は庚申塚（庚申信仰の講で建てた庚申塔があるところ）に収めた。床の間に雛をおいて、節供には白酒とか菱餅を供えた。子どもを出産すると、高砂雛を実家からいただいた。

祭礼　真覚寺(しんかくじ)、高宰神社で二宮（あきる野市二宮）の芝居を見た。お祭りの際には並木町のほう、中央線より南側に大きな幟が建った。赤飯をふかし、酒饅頭をつくった。夜宮（祭礼の前夜）に、軒端に祭提灯を出した。

散田町周辺　今住んでいるところはカタソといい、黒塀のある機屋が多かった。八王子で織物取引の市があると散田では、機屋の野崎さん宅などに集まった。第七中学校の一帯は平塚、東京高専のあたりをナカッパラ（中原）、その北側はハチヤで、ハチヤを抜けると二間在家(にけんざいけ)で、杉山のオハヤシ（お林）が現在の八王子市農協本店の裏にあった。

旧下椚田村　昔の下椚田(しもくぬぎだ)村は、大巻観音様のある大巻(おおまき)（八王子市の事務所がある）、めじろ台に接している二間在家（椚田町）、高尾駅に近い狭間(はざま)の三つの集落があった。二軒在家には、山口楼という遊郭を田町に持っている方がいた。

小笠原村役場　小笠原諸島の小笠原村の役場の人がいた。千人町や西八王子には、小笠原村の出身者の方々が住まわれている。小笠原村役場は、昭和二十年（一九四五）に散田に疎開する。島民の一部が当時の横山村、元八王子村、由井村に疎開した。

八王子空襲　空襲の焼け跡を、散田から大和田方面まで歩いたことがある。街には蔵だけが焼け残っていた。

【散田町】（石川寿栄子氏、大正8年生まれ、2011年調査、ふるさと歴史の会の澤本宜男氏・大井英二氏同行）

都心から八王子へ　関東大震災の四年前の大正八年（一九一九）に、北区に生まれた。生家は額縁屋をやっていた。空襲で実家は焼かれてしまった。昭和十六年（一九四一）の二二歳のときに八王子の石川家に嫁いだ。若いころには「田舎へ行くと蛇に会うから田舎には嫁に行かないように」と言われていた。

栗のイガ　主人は教員で、農家ではないので戦争中は燃料が無かった。近所の方が栗林を所有していたので、そこの栗のイガをいただいてご飯を炊いた。イガを燃やすと良いオキができて、蒸れて美味しいご飯を炊くことができた。

買い物　買い物は八王子まで行き、追分の埼玉屋、魚店の杉田屋などまで自転車で行った。義母が健在だったので、義母に自転車の乗り方を教わった。学校の石垣を利用して自転車の練習をした。八王子の街中で、二、三回自転車で倒れたことがある。

お十夜　大善寺のお十夜には歩いて行った。賑やかだった。

【狭間町】（朝倉和男氏、昭和24年生まれ／峯尾満氏、昭和10年生まれ、２０１５年調査）

ハザマかハサマか　八王子市役所で使う「八王子市の町名」では、狭間町を「はざままち」と読んでいる。京王高尾線の狭間駅も「はざま」となっている。ある寺の何代か前の方が、高尾山薬王院にお勤めしているとき、当時の京王帝都（京王電鉄）から京王高尾線の新設駅名について問われた。名古屋市の古戦場の「桶狭間」は「オケハザマ」であるから、「狭間」の読みは「ハザマ」であると答えたという。それで、京王高尾線の狭間駅は「ハザマ」という読み方になったとも聞いたことがある。土地の人々は、地域を古くから「はさま」と濁らずに呼称し狭(はざ)ではなく挟(はさ)と書いて「挟間(はさま)」としている例がある。江戸時代末の植田孟縉の「八王子郷名蹟拾遺」に「葉佐間(はさま)」とあり、地元の慶応二年（一八六六）書き出しの「御祭礼中日記」にも「挟間」とある。（聞き書きに筆者調査をプラスした）

町会と獅子舞保存会　狭間を含む横山村が、昭和三十年（一九五五）四月に八王子市に合併したのを契機に、昭和三十五年に町会が発足したと考えられる。町会会則の起源が昭和三十五年四月一日となっている。かつては朝倉家の前に、町会で集う約一五坪の集会所があったが、昭和五十一年に町会会館を新設して、町の集まりはそこで行われるようになった。

もともと獅子舞は地域と一体となって運営実施されてきた。町会の発足を経た後に狭間獅子舞保存会を組織し、次第に保存会の体制が整備され、町会組織とは分離したかたちとなった。獅子舞は、昭和三十五年十月に八王子市の無形民俗文化財に指定された。

通学　かつて狭間町の人々は、小学校は館町の八王子市役所館事務所近くにあった横山第一小学校（昭和四十五年に現在地に移転）まで通い、中学校は散田町の横山中学校に通っていた。選挙の投票には親について行って廿里(とどり)まで行った記憶がある。

水田と畑　現在私立大学があるところが、西谷戸という。そこの谷戸には水田があった。農作業の盛んなとき、朝倉家のところから東へ行く坂道は、リヤカーの行列となった。リヤカーの床から下に丸太を付け、ブレーキとした。子どものころには、その丸太に乗って重しとなった。麦束を家まで運んでから、庭で脱穀した。台地の畑のほとんどは桑畑であった。大麦や小麦もつくった。

峯尾満家では、カイコ（養蚕）は年間に四回やっていた。雨が続くと雨に濡れた葉は蚕に大敵で蚕が死んでしまうし、桑くれも大変であった。戦前に養蚕をやめた。養蚕はあまりやっていなかった。東浅川方面に桑畑があったが、狭間には桑畑は多くはなく、麦やサツマイモをつくった。

畜産　鈴木家や峯尾家など五、六軒の家で、乳牛の飼育をやっていた。集乳所があって、そこに集めた。二軒在家の山口さんも酪農をやっていて、お付き合いがあった。豚を飼育する養豚をやっている家もあった。豚は博労が買いにくる。

井戸　朝倉和男家の井戸は一八尺くらいの深さで、二月の渇水期に枯れたことがある。峯尾満家の井戸は、赤土の層から水が染み出てくる様子であった。その層を突き抜けて水の道に当たった。

嫁の世話　置き薬の薬屋が嫁の世話をした。峯尾満氏の父の丈一さんは、五一組の婚姻の世話をした。

墓地　墓は四、五軒の家ではウチバカ（家の敷地内の墓）を持っていた。他の家は寺に墓を持っている。

御嶽社　狭間の氏神様は御嶽社である。昭和二十四年（一九四九）以前には、現在の境内の下にあった小さな祠を、丸太を使って担ぎ上げた。その宮が現在も神社の本殿となっている。

出兵　戦前、狭間から兵士を送り出すときには、出兵する兵士の家で赤飯を炊いて振る舞って兵士を送り出した。

檀家　狭間は小さな集落だが、寺院が二か所ある。鈴木さんや小野さんは初沢町の大光寺の檀家（だんか）で、他の狭間の人は高楽寺（こうらくじ）と真福寺（しんぷくじ）の檀家となっている。

西谷戸の祠　西谷戸の山の上に小さな祠があった。そこで赤飯と芋と人参、竹輪などの煮物を掌に載せるくらいの分量をもらった記憶がある。

水神様　一八〇九番地あたりの裏から水が出ていて、水神様といってお祀りしたことがある。水神様は器量が悪いので鯛などの器量のよい魚を供えたりすると気分が悪くなり、大水が出たり災害をもたらす。だから、器量の悪い虎魚（おこぜ）を奉納する。昭和十五年（一九四〇）か十六年のころのことである。

念佛講とお日待ち　お念仏をやった。参加は任意で年輩の婦人が参加した。各家を順に宿にして行っていたが、のちに町会会館を使うようになった。参加者は次第に少なくなった。月並でやっていたが、葬式だけに出るようになった。オヒマチ（お日待ち）は子どもが主となる行事で、米を一合ずつ持ち寄って行った。

弁天様の池　真福寺の前に池があった。東を向いてみると弁天様が左にあって、右側には鳥居があった。その右側の鳥居は、山王様のものか。

獅子舞　獅子を舞うことを「くるう（狂う）」という。高尾町の氷川（ひかわ）神社へ紋付姿で行って、舞った経験がある。そのときには、京王線の高尾山口駅近くの宿泊兼食堂の店で休憩した。昭和二十九年（一九五四）の万葉歌碑（万葉赤駒の碑）建立のときには、散田町の真覚寺（しんかくじ）で行った。昭和三十七年の八王子市民会館の柿落（こけらおと）しでも狂った。平成二年（一九九〇）の八王子市開市四〇〇年記念行事では城山（八王子城跡）へ行って演じた。

花笠　花笠は、小学四年生になるとできた。かつては自分で夏と冬の着物をつくっていたが、着物を自分でつくれないものもいたので、保存会で着物をつくるようにした。祭礼のときには一時間くらい町内をパレードして歩く。

獅子舞の用具　農家で養蚕などもやっている家で、順番で獅子頭・太鼓などの用具をあずかっていた。屋内のヒジロ（囲炉裏）で火を焚くので、その煙にいぶされることで、害虫に喰われてしまわないような対策になっていた。

獅子舞保存会の会員　現保存会会長の峯尾満さんは、一五歳から獅子舞を習った。獅子を覚えるには長男でなければダメといわれた。

真福寺の参道と御林　真福寺の参道は、現在でいえば紅葉台東の交差点方面の町田街道から、西に入って寺の前の川の近くで鍵の手に曲がり寺に達する。谷戸に沿って南北にのびる集落の南寄りを東西に参道が横断している。この参道の南側一帯を「御林（おはやし）」といい、雑木林であった。人々にとって、鬱蒼としていた御林は怖いところという印象であった。この山は、真福寺や狭間の個人で持っている者がいた。山中の道は、ハシゴを背負って通れるくらいの広さしかなかった。

お店　現在、狭間には大塚商店がある。大塚商店は、最初は乾物や佃煮などの日持ちするものの引き売りをやっていた。戦後になって店舗を出した。白鳥家と峯尾實家の二軒が店をやっていた。

嫁の紹介　嫁をもらうと、二日かけて村中を歩いた。半紙一帖に水引をかけて、上部に「のし」と書き、下に嫁の名を墨書して渡した。

通夜の衣装　通夜には喪服を着ないで、普段の格好そのままで行った。
※二〇一六「八王子市狭間町について」『八王子の民俗ノートNo.８』八王子市史編さん室

【狭間町】（岸本俊一氏、昭和14年生まれ、真福寺住職、２０１５年調査）

山王権現　狭間の真福寺の山王権現は、真福寺住職の岸本俊一氏のお話によると、寺の裏手の山中に第六天社があり、さらにその上方には山王社があったという。第六天社の小祠は現存するが、山王社は現存しない。また、造成された霊園墓地内の北方に鐘楼があり、かつては礎石があったという。寺から少し下った辺りに寺所有の水田があった。その水田の田螺（たにし）は食べてはいけない、食べると目がつぶれるという。ただ、目に病を持つ者が祈願して田螺を食べれば、目の病は治るという。山王権現は目の神様といわれた。山王権現の本地仏は薬師如来で、薬師様（薬師如来）は真福寺の本堂に祀られている（山王権現は、東浅川町三田（さんだ）の十二社境内に鎮座する）。
※二〇一六「八王子市狭間町について」『八王子の民俗ノートNo.８』八王子市史編さん室

【館町】（金子照雄氏、明治36年生まれ、１９７７年調査）

履物の材料　足半（あしなか）や草履の材料には、ミチシバが使われる。まだ穂が出ない土用のうちに、刈り取っておく。次に陽に当てて赤くなってしまわないように、家の中で干す。こうすると白くなる。それから水に浸し、ツチ（槌）で打つ。ミチシバは稲藁よりこわいからつくりにくくなかなか締まらない。藁製のものよりも長持ちする。つくるとき、ミチシバの場合は材料のミチシバが滑るので、埋め込んで切るようにする。

草履や足半　草履や足半は、ミチシバ以外の材料では、竹の皮、茗荷（みょうが）などがある。竹の皮は孟宗竹（もうそうちく）より真竹（まだけ）のほうが、皮が軟らかくて良い。茗荷は、まず十一月ころに枯れてから刈り取り茎を利用する。葉を扱いて水に濡らす。自然のヤマミョウガよりも、屋敷に生えているイエミョウガのほうが、茎が長くて材料として良い。

農作業の着衣　上衣は、印半纏（しるしばんてん）の古着を買って着た。コーヤ（こうや・こんや＝紺屋　染物屋）で引き取り手のない残された印半纏を買う。自分とは関係ない紋が入っているので、ひっくり返してつくりなおす。印半纏の下には、ドンブリハラガケをつけた。下衣には、モモヒキ（股引）をはいた。これも買い求めた。

【寺田町】（沢田鶴吉氏、明治43年生まれ、1976年調査）

磨き砂　ハヤズキ（早搗）といって、精米所で麦を搗くときに磨き砂を使った。大正十年（一九二一）ころ、馬力（馬で曳く荷車）で野猿峠（やえんとうげ）まで砂を取りに行っていた。俵に入っている磨き砂を買って持ってくる。昭和十年（一九三五）ころまで取りに行っていたと思う。

足半と草履　草履（ぞうり）の鼻緒は、自分の足の土踏まずにあたるところに付ける。足半の寸法は、踝（くるぶし）の下方までとして、あまり短く作ってしまうと踵（かかと）が地面に当たり履きにくい。一日に、藁の足半なら六足くらいつくれる。夜は、十時くらいからはじめて二足くらいしかつくれない。大正の末から昭和十年代くらいまでは足半を使っていた。ミチシバ（道芝）で草履や足半をつくることもある。農作業では、家から田畑へ行くまでは足半や草履を履いて行き、田畑での実際の作業は裸足で行った。山仕事は、ワラジガケ（草鞋掛）の足袋を履き、その上に草鞋をつけた。養蚕のときには、屋内の板の間を歩くときに草履を履いた。

【寺田町】（寺田町老人会、1975年調査）

門松　十二月三十日ころに、山から松の枝を伐ってきて家の入口に立てる。松は神棚にも供える。

歳神様　新しいカマス（叺＝藁でつくった筵を二つに折ってつくった穀物などを入れる袋）を買ってきて、その年の恵方に向けて口を開いておく。正月十五日には、カツンボウの木で薪束をつくり、それを俵といって歳神様に供える。

坊さんの年始　一月四日は「坊さんの年始」といって、寺の僧が年始に歩く。

粟穂稗穂　一月十一日に「アワボヒエボ」といって、竹の棒を縦軸とし、その竹先を割って傘の骨のように竹皮を何本も下に垂らす。カツンボウの木を一尺くらいの長さにいくつも切って、竹皮の先に刺す。カツンボウの木の皮をむいたものを米、皮をむかないものを粟に見立てた。畑にアワボヒエボをたてて、畑を耕す真似事をした。アワボヒエボは神棚へも供えた。

小豆粥　一月十五日はアズキガユで、粥に餅や蕎麦をいれて、泥鰌粥ともいう。カツンボウの木でこの粥をかきまわし、餅が伸びるので糸ひき粥ともいった。

恵比須講　正月二十日と十月十日は恵比須講である。ふだん恵比須様はお勝手の戸棚の中にいて、恵比須講のときには高盛りのご飯を二膳供える。

八日節供　二月八日と十二月八日を「ヨウカゼック」といい、鬼が来るので目の多い篩やメカイ（目籠）を家の入口につるした。鬼が夜に来て下駄などの履物に判を押すので、その日の夜は履物を家の中に入れておいた。また、この日にはグミの木を伐ってきて、ヒジロの灰の中に入れておく。

雹まつり　三月五日は「雹まつり」といって、雹が降るのを防ぐため榛名神社のお札を畑にたてた。

苗代祝い　団子を棒に刺して、苗間の水口にたてた。

お盆　お盆は、蚕（養蚕）をやっているときには忙しいので、盆の時期は移動した。九月にお盆をしたことがあって、関東大震災（大正十二年）のあった九月一日はお盆中だった。今は七月十三日から十六日までがお盆である。新しい竹で盆棚をつくる。迎え火を焚き、竹や苧殻（おがら）の足で茄子やキュウリの馬をつくり迎える。無縁様は棚の下に祀る。お盆様を送るときは送り団子をつくり、家族みんなで食べると病気にならないといった。送り火を焚く。棚の竹などは川に流す。送るときには饅頭をつくる家もある。

半夏生　「ハゲン」といって焼きもちを焙烙（ほうろく）でつくり、ヒジロの灰の中で焼いた。焼きもちを畑の桑の木の、ジャガラ（節となって何本もの枝が広がっているところ）になっているところに皿に盛って供えた。

刈上げ　稲刈りが終わったら、「カリアゲ」といって小豆粥を炊いて食べた。稲扱（いねこ）きが終えたら、台所で千歯扱きを置いてコキアライといって祝った。

お月見　十五夜にはサトイモ、サツマイモなどを供える。夜に子どもたちが供え物をもらって歩く。

講とお日待ち　念仏講は、月並み念仏がある。庚申講もあった。御嶽講では代参でお札をいただいてきて、お札を篠竹などに付けて畑にさした。コカゲサン（蚕影山　蚕の神）の日待ちは、各戸順番に宿を担当し、子どもたちを呼んでご馳走した。

【寺田町】（落合与一氏、1975年調査）

筵織り　筵（むしろ）織りは、古い筵織りの器械では二人で織った。新しい一人で織ることのできる器械を戦争中に手に入れた。それは農業組に三台きて、そのうちの一台を船田（ふねだ）の人から譲ってもらった。

鍬の変遷　畑を深く耕すのにフミグワ（踏み鍬）を使っていたが、四本歯の改良鍬にかわった。

雨乞い　雨乞いでは、榛名神社（寺田町）に大勢の人がよく水をもらいに来た。

乳神様　チチガミサマ（乳神様）は元々は池の手前にあったが、今は榛名神社の境内にある。沢の水を汲んで、お粥をつくって食べると乳が良く出るといった。

脚絆　五〇年くらい前に、脚絆を専門につくるところが八王子にあって、そこに誂えてつくった。七分くらい長さのズボンをはいて脚絆を付けた。

モンペ　婦人がモンペ（袴の形をしていて足首が締まっているズボンのようなもの）をはくようになったのは戦争中からで、それ以前は着物だった。

【寺田町】（常盤クニ子氏、昭和7年生まれ、2015年調査）

上寺田　めじろ台グリーンヒル通りを法政大学方面に向かいながら、馬頭観音や火消坂に登る途中の疣地蔵（しばられ地蔵）などの写真を撮りながら歩く。紫陽花がきれい。馬頭観音のところから左に入る谷戸は、数年前に水田と暗渠排水を見に行ったが、今年は水田が耕作されていない、雑草の谷戸になっている。串田和男家か、道路際に水は少ないが、かなり深い池がある。自宅側から階段が付けられ、聞くと洗い物に使ったとのこと。池の底に近い北側からパイプが出ていて、湧水が池に注いでいる。訪問すると、お嫁さんとおばあちゃんが対応してくれたが、奥の常盤さんを教えていただいた。立派な長屋門のあるお宅の前を通る。邸内には、墓・屋敷神・太い柏の木などがある。このお宅の裏に、常盤輝雄家がある。家の手前に湧水をパイプで引いた水槽があり、その中で金魚が涼しそうに泳いでいた。近くに井戸もある。西方の山に登ると、法政大学のグラウンドに出る。

講中と組合 上寺田（かみてらだ）全体で一つの講中となっている。この講中のなかに、クミアイ（組合）がいくつかある。話してくれた常盤クニ子さん宅では、近くの四軒が一つの組合で、冠婚葬祭の付き合いをしている。

念仏講 お念仏は、各家を宿とする廻り念仏で、定例の月並念仏、法事などで行う年回念仏、葬式の時に行う念仏などがある。各自念仏の言葉が書かれた「念仏帳」を持っている。この念仏は、講中の範囲で行う。お日待ちもあった。

生業 家の前には水田があった。田と畑作、養蚕、筵織り、炭焼きなどをやっていた。豚を飼ったこともある。夜なべ仕事をした。養蚕では蔟（まぶし）（蚕を入れて繭をつくらせる用具）をつくった。常盤清蔵さん宅の近くに水車小屋があった。

交通 かつて、バスは下寺田までしか来てなくて、道路は砂利道で不便であった。法政大学行きのバスが通るようになって、便利になった。子どもたちは、横山第一小学校（館町）、横山中学校（散田町）まで歩いて通った。産婆さんは、相原（町田市）のほうから来た。自転車で来たり、自動車で迎えに行ったりした。

買い物 買い物は、片道四五分くらい歩いて大巻（椚田町）の商店まで買い物に行った。肉屋、魚屋、雑貨屋、床屋などがあった。そこの雑貨屋の青木商店のお兄さんが、この辺りまで引き売りに来ていた。

（二）旧元八王子村　明治二十二年（一八八九）村制
昭和三十年（一九五五）八王子市に編入

明治二十二年（一八八九）に、市制・町村制で大楽寺（だいらくじ）村・上壱分方（かみいちぶかた）村・下壱分方（しもいちぶかた）村・横川（よこかわ）村・弐分方（にぶかた）村・川村（かわむら）・元八王子（もとはちおうじ）村の七か村が合併して、神奈川県南多摩郡元八王子村となる。明治二十六年（一八九三）に元八王子村を含む三多摩地域が神奈川県から東京府に移管され、東京府南多摩郡元八王子村となる。昭和十八年（一九四三）に都制が施行され、東京都となる。昭和三十年四月一日に八王子市と合併する。

【横川町】（水瀬橋付近の元は鍛冶屋さんのお宅で、1977年調査）

鍛冶屋　水無瀬橋近くで鍛冶屋を営業していた主人は、今年の六月に六八歳で亡くなった。主人は五日市（あきる野市）の高水万吉さんが親方で、一六歳のころから鍛冶を習った。上野原、藤野、津久井などから鎌の注文がきた。相模原からは鍬の注文があった。上恩方町からの注文も多かった。市役所や地方事務所からは、土木道具のツルハシ（鶴嘴）の注文が多かった。鍛冶用具の鞴を女性は覗くものではないといわれた。五月八日と十一月八日は鍛冶屋の神様を祀る日で、朝飯を食べてから仕事場の神棚に掛図を掛けた。この両日は、南町の不動様（成田山傳法院）に職人仲間が集まる。

【弐分方町】（市川庄太郎氏、明治27年生まれ、1978年調査）

機織り　糸をとってハタアシ（高機）で織るまで、自宅で行った。冬物は八王子にお十夜（かつて大横町にあった大善寺の法会）市がたって、その市へ出すため徹夜して織った。私のおじいさんは、店がたくさんでる八日町だと思うが、シマダイという板で作った台に織物を乗せて売った。また、絹の蒲団地を織った。緯糸はコーヤ（紺屋）に持っていって染め、縦糸は家でみな染めた。昔は染料の元は木の皮だった。緯糸に泥をくれる泥染めもあった。目方が付くように蕨粉を入れた。後には縦糸にまで蕨粉をくれるようになった。製造人が直接市へ売りに行く時期が終わってからは、仲買人がやってくるようになった。

綿　子どものころまで、家では綿をつくった。そのころは綿の実で売ったらしい。ローラーの間に綿花を送り込み、繊維を取り出すための綿繰機（わたくりき）が家にあった。

鍬・土質　ヘラックワ（篦鍬）は、年に二回くらいは横川の鍛冶屋に厄介になった。フンガア（踏み鍬）も使った。フンガアは後ずさりに右から左、左から右へとうなう（耕す）。二回うなってからマンガでならす。明治四十年（一九〇七）ころに改良されて、三本の刃のフンガアができた。この辺の畑の土は固いから秋作は大豆が主で良いのができた。小豆は木がほきて（生い茂って）しまって良くできず、根につく作物はダメだった。陸稲（おかぼ）も良くなかった。良く収穫できたのは一〇年に二回くらいで、少し照られるとだめだった。土質の柔らかいところをコッチという。原中の道へ行けば軟らかく、山付き（山際（やまぎわ））は固い。

円光院　これは慶応年間（一八六五〜六八）生まれの、私のおじいさんのころの話である。円光院（えんこういん）にホウイン（法印）と呼ばれた僧がいた。雨乞いやマムシ除（よ）け、火傷（やけど）除けなどの祈祷や呪（まじな）いを行い、風邪のお守りなどを出した。当時の村人には変人扱いされていた。婦人などに護身術を教えようとしたが、村の人たちは教わりたがらなかったという。また、「土中に入るから三年たったら掘ってくれ、自分でミイラになっているから」などと言った。村人がホウインをあまり信用しなくなったのは、とある家に入りこんだためだと伝わる。（円光院　浄土宗の相即寺末で弐分方町にあった寺院。明治はじめに廃寺となる）

マムシ除け　ホウインは、他人に話すと効き目がなくなるマムシ除けの呪いをした。私の叔父がマムシに咬まれて体中が毒でふくれて、お守りをいただいた。体中に毒が回ったが、最後に毒は小便に出てしまったという。お守りで身体を撫（な）でたらしい。

止水の術　ホウインは酒が好きで、元木（もとき）の中島酒造へ良く飲みに行ったという。ある日、酒を飲んで帰ろうとしたとき、ひどい大降りで北浅川が増水した。ホウインは円光院へ帰ろうとしたが、危ないので酒屋が止めた。しかしホウインは「俺は水に待ってもらうから」と言って藁草履を履いて川を渡った。不思議なことに裾も濡らさずに川を渡りきったという。「俺が通るのを水に待ってもらったのだ」とホウインは言ったという。

雨乞い　おみたらしの水を使い、火を焚いて雨乞いを行った。緋縮緬（ひちりめん）を天に大きく振りかざしたようなすごい火の手が上がった。曾おばあさんは、そのときの火を見たといっていた。雨乞いをした場所には、モミソの木の焼け残りがあったという。おみたらしとは、熊野堂のおみたらしと呼ばれ、疣（いぼ）とりの水として著名であった。

荒神で雨乞い　クルリ棒で打った麦を干していたら、ホウインが雨乞いに出かける途中に出会い、今日は荒神を頼むから麦を早くしまえといった。

お参り　お蚕のお参りで、打越弁天（うちこしべんてん）（打越町）に行った。春先には寺田の榛名神社に行った。

大山信仰　相模の大山（おおやま）には、徴兵検査の前に行った。大山へ行くと木刀を借りてきてお守りとし、屋根裏などにかけておいた。木刀を川原にたてて、川の水をかけて、禊（みそぎ）をしたらしい。大山に次に行くには、数珠をつくった。

【元八王子町】（御霊谷（ごれいや）、菊谷久次氏、1975年調査）

餅なし正月　元八王子町三丁目では、年内には餅を搗かない。多くの家では元旦か正月二日に餅を搗いた。一度暮れに搗いたことがあったが、病気が流行ったので暮れに餅を搗くのをやめた。元旦に使う餅は、親戚からもらった。でも数年前に菊谷さんが地域の人と相談し、暮れに餅を搗くことを提案し、実行した。その年に菊谷さんだけが餅を搗いただけで、他の家々では暮れに餅を搗かなかった。しかし菊谷さんが餅を搗いても何事もなかったので、それ以来地域の家々でも暮れに餅を搗くようになった。

山の神　祭日は一月十七日で、今は新年会と秋葉講をかねて行う。上と下に分かれて祀る。山の神の祠はかつて峠にあったが、現在は明神社（御霊神社）の境内にある。秋葉講は春と秋の二回行い、米を二合ずつ集めて行った。

片目の伝承　氏神の明神様は鎌倉権五郎を祀り、権五郎は片目を弓矢で射られたので、ゴリヤト（御霊谷戸）の人は片目が細いという。

脱穀　畑は大柳（上壱分方町の小字）あたりまでつくりに行った。足踏み脱穀機が地域に入ったのは、大正十四年（一九二五）から十五年ころ（昭和の聞き違いか？）であった。

麦の収穫　麦はコキ（千歯扱き）で扱いてから、ボウウチ（棒打ち）は多人数で行った。ワリウス（割り臼）で、大麦を碾割りとする。コナウス（粉臼）で粉にする。ワリウスとコナウスとは臼の目の切り方がちがう。中野町の青木さんが、八王子で初めてヒキワリからオシムギをはじめたらしい。

山仕事　山仕事は五月の節供が境となる。薪は、楢の薪が一番良い。八王子へも売った。薪づくりは三月の中ごろまで作業し、その後はソダ（粗朶）ウケをする。作業は複数人で行い、ソダは籤で分配する。ソクリヤというソダなどを買い求める仲買人がいた。雑木山は一二年から一三年経過するとまた伐採した。タマンバラ（ツルバラ）という木で食事に使う箸を作って使うと、虫歯にならないといわれた。

背負梯子　荷物を背負う木枠の背負梯子をショイバシゴという。ショイバシゴには、平坦地で稲束などを運ぶ大型のナガバシゴ（長梯子）と、山の傾斜地で主に使う丈の短いコシキリバシゴ（腰きり梯子）がある。長いショイバシゴと短いショイバシゴを各一本持っていた。材料はニガキをつかい、杖を使うこともある。普通は薪を四把ずつ背負う。山からハシゴで背負いだし、大八車に一二把ずつ乗せて家まで運んだ。砕石をやっている山入りや小津の奥のほうの山に行くときには、コシキリバシゴといった小型のショイバシゴを使った。イリヤマといって、山の尾根の茅をとるために他村の山へ行くことがあった。家の近くの山で薪山をやり、そのときには小型のコシキリバシゴを使った。大型のショイバシゴは桑枝の束や、麦束、ソダなどを背負う。ショイバシゴでクズの葉を背負うこともあったが、一般にはクズの葉は籠で背負った。マキは普通三把、強い人で四把、麦束は五把背負った。ショイバシゴを使うのは、荷を付けて立ちあがること、つまり腰を切るのが難しい。ショイバシゴの背負い縄のことを、カタナワ（肩縄）といい、肩に当たるので縄三本に襤褸布(ぼろぬの)を入れて平たく編んだ。荷物を付けるためのニナワ（荷縄）の長さは、三ヒロ（一ヒロは両手を広げた長さ）。三ヒロの長さで、二本麻縄でつくった。ショイバシゴの背中が当たる場所には、藁縄を横に巻いた。藁縄は二ボ（一ボは二〇ヒロ）必要である。又状の背負梯子を美山町あたりで見たことがある。ショイバシゴは、オンナシ（女衆）はほとんど使わなかった。麦束をまるく作業をオンナシがやり、まれには婦人が背負うこともあった。この辺りでは水田はほとんどない。畑では麦を作り、現金が入るのはカイコ（養蚕）である。

猪除け　猪が畑を荒らさないように、畑の周りを掘りくぼめたイノシシボリ（猪堀）が残っているところがある。

【元八王子町】（虎見氏、1975年調査）

鉈のこと　虎見さんの持っている鉈(なた)は、細長いエンチョウナタ（柄の長さ八・二センチ、全長三四センチ、刃の最大幅四・五センチ）、一般的なサヤナタ、先端に突起のあるカギナタの三種類である。

【元八王子町】（内田弥三郎氏、1983年）

草相撲　内田弥三郎さんの二代前の内田喜代次郎氏は、浅川清ヶ嶽という四股名(しこな)で、草相撲の関取であった。優勝した記念の石があり、高下駄を履いて石を差し上げて歩いたという。その力石は今も庭にある。

【元八王子町】（話者不明、明治32年生まれ、１９７８年調査）

試し秤　試し秤は元八王子二丁目の宮崎豊吉さんが、明治末年か大正のはじめころに考案した。養蚕で稚蚕（ちさん）（第一齢から第三齢までの蚕）の時期に使う。蚕に与える細かく刻んだ桑の葉を、メカゴ（目籠）に入れて、この試し秤にのせてはかる。また上蔟（じょうぞく）（生育して体が透き通った蚕を、繭をつくる巣である蔟（まぶし）に入れること）のときに蚕の重さをはかる。上蔟のときに一枚のエビラに乗せる蚕の数は、試し秤ではかると、一から二匹のくるいだけだった。養蚕組合の仕事をしていた宮崎さんは、竿秤でその都度はかっていた作業を効率よくするため、試し秤を養蚕組合の組合員に配った。元八王子の一・二・三丁目で二〇台くらい使っていた。養蚕をやっている家では一二、三年前くらいまで使った。

(三)　旧恩方村　明治二十二年（一八八九）村制
昭和三十年（一九五五）八王子市に編入

明治二十二年（一八八九）に、市制・町村制で下恩方村（しもおんがた）・上恩方村（かみおんがた）・西寺方村（にしてらかた）（江戸時代は寺方村、明治十二年三月三十一日に村名改称で西寺方村となる）・小津村（おっ）の四か村が合併して神奈川県南多摩郡恩方村となる。明治二十六年、恩方村を含む三多摩地域が神奈川県から東京府に移管され、東京府南多摩郡恩方村となる。昭和十八年（一九四三）に都制が施行され、東京都となる。昭和三十年四月一日に八王子市と合併する。

【上恩方町】（上案下(かみあんげ)、山下若松氏、大正2年生まれ、1975・77年調査）

川漁　魚をとるには川の水を干すカーガリ（川狩り）、夜に石油で火を焚いて集まった魚をすくうヒブリ（火振り）、ツキボウ（突棒）で突いたりする漁もある。

モンペ・地下足袋の普及　モンペは戦争後、地下足袋は大正から昭和の初めに普及した。

大八車・リヤカー　荷物を運ぶ大きな二輪の木製の大八車は、昭和十年（一九三五）ころまで使った。終戦前からリヤカーを使うようになり、その後はトラックとなる。大八車では、炭を積んで八王子に売りに行った。朝出かけて、帰りは夜となって提灯を点けて帰った。帰りには八王子で買い求めた生活用品を積んで帰った。日用品は、新聞配達に来る新聞屋に頼むことも多かった。

又梯子　この辺で出荷する炭は案下炭(あんげずみ)という。山下若松さんは、炭焼きを辞めてから八年が経過した。二〇年ほど前に又状の木を使って、炭の原木運搬用のマタバシゴ（又梯子）をつくった。これは荷物を固定する荷縄を必要としない。ナギに原木を落とすときに、マタバシゴを使う。窯は山の下のほうに搗(つ)く（炭窯をつくること）。炭の原木の長さは五尺くらいで、炭は一俵分が四貫目、つまり一五キログラムである。窯は一日に三俵くらい白炭を焼く。

【上恩方町】（上案下、小澤達人氏、75歳、1975年調査）

大きな草履　上案下には四坪くらいのセエノカミの地所がある。伝染病が流行ったときには、大きな草履をつくってつるした。これは終戦ころまで行っていた。

【上恩方町】（高留、髙井住和氏、神官、1989年調査）

御竃締め　オカマジメ（御竃締め）は、各家で屋内や屋敷の神々を新しく祀りなおすため、年末に行う正月準備に欠かせないものである。宮尾神社の宮司の髙井住和さんは、上恩方・下恩方・小津・上小田野などの恩方地区で、約三五〇軒の家々のオカマジメを切っている。近年は、家を新築すると神棚やヒジロ（囲炉裏）をつくらないなどで、オカマジメを必要としない家が増えてきている。オカマジメの配布は、切ったものを一軒一軒配るお宅は八〇軒くらいある。何軒かまとめて取りに来てくれる方もいる。また、町会でまとめているところもある。

お竃締めの幣束　つくる幣束（畳んで切った紙を篠などの棒に挟んで垂らしたもの）の種類は以下七種類ある。

①歳神

②竈神（荒神　オカマサマ）は三本・五本・六本・七本・八本・十本・十一本の幣束のものがある。このように家によって幣束の本数は異なる。

③青い紙の幣束の水神

④赤い紙の幣束の疱瘡神

⑤垂（注連縄などに垂れ下げる紙）は八枚一組で、最高で一一組のお宅がある。垂にはヨタレ（四垂れ）とヤタレ（八垂れ）というものがある。ツナギジメという垂を用いるお宅もある。

⑥お祓いの幣束（十二月三十一日の夜に行う晦日払いで用いる）

⑦竈神（荒神　オカマサマ）のお札などである。家ごとに神々のありかたは違う。金幣を用いる家が一軒ある。疱瘡神はほとんどの家の神に入っている。これは赤い紙の御幣で、赤い紙のものは、疱瘡神のほかに稲荷にも使う。「観神龍女札」というお札を求めるお宅が一軒ある。その家は川に祠があり、神の名を「龍蔵権現」と呼ん

でいる。また、オカマジメのほかに皇大神宮（伊勢神宮）のお札を配り、神官の高井氏が竈神の祝詞を称える。

オカマジメを切りはじめるのは、九月十日の宮尾神社の例祭以降で、十月ころからである。十一月中に切り終えて、その後切った紙を篠に差したり、家ごとに分けたり包んだりする作業がある。

個人宅へ　平成元年（一九八九）の暮、高井氏が個人宅まで出かけて行って、オカマジメを切るのは尾崎家のみである。半紙、篠、膳、紙を切るための木製の板状の台、小刀、篠に裂け目を入れるホウチョウ（包丁）、家ごとの神々を記した帳面、幣束やお札を入れる竹こおりなどを持って出る。祖父のころには、部落ごとに決まった家で日を決めて、紙とか篠を持ち寄ってオカマジメをつくり、金銭や米などを御礼として受け取った。

【上恩方町】（降宿、楢本考吾氏、明治35年生まれ、1979年調査）

家のこと　家の入口にはチョウズバ（便所）があった。屋敷内には、母屋・コエー（物置）・肥し小屋・蔵・蚕を飼うバラック小屋などがあった。母屋にはデエドコ（台所）、お勝手・納戸、座敷・奥の間・奥（デエともいう）があった。コエーとは物置のことで、農具・養蚕用具・穀物などを入れた。蔵のない家ではコエーに穀櫃を置いた。肥し小屋はチョウズバが隅についていて、堆肥を入れておく。蔵は二階に冬用の寝具など、一階に穀櫃を置いて米などの食べ物を入れた。明治ころまでは家の中のデエドコに接してウマヤ（馬屋＝馬を飼育する部屋）があったが、養蚕を盛んにやるようになって家は養蚕用に改造した。

ヘッツイ　ヘッツイ（竈）は台所にあり、鍋や釜をかけて煮炊きをする。釜は三升釜、五升釜を使った。ヘッツイは主に朝に飯を炊き、ヒジロ（囲炉裏）では煮込みや汁をつくった。ヘッツイをつくるには、炭竈を築くときに使うカマツチを使い、藁や松葉を入れて、練り上げてつくる。

屋根材　屋根材は茅（かや）であった。山に共有地があって、春に山焼きをして茅を育てて、秋に刈った。山焼きをして生えた茅は細くて屋根材に適している。共有地の茅は炭俵の材料としても使った。屋根替えする家は、集落で一年に一軒から二軒で、屋根替えのときは各家から一人ずつ出て、二日間ぐらい山から茅を背負った。大正のころから杉皮を用いたカワヤネ（皮屋根）がぼつぼつ出てきた。カワヤネの次にブリキの屋根となっていった。茅に杉皮を混ぜて使う家もあった。岩松（イワヒバ）を屋根の棟に植えた。アヤメのような植物を屋根に乗せた。養蚕のときは、家の二階をタナ、三階をオオダナといい、蚕はタナで飼った。

屋敷神　ほとんどの家が、屋敷に神様を持っている。持っていない家では、他家の屋敷神に参る。

山の神　山の神は一月十七日で、各家でも祀るが、集落でお日待ちをし、新年会ともなっている。

運搬具　ビクザル（農作業で使う籠のこと）は、イチネンコ（その年に生えた新しい）のフジ（藤）で作った。フジは一年物だと茎が細いので、数が必要となる。ビクザルは小ぶりに作った。少し大きく作ればジャガイモや里芋などを入れたり、肥料を摘んだりする（指先でつまんでまく）のに使うコイザル（肥笊）という籠になった。これは畑に出るのに使った。フジで作った籠は、湿気さえくれなければ（湿気を与えなければ）竹製の籠よりも長持ちで、一〇年から一五年は使うことができる。ビクというのはショイカゴ（背負い籠）で、山に行くときに使うものは畑で使うものよりも小さめに作る。山からの帰りにはモシキ（燃し木）をビクの中に入れて背負って帰る。山に行くときには鋸（のこぎり）や鉈（なた）、弁当などをビクに入れていく。真ん中を支点として両端に荷をつるすテンビン（天秤）は、桶を用いて水汲みや肥料とする下肥を入れたションベンオケを担ぐときに使った。ショイコ（背負梯子）やマタバシゴ（又梯子）は、炭焼きやタキギを集めるときに使った。マタバシゴは炭焼き専用で、胡桃（くるみ）の木に又が多いので、それを二つ割りにして枠を作った。又の部分だけを作って、ショイコに縛り付ける方法もあった。

炭焼き　炭俵は一俵が一五キログラムで、一窯で三俵から四俵の炭が焼けるので、ショイコで一回背負うヒトショイで一窯（一回の炭焼き）となる。ヒトショイが三俵から四俵といっても、背負う距離が短い場合には、一人で五俵くらいは背負う。強い（力のある）人では三〇貫（約一一三キロ）くらいの荷を背負うことができる。炭窯は少し大きめの窯をつくり、窯の中に原木などをびっしりと入れなくとも、多少炭窯の中の木が寝てしまっても（倒れてしまっても）、余裕を持って三俵から四俵の炭を焼くことができる。

衣生活　藤布のタホ（太布）という生地は、子どものころ見たことがある。糸のクズや、クズ繭で、キヨウ（着用）というウチオリ（うち織り）の着物を織った。ソデナシ（袖無し）は木綿の縞柄の布で、中に綿を入れて仕立て、家でも冬場の山仕事でも着た。下には、モモヒキ（股引）を履いた。筒袖で、丈の長いメクラジマ（めくら縞）のヤマギ（山着）は、真田紐をまいて帯とした。炭で汚れるので、炭焼きにはなるべくボロ（襤褸）を着て行った。オンナシ（女衆）は、カルサンというのを山へ行くときにはいていた。モンペは戦争の少し前からオンナシがはくようになった。

食生活　バクメシ（麦飯）は、精米にかけた粒のままの大麦をそのまま、三升鍋くらいのもので半日くらい煮る。油味噌や胡麻味噌をつけて食べる。一度に一升くらいの大麦を煮ると、四升鍋で七分から八分目となる。ヒキワリ（碾割り）とは、碾臼で麦を挽いて、割り篩にかけたものをいい、「ワリメシ」と呼んだ。米に混ぜて煮る。一升煮るのに、碾割り五対米五、碾割り三対米七などその割合は各家によって異なる。碾臼で挽いたときに出る粉は「メゴナ」といい、団子にして食べた。蚕（養蚕）の時期は忙しいので、その前に、一、二俵、麦は碾割りとしておいた。ワリメシのときは、朝・昼・晩にそれを食べ、夜に煮込みウドンを食べた。押し麦は、精麦したものを水につけて押したものをいう。麦食はバクメシからワリメシ、そしてオシムギへと変わっていった。

檜原村からの娘たち　西多摩郡檜原村（ひのはら）から蚕やといに大勢来ていた。檜原村から山を越えて一〇人、二〇人と上恩方にやってきた。N氏のお母さんは檜原から来ていて、この地に嫁いだ方である。糸取りまでやる人もいた。その娘たちはキモノを着ていて、ハシオリ（端折る（はしょ）＝着物の褄（つま）を折って腰の帯に挟む）をして帯を締め、襷（たすき）をかけていた。養蚕で遠方の人を使ったのは条桑（桑の葉がついたままの枝で蚕に与える）前十五日から二十日であった。

結婚後　結婚すると女性は眉をおとした。鉄漿（おはぐろ）（女性が歯を黒く染めること）は、楢本さんのお母さんが昭和十五年（一九四〇）から十六年ころまでやっていた。

寒の入り　寒の入りにはけんちん汁など、脂っこいものを食べる。

【上恩方町】（宮の下、話者不明、1975年調査）

馬鳴菩薩　馬鳴菩薩（めみょうぼさつ）は高さ一二〇センチ・幅六七センチの石仏で、正面に「奉造立馬鳴菩薩　明和四（一七六七年）亥六月吉日」と刻まれている。これはお蚕（養蚕）の地蔵様といわれている。

水田　宮の下には一町歩の水田があった。川から動力で水を揚げたもので、昭和二十七年（一九五二）に新たにつくった水田で、宮の下耕地という。

半夏生　半夏生（はんげしょう）（七二候の一つで、夏至から一一日目）をハゲンといい、新しい小麦粉を挽いて団子をつくり焼いて食べた。

（四）旧川口村　明治二十二年（一八八九）村制
昭和三十年（一九五五）八王子市に編入

明治二十二年（一八八九）、市制・町村制により下川口村・楢原村・犬目村・上川口村・山入村の五か村が合併し、神奈川県南多摩郡川口村となる。明治二十六年、川口村を含む三多摩地域が神奈川県から東京府に移管され、東京府南多摩郡川口村となる。昭和十八年（一九四三）に都制が施行され、東京都となる。昭和三十年四月一日に八王子市と合併する。

【川口町】（馬場テウ氏、明治33年生まれ、1978調査）

姥神様　姥神様は、栢木の根元だが特に神様を現す石とかは無かった。キビショ（急須のこと）を持ってきてお茶を供えた。

子の神様　子の神様は、毎年近所のオンナシ（女衆）が十一月か十二月ころに集まってお日待ちをした。草鞋を描いた絵馬が供えてある。

機織り　機織りが上達するように、天神様へお願いに行った。

【川口町】（鈴木勝太郎氏、1970年調査）

農耕儀礼　鈴木さん御夫婦と、鈴木さんの父君との三人で、麦刈りを終えて大麦を大束に束ねていた。鈴木さんのお住まいは千人町で、農地は川口町にある。千人町の自宅から通って農作業をしている。大変でも農地を遊ばせないようにしているのだという。秋に麦蒔きが終わったら、小豆粥を食べる。麦は六月の入梅に入るころに刈入れをする。

稲は少し脱穀したら、最初の新米を神棚に供える。

【川口町】（滝の沢、高鳥キン氏、明治41年生まれ、1978年調査）

マムシ除け　このヤツ（谷津＝谷戸）にはマムシ（蝮）が多くて、石仏の不動様を祀ってからマムシに噛まれなくなった。

下川口　下川口は、十二社、宮ケ谷戸、滝の沢、十内入の四組で、日枝神社の氏子となっている。

団子　団子は、正月十五日にメエダマ（繭玉）、四月八日にクサノハナダンゴ（草の花団子＝蓬団子）、十二月一日にボタモチをつくった。お盆にはオボンヒキ（お盆挽き）といって、前日にオトコシ（男衆）が石臼で挽いた粉で、ボンマンジュウ（盆饅頭）をつくった。米のシイナ（粃＝良く実っていない籾）を挽いて粉にすることもあった。

仕事着　男の上体にはチャンコ、腰きりの綿の入ったハンテン（半纏）、下体にはモモヒキ（股引）、キャハン（脚絆）を着けた。山仕事の人は、モモヒキは紺色のものをはき、マムシが紺にぶつかると、マムシの歯がくさるといってマムシ除けとなった。履物はワラジ（草鞋）を履いた。寒い時や山仕事の時には、木綿で底が厚いワラジガケを履いた。女はキモノ（着物）にタスキ（襷）をかけ、手甲をつけた。前掛けをかけ、テヌグイ（手拭）を被った。雨具には、ミノ（蓑）、キゴザ（着茣蓙）、ヒノキダマ（檜玉）があった。

草木染　茶色は柿の木の皮を使った。桜の木の皮も使った。木綿糸で布を固く縛り付けて、その部分だけが染まらないようにして小豆を入れ、三尺帯を染めた。

水田　湿田でドブッタといった。稲の干し方は、地面に直接干すのをカッポシといい、三本の木を立てて高いところを結び付け、それらに横に棒を通して掛ける方法をハサカケといった。植田は田植えの得意な植田師を頼んだ。

麦蒔き祝い　麦蒔きが終わったら、カブを入れたオジヤを食べる。

信仰の講　念仏講は各家から女性が一名出席し、彼岸や五月等に各家順に宿をして行った。終戦のころには行われなくなった。不動日待ちは、正月、五月、九月の二十八日に、お不動様の掛け軸を宿に飾って祀った。蚕日待ちは、オカイコビマチといって四月末に、女衆が養蚕の無事を祈って飲食した。宿は各家順で行った。榛名講は、群馬県の榛名山の榛名神社に代参して雷除けのお札をいただいてくる。御嶽講は、四月二十日ころに青梅の御嶽山の御嶽神社に年番が代参する。

家の神様　屋内で火を焚く囲炉裏をヒジロといい、ヒジロの自在鉤をオカマサマという。高鳥家のオカマサマは、竹筒に木の棒を通したものを使っていた。荒神様は勝手にあり、年の暮れに神主に切ってもらった幣束を立てる。正月に雑煮を供えたり、ヒジロの端の灰に線香を立てたりした。ザシキ（座敷）の神棚にダイジンゴサマ（大神宮様）を祀る。オカッテの戸棚の中にはエベスサマ（恵比須様）がいる。特に祭りはないが、「水神と便所神は兄弟で、二人とも汚いところにいるが、本当は綺麗好きなのだ」ということを祖父から聞いたことがある。井戸が家の裏にあり、年末に神主に切ってもらった水神様の幣束を井戸端にたてる。

親分　結婚したときの世話人（仲人）のことを、婿と嫁はオヤブンとかオトウサン・オカアサンと呼び、様々な付き合いをする。

結婚　結婚をヨメイリ（嫁入り）といい、世話人の婦人が嫁の手を引いて、台所から家の中に入り、下座からあがった。婚礼の宴ではオタカモリノメシ（お高盛の飯）を出す。その時の箸は、男根の形に大根を削ったものだった。両親の揃った男の子、女の子がお酌をする。式の後、婚家の親が嫁を連れて村廻りをした。ミツメという式後の三日目や、カミアライ（髪洗い）という日には、嫁は実家に帰る。結婚すると丸髷を結い、オハグロをつけて眉を剃った。

出産　安産祈願は、あきる野市菅生の尾崎観音に安産の願掛けをした。お産の場所は、サンシツ（産室）といってナンド（納戸）があてられた。ナンドは家の奥の暗い部屋だった。養蚕が盛んになるとナンドは蚕室に使い、無くなっていった。嫁いだ家では、畳をあげてボロを敷いて出産した。

胞衣　エナ（胞衣＝後産＝のちざん・あとざん。子を産んだ後に、胎盤などが胞衣として娩出される）の始末は縁の下に埋めた。二、三人産んだ後に、夜泣きがあったりして、エナは墓に埋めるようにした。赤子が夜泣きをするのはエナの埋め場所が悪いからだという。エナを埋めることを、エナを納めるといった。

お産の神様　ウブガミサマ（産神様）が、子どもが転んだときに盆の窪（後頭部から首にかけて少し凹んでいるところ）の毛を引っ張って起こしてくれるので、生まれた子の盆の窪の髪の毛は残しておく。

虫封じ　子どもに虫気（不眠や癇癪(かんしゃく)などの子どもの病気）が起こらないようにする呪(まじな)いの虫封じには、上野原（山梨県上野原市）の軍刀利様(ぐんだりさま)（軍刀利神社）へ行き、お札をもらってきて天井に貼った。

お七夜　生後七日目のお祝いのオヒチヤ（お七夜）ころまでに、神主に子の名をつけてもらった。名前を書いたものを、親戚などにお祝いのしるしとして配る家もあった。

宮参り　オビアケ（オブヤケ）といい、男子は三十一日目、女子は三十三日目でお宮参りができる。

葬儀とお墓　人が亡くなって、死者の枕元に供えるマクラダンゴ（枕団子）をつくるときは、屋外でつくる。三本の棒を交差させて上部を縛り、鍋をさげて炊く。墓は土葬でシャバグネを結って大きな石を吊り下げた。明治のはじめころまでは、ウチバカ（家墓）といって各戸で屋敷内に墓を持っていた。その墓地では、所帯を持たないで亡くなった若い人たちを埋葬する場所を区別していた。後に寺に墓をつくるようになった。

【上川町】（久保辰太郎氏・久保誠一氏、1975年調査）

水田　上川町の一番奥は水田はやっていない。今熊神社の麓あたりは川底が低い。水田があるのは上川口小学校の西のヤツ（谷津＝谷戸）、小峰峠（こみねとうげ）入口の隧道（ずいどう）の近く、糀谷（こうじゃ）の上川病院のところ、戸沢入りなどで、山田入りには広い水田があった。水が冷たいので、一反で三俵（精米する前の籾で）くらいしか収穫がなかった。昔は水田が深くて松の丸太が入れてあった。直播の摘田（つみだ）はめったになかった

雨乞い　竜神様のオヒョウゴ（掛け軸）があり、それは一週間ごとに各戸順に回る。水瓶もあり、それも回る。また、川に溝を掘って締めを張り、大勢で石を積んで「サンゲ、サンゲ……」と言いながらお互いに水をかけあう。

弘法大師　日照りのとき、汚いなりをした坊さんが来て、「水をくれ」と言ったが、水がなかったので水をやらなかった。それで下ってきて、田守（たもり）（上川町）で水をもらえた。田守から下の地域は水が干あがらない。弘法大師が水をくれてくれといってきて、綺麗な水を汲んであげたので水に困らないといわれた。

大山参り　相模の大山へは、長男が一五歳になるとお参りに行った。

（五）旧加住村　明治二十二年（一八八九）村制
昭和三十年（一九五五）八王子市に編入

明治二十二年（一八八九）、市制・町村制によって留所村（とどころ）・北大澤村（きたおおさわ）（江戸時代は大澤村、明治十二年三月三十一日に村名改称で北大澤村となる）・中丹木村（なかたんぎ）・本丹木村（ほんたんぎ）・八日市村（ようかいち）・横山村（よこやま）・左入村（さにゅう）・滝山村（たきやま）・梅坪村（うめつぼ）・谷野村（やの）・宮下村（みやした）・戸吹村（とぶき）・高月村（たかつき）の一三か村が合併して、神奈川県南多摩郡加住村となる。当時、村名について神奈川県庁から諮問を受け「本村高月北條氏照居城を霞ヶ城と称せる故事に因り、霞と十三か村加え住む意を取り國音相通ずるを

以て名とし答申したる」（東京府『市町村概観』昭和十三年）と村名を加住村とした。

明治二十六年、加住村を含む三多摩地域が神奈川県から東京府に移管され、東京府南多摩郡加住村となる。昭和十八年（一九四三）、都制が施行され、東京都となる。昭和三十年四月一日に八王子市と合併する。

【宮下町】（三橋良雄氏、明治43年生まれ、1986年調査）

加住地区の説経節　説経節をしていた方は、谷野町では内田慶寿さん（十代目薩摩若太夫の弟・若太夫の実家）、内田保さんらがいた。梅坪町には市川高次郎さん（戦中爆弾で目を怪我した）らがいた。戸吹町には米穀屋の中村信吾さん、松崎房吉さん、田中原吉さんなど、説経節を語る人が大勢いた。宮下町には宮崎直吉さん、私（三橋良雄さん）らがいた。

説経節の稽古　三橋さんは、二五、二六歳ころに説経節をはじめた。戸吹の当時六〇歳くらいの小沢房次さんという太夫に三、四年習った。次第に軍事色が濃くなって、夜など三味線も弾けなくなった。稽古は中宿（従兄弟の家）に太夫も弟子も集まって、午後六時ころから十二時ころまでやっていた。弟子は六人で、一段を語るのに一時間くらいかかるので。多くの弟子をとることはできなかった。三橋さんが習った順は、はじめに「熊谷館かつら姫下職」を、次に「矢取り」を習い、ほかに「佐倉宗吾」、「阿波の鳴門」、「阿古屋自害」なども習った。「関取千両幟」などは聞いて覚えた。

稽古は、寒中が多かった。声を出すのにメリヤスのシャツなどは駄目で着物だった。

師匠の房次さん　太夫の房次さんは親類へ行ったり、戸吹の観音様、丹木の小池さんの家に行ったりして語っていた。そのときは太夫が語り、弟子も少しばかり語らせてもらう。肩衣（かたぎぬ）を着けることもあるし、着けないこともあっかった。

た。畳一帖くらいの縁台に赤い布を被せてやるときなどは、肩衣をつけて語った。この太夫は演じても謝礼をとらなかった。

【高月町】（圓通寺、1978年調査）

掘り出された花火の筒　明治初年に、糸繭の景気の良いときに花火を打ち上げた。あるとき打ち上げに失敗してケガ人が出て、溝に筒が捨てられたという。まだ、寺の付近には何本かの筒が埋まっていると伝えられている。

峯の地蔵尊　村々を巡る廻り地蔵があった。宇津木から日野、立川と回った。信州に行ったこともある。東久留米や東京都内にも講があった。都内の講は戦争で疎開とかがあってくずれた。八王子の中心部から、五、六人が病気の快復や子授け祈願で月参りしていた。昭和五十三年（一九七八）には赤い旗が多数、千羽鶴、ブリキ製の小型鳥居、拝み絵馬、地蔵絵馬などが供えられている。

【高月町】（関英夫氏、1982年調査）

鮎担ぎ唄　四谷（新宿区）に「つたや」という鮎問屋があった。鮎を運ぶときに歌う唄が「鮎担ぎ唄」で、慶応三年（一八六七）生まれくらいのお祖父さんが、NHKで録音した。

鮎の進物　横長の皿状の竹で編んだ鮎籠に笹を敷いて鮎をのせ、お使い物（進物）に使った。南京袋（麻糸で荒く織った大きな袋）を湿らせて鮎に被せておくと、運んでいくのに長持ちがした。

鮎の薬　生きている鮎からすぐにハラワタ（内臓）をとって、塩漬けにする。これを「ウルカ」といってお腹の薬になる。

鮎をとる網　網は柿渋に一年に一回は漬ける。

【高月町】（澤井常一氏、明治41年生まれ／澤井ツ子（つね）氏、明治40年生まれ、1978年調査）

ほうどぶ様　瘧（おこり）（一定の時間に発熱する病気）と耳の病気は治すといって、ホウエン（法印＝僧）が亡くなって、そのホウエンが埋葬されている。病気が治ったら酒を入れた竹筒を倍にして返す。

薬師様　一番薬師が九月十一日で、二番薬師が九月二十一日という。年配の婦人が、目が良くなるように拝む。

喉に刺さった骨をとるお呪い　喉に魚の骨などが刺さったときに、象牙の箸で喉を撫でながら「鯵（あじ）の骨　鯵の骨　鯵の都をたち出でて　今たち帰る鯵のふる里」と唱えると喉に刺さった骨がとれる。

滝の仮橋　高月町滝の集落は、秋川と多摩川とが合流する右岸、南側の加住丘陵北側にある。滝から多摩川左岸（昭島市）の耕作地に行くために、以前は渡しがあって部落中の者が一日交替で出て船頭をした。大正の末か昭和の初めまで行った。その後、リヤカーが普及して仮橋を架けることとなった。大八車ではしっかりした橋でないと使えなかった。以前は徒歩のみで渡れる橋だった。

筏に乗る　多摩川を、丸太を藤蔓（ふじづる）で編んで細長くした筏（いかだ）が、奥多摩のほうからよく来た。筏を見たのは澤井常一さんが子どものころのことだった。青年になってから筏は来なかった。通る筏に乗ったもので、ある程度下流まで行ったら、筏から川に飛び込んで泳いでもどった。筏師はこころよく子どもを筏に乗せてくれた。「おおっぱた」という筏師の宿が向こう岸の拝島（昭島市）にあって、今でも宿では薬屋などを泊めるらしい。

川天狗　澤井常一さんのお祖父（じい）さんの常右衛門さんのいうことには、多摩川ではきれいな魚がたくさんとれた。川にバンニュウという籠を生簀（いけす）にしておいて、とれた魚を入れておいた。暗くなっても魚をとっていると、花火のように火の玉があがった。あわててバンニュウの中の魚を見ると、全部の魚を盗られてしまった。これがカーテング（川天狗）という天狗様の仕業だった。

川遊び　夏休みは、一日に四回くらい川へ遊びに行った。だから一夏に二回から三回も日焼けで背中の皮がむけた。川へ行くときには梅干しやキュウリを持って行って食べた。小河内ダムができる前は川の水量も多く、堰堤（えんてい）も無かったし、水浴びがよくできた。遅くまで遊んでいると「学校の先生に言いつけるぞ」「お巡りさんに言いつけるぞ」「河童がいるぞ」「天狗様にばかされるぞ」などと言われた。たいがい家に帰ってくると、カイコ（養蚕）をやっているので、桑摘みに連れていかれた。さんざん水遊びをした後なので、桑摘みは疲れた。桑摘みから帰ると、泥んこになっているから、夕方でもまた川へ遊びに行った。夏休みが終わり、学校へ行ってみると、滝地区の川べりの子どもたちは真っ黒になっていた。他の地区の子どもと簡単に区別がついた。

水車　クルマボリ（車＝水車のある堀）には滝地区で持っている水車があった。水車では米を搗き、麦も搗いてヒキワリとか押し麦をつくった。高月の堰から秋川の水を引いて、水車は一日交替にして各家で使用した。一日の使用料を一口とし、家族の少ない家では半日使って半口と数えて、使用料を支払った。堀の水は、春の彼岸から秋の彼岸までが水田の用水として使った。

恵比須講　正月の恵比須講は、カジッカ（川魚＝鰍）の頭が大きいので良いといって鰍を供えた。梅の新芽で箸をこしらえ、オアシ（お金）を増やすといって足の数の多いイカを一枚煮てお供えた。

お盆の供え物　お盆で盆棚に使った竹やナスなどの供え物は、川に流した。

川浸り　川浸りといって、十二月一日は餅をついて、餡子（あんこ）のものを食べないと橋を渡ってはいけないといった。

車井戸　昭和四十年（一九六五）ころには川で砂利を採っていたので、川底が低くなり、井戸の水が出なくなったことがある。嫁に来たころは車井戸（井戸に覆い屋をかけて滑車を用い、滑車に通した縄の両端に釣瓶をつけて縄を手繰（たぐ）って水をくむ井戸）だった。縄が腐ると釣瓶桶がガラガラと井戸の中に落ちてしまい、釣瓶桶を引き上げるために他家にイカリを借りに行くこともあった。隣家と井戸で使う縄を、木から吊り下げて三人で綯（な）った。川漁師が使った縄を売っていた。昭和三十年ころに、車井戸から手押しのポンプ井戸になり、すぐに電気モーターの自家水道にかわった。

【高月町】（澤井トキ氏、明治30年生まれ、1979年調査）

相続　セナ（長男）が跡をとり、歳をとったら隠居する。自宅で隠居するのが普通だが、隠居でもお大尽で新たに家を建てる者もいる。

分家　婿に行かないで所帯を持つ場合、分家する。分家をシンヤとかシンタクという。イッケとは血縁のことで、ジシンルイという言葉もあるが，これは分からない。

ハシカケと世話人　結婚を進めるには、実際の段取りをするハシカケと結婚式や実際に後も付き合いをする世話人（仲人）とがいた。

クチガタメ　口固めは、結婚の約束をすることで、朱塗りの酒樽の柳樽（角樽）をもって相手方の家に行った。

嫁入り　結婚式のとき、提灯をつけてきた人々を出迎える。嫁は勝手口から家に入る。そのとき、トンボ盃（さかずき）といって入り口で杯を交わす。また男女の子どもが、火をつけた松明（たいまつ）をもって迎える。婿取りのときには、婿は座敷から家に入り、嫁は外で待っている。かつては嫁に行くときに、眉を落としたという。

安産祈願　尾崎の観音様（あきる野市菅生の尾崎観音）のお札をもらってきた。

出産　納戸の畳をあげて襤褸布（ぼろぬの）を敷き、布団に寄りかかって座って出産した。昭和の初めまでのことだった。

後産　出産で後のものが早くおりないと、赤子が死んでしまう。後のものは墓に埋めたり、明き（あ）のほう（その年の良い方角）に埋めたりした。特に甕（かめ）に入れたりしなかった。

厄年の子　産婦が厄年に子どもを産むと、捨て子をした。拾ってくれた近所の人は親としてお礼をした。

オヒチヤ　生まれてから七日目に、世話人の婦人を呼ぶ。赤飯を炊く。オヒチヤまでに子に名を付ける。

命名　子どもの名前は、神主、お産婆さん、家の人が付けたりした。お祖父さんやお祖母さんの名前からとる場合もあった。

オビアケ　誕生から男子が三十一日目、女子は三十三日目がオビアケで、この日にお宮参りして親元に行く。お宮参りには親元から産着をもらって、子にかけて宮に参る。オビアケまでは神様のところに行ってはならない。

米を背負う　子どもが早く歩き出すと、米一升を背負わせて歩かせる。

疱瘡日待ち　疱瘡日待ちは子どもが疱瘡にかからないように、子どもを持っている婦人だけが、宿は各家順で米を二合ずつ持ち寄り集まった。赤飯を炊く。

初潮　女子に初潮があると、赤飯を炊いた。

兵隊検査　男子の兵隊検査には、紋付（もんつき）、羽織（はおり）、袴（はかま）をつくった。

初登り　自分の実家のある福生では、男子が一七歳くらいになると、初登りといって相模の大山に行く。大山から江ノ島にまわった。出立に餞別（せんべつ）を送り、そのお礼にお土産を持って帰り、お礼に緒（麻）を買ってやった。

山の神　一月十七日が山の神で、この日には山に入ってはいけない。当番の人が米を四合ずつ集め、山の神のお日待ちをする。宿の家の床の間に、ご飯や酒を供える。滝地区の全戸の人が参加する。

クンチ　九月九日をハツグンチ、九月十九日をナカノクンチ、九月二十九日をシマイノクンチといって、神社で祭祀があった。この三日間のうちに、ナスを食わなければならない。

荒神様が出雲へ　九月三十日に荒神様が出雲に行くので、団子を三二個つくり、荒神様に供える。この日は縁結びの日という。

亥の子　十月九日、上（かみ）は（滝地区の上）十日にやる。亥の子にはボタモチをつくる。夜はウドンにする。

刈り祓い　稲刈りが終わると、鎌を洗って酒を鎌にかけた。

扱き祓い　稲扱（いねこ）きが終わると、ボタモチをつくった。

厄神　十一月八日にボタモチをつくる。厄神は以前、田の中に祠があったが、今は神社の境内にある。

馬の正月　十二月一日にボタモチをつくる。この日を川浸りともいう。

馬の使用　博労（ばくろう）から、田かき（水田を耕す）のために一週間から一〇日ほど馬を借りる。実際に借りるのは七月ころで、借りるのが遅いから馬は痩せている。植田はお盆ころまでに行う。

蚕日待ち　四月から五月ころに、蚕日待ちを女性で行う。十月にお礼日待ちといって蚕日待ちを行う。

日食　太陽が欠ける日食は、お天道様が人のかわりに病むので、あまり見てはいけない。

【高月町】（澤井安雄氏、昭和7年生まれ、1975年調査）

滝の神仏　金毘羅（こんぴら）様は、滝山城跡の中にある。これは滝で祀っていて、正月十日に太鼓をたたいたことがある。滝の氏神様は駒形神社で祭礼は、九月二十八日である。滝にはお不動様もある。

御竈締め　四年前までは圓通寺の僧が集落のなかのいくつかの宿を回り、各家の神々の幣束を切った。

福の神・セエノカミ　正月七日の朝、滝地区の子どもたち（男子）が、背中に正月のお飾りを背負って、手にはカチカチという竹を手に持って打ち鳴らし「福の神舞い込め　貧乏神祓(はら)え」と言いながら各家に行き、福俵を座敷に転がして巡る。以前は夕方行ったという。北方を見て、山の影が掘くらいまで行ったら夕方出かけた。一人の男子は達磨を破いてその中に、各家でいただいたお金を入れるものを背負う。最後は集落のはずれの滝山城跡の下まで行って、集めた金をみんなで分ける。セエノカミは道路の辻に、てっぺんに明のほう（恵方）に向けて、扇子を付けた塔のような形にお飾りや竹でつくり、塔の先から紙垂を付けた紐を三筋長く張る。セエノカミの麻は安産のお守りとした。塔のように立つセエノカミが向いた方の家で、その年子どもが生まれる。「二十日の風はあわせるな」といって、十九日にセエノカミは燃やす。

成木責め　正月十四日に、柿の木を叩いて回る。男が「今年は生(な)らないとぶった伐るぞ」と言いながら、鉈(なた)のミネ（背）で柿の木を叩き、女性が「おじいさん堪忍してください。生りますから」と言いながら、手桶に入れた熱い湯を柿の木にかける。

亥の子　十月九日を「イノコ」といって、イノコのボタモチをつくる。

厄神ボタモチ　十一月八日にヤクジンボタモチをつくった。ヤクジン（厄神）というのが、水田の中にあった。

鬼の拳　十二月八日は、鬼が来るのでメカゴ（目籠）を竹の先につけて立てる。夜は履物をしまっておく。出しておくと病気になる。この日には、オニノコブシ（鬼の拳）といって、カブ（蕪）をいれた団子を茹でて餡子をからめて食べる。

大師粥　十二月二十四日には、ダイシガユ（大師粥）といって、米俵の形をした団子をお粥の中に入れた。

達磨づくり　高月町滝(たき)の澤井安雄家はダルマヤ（達磨屋）と呼ばれ、達磨づくりを行っている。達磨づくりは、冬場の仕事で雨が降ると仕事にならない。澤井家の達磨づくりは、昭和の初めから行い、安雄さんで三代目である。先々代が小川のダルマ屋から塗り方などを教わった。

達磨の木型を彫る人　市内暁町の安土（やすど）に、達磨の木型を彫る彫り師、達磨屋の源ちゃんという人がいて、その人からは細かな技術を教わった。

木型　木型には、貼った紙を取りやすいように時々油を塗る。達磨の底には、ヘッタという錘（おもり）が付いていて、転がってもまた起きるようになっている。その底をシキともいい、長さ九八・五センチ、最大幅二二・五センチ、最小幅一八・三センチの板に、大から小への五つのシキの型が彫り込まれている。大きい型から小さい型への直径は、一七・五センチ、一六・七センチ、一三・五センチ、一〇・七センチ、九・二センチで、深さは三・一から三・五センチくらいである。

乾燥　ツトとは、ムイカラ（麦稈）を束ねたもので、塗料などを塗った達磨を干すとき、達磨の底の穴に差した竹のクシを、このツトに差し立てて乾燥させる。魚を干す弁慶のようである。ツトの高さは八八センチで、最大幅は五八センチある。地面からの高さ一九センチくらい、四三センチくらい、六七センチくらいのところで束ねられている。達磨を干した後、物置にしまうときに二人で竿の両端を持って移動させるために、一八〇センチくらいの竹竿をツトに、横に貫いて差しておく。

下地　達磨の下地に塗布する胡粉を入れる鉢は、直径が四〇センチくらいの大きさで、ミカン箱を二つ重ねて使う。鉢のすぐ下のミカン箱の中には炭を熾（おこ）して入れて、胡粉（ごふん）の入った鉢を暖めておく。

仕上げ　下地の胡粉は一回塗ると一日干す。赤の塗料は、八王子の石井化学工業から購入したスカーレットで、まず達磨の顔の回りを塗る。次に顔の下のほうを塗り、それから後ろを塗る。良い天気なら一時間から二時間干し、もう一度赤を塗る。その後にスカーレットを塗る。赤を塗ったら、もう一度顔に胡粉を塗る。夜間に達磨の顔を描く。銅箔を三角形に切って、目の上に貼って目隠しとする。

籠　直径九〇センチ、高さ八二・五センチの大きな竹製の籠は、達磨を売りに行くときに達磨を入れる。他に直径七九・五センチで高さ八四・〇センチ、直径五六・七センチで高さ四二センチの籠もある。

達磨市　達磨市は、正月の二日、三日が昭島の拝島大師、十日が五日市、十二日が青梅、二十八日が日野の高幡不動の初不動、二月三日は高幡不動の節分会、三月三日と四日が調布の深大寺である。九軒の達磨づくり農家で東京達磨組合を組織し、秋川市（あきる野市）の椚さんが組合長をやっている。所沢の外商組合に加盟しており、組合費は所場代と一緒に支払う。

（六）旧由井村　明治二十二年（一八八九）村制
昭和三十年（一九五五）八王子市に編入

明治二十二年（一八八九）、市制・町村制により小比企村・片倉村・宇津貫村・打越村・北野村・西長沼村（江戸時代は長沼村、明治十二年三月三十一日に村名改称で西長沼村となる）の六か村が合併し、神奈川県南多摩郡由井村となる。明治二十六年、由井村を含む三多摩地域が神奈川県から東京府に移管され、東京府南多摩郡由井村となる。昭和十八年（一九四三）に都制が施行され、東京都となる。昭和三十年四月一日、八王子市と合併する。

【打越町】（弁天堂に集った方々、１９７５年５月２日調査）

打越弁天　祭日は八十八夜で、八十八夜前後に養蚕守護のお札を配った。白蛇が描かれた絵馬も出す。現在は中谷戸の人たちが祀っている。弁天様は江戸時代末か明治の初めころ、山伏風の僧がこの堂に泊まり、その僧が持っていた弁天様を祀ったらしい。この日は午後二時から、御詠歌（ごえいか）・大般若経（だいはんにゃきょう）が奉納された。供え物は、神の使いが白蛇なので生卵も供えてあった。かつてお祭りでお参りするには、下のお堂から蛇道（へびみち）という曲がりくねった道を堂の裏手のほうに登り、石の宮に参り、次に池の弁天に参り、最後に下のお堂に参った。池の弁天は、現在は宅地造成の土砂に埋まってしまっている。

【打越町】（後藤又吉氏、1975年調査）

ヘラグワと改良鍬　昭和十年（一九三五）から十五年ころ、改良鍬（くわ）が流行りだした。だが、それ以前に使っていたヘラグワのほうが使いやすかった。ヘラグワのほうが軽いし、柄の角度も急で自然にサクをきることができる。改良鍬は重いし角度もあり、うまく使わないと無理がいってしまう。改良鍬の良い点は、誰でも手軽に使えて一般的だということである。昔の鍬のヘラグワは、熟練した人には本当に使いやすかった。昭和十年から十五年ころには足踏み脱穀機も入った。そのころから、百姓もいいかげんになってきたように思う。

ショイバシゴ　ショイバシゴ（背負梯子）は最近再びよく使われるようになったので、後藤さんは新しくつくったという。なぜなら自動車を使うようになったが、自動車もリヤカーも入れないあまり距離の長くない細い道などはショイバシゴが使い良い。この辺では、鳥居型の人の背より少し高いのが使われる。

ショイバシゴの荷　荷はマキ束の場合、一把が八貫目（三〇キロ）のマキ束三把くらい背負う。一般に、荷は自分が平地で背負うことのできる重さの半分くらいが、山から背負ったりするときの荷の重さである。

【長沼町】（田代クニ氏、1975年調査）

セエノカミ　正月の十四日に、歳神様などを観音様のところで燃やす。柘植（つげ）と梅の木の枝にマユダマを刺し、石臼の穴を利用して床の間に飾り立てる。団子を焼くときは、昔はコゴメという木で、三又になっているものに刺した。焼いた団子を食べれば、子どもは風邪をひかないという。

【長沼町】（菱山房吉氏、明治45年生まれ、1978年調査）

六社宮　長沼は六社様が氏神である。明治十一年（一八七八）十一月三日、各字に鎮座する八剣社、熊野社、日枝社、八坂社、東照宮、五龍社を合祀して「六社宮」と呼ぶ（八南神職会・八南神社総代会『南多摩神社誌』一九七九　を参照）。

水田　菱山家では水田を四反くらいつくった。水源は湧水で、膝の下くらいまでの深さだった。一反では玄米で、六俵くらい収穫できた。肥料には山のクズ（落葉など）を入れた。

四　旧浅川町

（一）旧浅川町　明治二十二年（一八八九）村制

昭和二年（一九二七）町制

昭和三十四年（一九五九）八王子市に編入

明治二十二年（一八八九）、市制・町村制の施行により上長房（かみながぶさ）村と上椚田（かみくぬぎだ）村とが合併し、神奈川県南多摩郡浅川村となる。明治二十六年、浅川村を含む三多摩地域が神奈川県から東京府に移管され、東京府南多摩郡浅川村となる。昭和二年（一九二七）十一月三日、町制を施行し、浅川町となる。昭和十八年（一九四三）、東京府が都制を施行し、東京都南多摩郡浅川町となる。昭和三十四年（一九五九）四月一日、八王子市と合併する。

【高尾町】（佐藤孝太郎、明治36年生まれ、大楽寺町在住の郷土史家、1975年調査）

高尾山薬王院の春祭り　高尾山の春季大祭には稚児（ちご）行列が行われる。昭和五十年（一九七五）四月二十六日には、消防記念会・市内学校のブラスバンド・稚児などのパレードが市中心部の甲州街道で行われた。稚児は高尾講の人々の五歳から七歳くらいの子どもたちが参加する。この講元は八日町の旅籠・徳利亀屋の主人の秋山嘉右衛門であったといわれている。街の人は「山田（やまた）の廣園寺（こうおんじ）の開山忌に雨が降れば、高尾の祭りは天気（晴れ）だ」という。高尾山の祭りのときには、戦前は八王子から浅川駅（高尾駅）まで臨時列車が出た。

【高尾町】（青木勝一氏、1974年調査）

下駄屋　川原之宿（かわらのしゅく）の下駄屋が廃業したので、道具一式を受け入れ、その後下駄屋を一〇年くらいやった。歯の入れ替えくらいのことをした。

【南浅川町】（梅の木平、栗原茂氏、1975・1982年調査）

塚と畑　畑の広さの単位を塚という。一塚が二畝（一畝は三〇歩で〇・九九二アール）だった。ニホングワ（二本鍬）やヘラグワ（篦鍬）を使って、人力では一日に二畝くらいの広さしかうなう（耕す）ことができなかった。キリイレといって、茅の古くなったものを肥料として畑にすき込む。

アラク　アラクは開墾地のことで、新しく開墾したところはシンアラクといった。ナルイ（なだらか）ところでサガ（傾斜地）のところをだいたいは桑畑とした。アラクでは、ソバや大豆などもつくった。少しナルイところには麦をつくったこともあった。陽当たりの良いところには、桑の木の間にコンニャクなどをつくった。明治時代のことなのだが、ナルくて土が良いから山を畑にし、里芋をつくったら良くできたことがあった。今は減反政策（水田をやめると補助金が出る）で、水田に芋を植えるとよくできる。

棒打ち　ボウウチ（棒打ち＝複数人で地面の上に筵（むしろ）を敷き、そこに麦を置いて木製や竹製の棒状のものを回転させて打つ麦の脱穀作業）は、米の粥をすすりながらやった。ボウウチの手伝いに行くときには「ボウウチボウと茶碗を持っていくものだ」といわれたものだ。

栗原家の伝承　梅ノ木平の栗原茂家は武田の落人で、栗原彦兵衛という炭焼き人がこの地に土着したという。江戸時代に栗原家は焼けて、シシ（猪）の番小屋（畑の作物を猪から守るための小屋）に住むようになった。火事になる前は、現在の甲州街道の近くに家があったという。現在の栗原家近くには、以前は七軒から八軒の家があったが、次第に少なくなり、最近はまた家が増えてきた。

鐘が淵　梅の木平から峰の薬師（相模原市緑区三井（みい））へ行く道は、津久井湖近くの三井へ出る道である。峰の薬師の鐘が落ちたところをカネガブチ（鐘が淵）といい、相模川の近くにある。

大山講　部落に一四、一五人くらいの講があって、四月に相模の大山へ代参で行った。

【裏高尾町】（岡部氏、1979年調査）

廻り地蔵　駒木野(こまきの)だけで行っている廻り地蔵がある。一軒ごとに数日置いて、隣家に背負っていく。三角布に縫って綿を入れて、格子に糸で結んで供える。

愛宕地蔵　八月二十四日に、当番と全員が愛宕地蔵の石仏のある山に登り、草刈りをしたりした。山の上で飲食をした。薄暗くなると子どもたちも来る。竹を薄く削って吹いてプーと鳴らす。大きな松明(たいまつ)を建てて火をつけ燃したままで帰ってくる。これは駒木野に大火があって火伏(ひぶせ)（防火）のためにはじめた祭りだという。このとき、山にスイカを背負い上げ食べたので、スイカ祭りともいう。駒木野だけでやっている。昔、七月ころにやっていた流行り病を防ぐためのコレラ祭（オシンメイサマ＝神明社の庭に碑がある）と一緒になった。

モノモライ　目の病気のモノモライができたときは、井戸に見せると治る。

オハグロ　オハグロ（鉄漿）は五〇年くらい前までお祖母さんがつけていた。針とかを縁の下に入れておいて腐らせ、筆で歯につけた。女性が歳をとると、眉をおとした（剃った）。

【裏高尾町】（峰尾幸雄氏、大正12年生まれ／峰尾タケ子氏、昭和3年生まれ、2011年調査）

甲州街道　ひいおばあさんから聞いた話では、家の前の道（甲州街道）を、丁髷(ちょんまげ)を結った人が通ったという。

陸軍幼年学校　峰尾タケ子さんは駒木野から嫁に来た。一六歳のころ、日赤の看護婦から怪我などの手当の仕方を習った。一八歳からは約一年間、長房(ながぶさ)の陸軍幼年学校に勤めて事務の仕事をした。そのときに、朝香宮(あさかのみや)様が来たので、お辞儀の仕方などの接客法を教わった。御陵線が通ると、陸軍の幼年学校が丸見えになってしまった。幼年学校には並木町の松村さんのところから、歩きや自転車で通った。

馬の飼育　かつては台所で馬を二頭飼っていた。今の玄関のところに、オオド（大戸）といって大きな戸があった。普段はくぐり戸のような小さな出入り口があったが、馬が外に出るときにはオオドを開けた。

略農　生業は山林経営と農業であった。養蚕、薪山、炭焼きなどをやっていた。畑は四反、水田は一反歩あった。そのころ山仕事では暮らしが続かないし、裏高尾町を抜ける国鉄の線路の複線化がはじまり、農地が無くなってしまうので略農をやろうとした。多摩略農組合を組織して加わったが、その組合も今年解散する予定である。

養蚕　摺差（摺指）に養蚕組合をつくって、タネマユ（種繭）とりをした。片倉製糸や西川製糸を相手とした。桑畑が多かった。家の中で蚕を飼っていたが、条桑飼いで、屋外でも飼えるようになった。

高尾山の信仰　地元では、高尾山薬王院の有信講をつくっている。元々は不動講があった。向こうの講中と合併して一二〇年くらいになる。ガソリンスタンドをやっている小坂さんが講元をやっている。九月三日に全員で薬王院に参拝する。四月二十一日の高尾山の春のお祭りでは、甲州街道のところまで出た。そこには露店が並んで、花電車が通った。金魚を買ったりした。

地域の信仰　小山神社は摺差の氏神社で、「こやま」と呼んでいた。栃木県の小山市で調べに来たことがある。白山神社は上・下の鎮守社である。千代田稲荷神社は、大正のころ佐脇さんのおじいさんがつくった。今も佐脇家で管理している。宿泊できる施設があった。

旦那寺　摺差での旦那寺は常林寺である。地域の念仏は、昨年までやっていた。天神講は一月二四日に行う。今年は不幸があってやらなかった。お寺に天神様がある。昔やめようとしたら、大正六年（一九一七）に大火があったので、やめられなかった。天神講ではお嫁さんが集まる。新しく嫁に来た人を祝う。雨乞いは青梅の御嶽山（御嶽神社）へ行った。

湯の花トンネル列車銃撃事件　陸軍幼年学校でアスパラガスの缶詰と食パンを食べていたら、煙が上がった。そしたら小仏トンネルの近くに来るようにとの連絡が陸軍幼年学校に入った。河村さん（峰尾タケ子さんの旧姓）も行ったほうが良いと言われ、看護婦、軍医三名、衛生兵がトラックに飛び乗った。着くとすでに遺体が運び出されていた。茣蓙を敷いて、その上に遺体を置いていた。消防団や婦人会の方も見えていた。駒木野の小林病院の院長さんもいて、小林病院にも遺体が運ばれた。五〇名くらい亡くなった。木下沢の山で遺体を焼いた。二日間くらいは臭いがした。

小仏峠の茶屋　小仏峠には、富士屋（小仏在住の峰尾氏）、武蔵屋（小仏在住の佐藤氏）、相州屋（底沢に移住）、柏屋（身禄茶屋ともいう。初沢町に在住の谷合氏）などの茶屋があった。柏屋には富士行者の食行身禄（一六七一〜一七三三。伊藤伊平衛。富士講の行者）が使ったという古鍋や行者の木像があったという。その像は練馬区朝日が丘、小竹町の浅間神社にある。

【裏高尾町】（青木為蔵氏、明治22年生まれ、1977年調査）

食事　アサメシ（朝飯）は午前六時から七時ころにとり、麦七、米三の割合だった。麦飯は、バクメシからヒキワリ（挽割り）、そしてオシムギ（大麦）に変わった。バクメシには、油味噌をつけて食べた。飯は朝と夕に炊く。朝食をアサメシ、昼食をオヒル、午後のお茶をオコジュー、夕飯をユウメシといった。

屋内神　屋内の神には、ダイジンゴサマ（大神宮様）、便所、お勝手のエベス（恵比須）大黒、井戸の水神様などがある。門松は、松の小枝を山から採ってきて門口に差しておく。

正月二日　一月二日にはトロロソバ（とろろ蕎麦）といって、ソバを食べた。また、二日にヤマイリ（山入り）といって、その年の良い方角の山に入り、そのときに竹皮を残して繋げた二つの竹筒に酒を入れたものを木に吊るして、山の神に供える。

正月の行事　一月七日は七草粥。正月の十三日にマユダマ（繭玉）をつくり、十四日に停留所の登ったところに、マユダマを焼きに行く。一月十五日はアズキガユ（小豆粥）で、粥に砂糖をかけることもある。また、このアズキガユをイトヒキガユ（糸ひき粥）ともいい、アズキガユの中にソバを入れて食べた。一月十七日は、ヤマノコウ（山の講）といって、山の神のオヒマチがある。掛図を掛けて各家順に宿となって行う。山の神には、オスワリ（お供え餅）を供える。

初午　初午（はつうま）には色紙でハタ（旗）をつくり、各家で祀る。青木為蔵家は分家のため稲荷を邸内に祀っていない。本家の稲荷に、子どもがハタを持っていく。彼岸には、クミアイ（組合）でボタモチのやりとりをした。お月見には、ススキ、薩摩芋、柿、栗、月見団子をお供えする。

講・日待ち　念仏は各家が廻り番で行い、養蚕の成功を祈るカイコビマチ（蚕日待ち）もある。

炭焼き　炭焼きは、黒炭を焼くドガマ（土窯）も白炭を焼くイシガマ（石窯）も行っていた。炭の原木を運ぶのに、又になったショイコは使わなかった。ショイコでできた炭を搬出する。上炭は楢（なら）、樫（かし）、橡（くぬぎ）などのカタギで、中炭は雑木である。

【裏高尾町】（小仏、青木タツ氏、明治25年生まれ、1977年調査）

嫁入り　青木タツさんは、川口の犬目（いぬめ）から大正六年（一九一七）に嫁に来た。当時、人力車で嫁入りした。嫁に来た家の屋号はサンドヤ（三度屋＝江戸時代の飛脚の宿）という格式のある家で、犬目の家も大きな家であった。嫁に来たころは、犬目辺りでは八王子の中心部から嫁取りの声が多くかかり、山のほうの裏高尾町の小仏に嫁に来たのは珍しいことらしかった。

うたよみ　青木タツさんが嫁に来るとき、母から「うたよみ」を教えてもらった。それは一〇〇年前くらいに、犬目の荒井家にオビクニ（お比丘尼）さんが泊まって教えてくれた。安産祈願の「みつの日も　とけやすからぬうう（ぶ）かみに　かけてぞいのる　親も子のため」という、歌であった。

小仏の組　小仏は一組・二組・三組・四組と、四つの組に分かれている。

【裏高尾町】（話者不明、1979年調査）

井戸　井戸は最近になって使うようになった。以前は湧き水や沢の水を、竹のトヨ（樋）でひいて使っていた。堀にはカワド（川処）といって、二、三軒で使える洗い場をつくった。風呂の水は、子どもが天秤で運んだ。水色の御幣を、水神様といってカワドの付近に差しておいた。

川漁　ノボリドウ・クダリドウをかけてヤマメを秋にとった。ドウ（魚を捕る割竹で編んだ細長い漁具＝筌）は、瀬のところにかける。オキバリ（置き針）では夜に仕かけて朝にウナギをとった。ブッテイ（竹で編んだ箕のような形をした漁具）では、出水の後などにカジッカ（鰍）を主にとった。夕立の後などにはハヤ（鮠）がよくとれた。メンを付けてツキで突くこともあった。

竹籠　山から落葉を運んだ大きなクズハキカゴ（くず掃き籠）、堆肥を詰めて運んだコヤシカンゴ（肥し籠）、牛馬の飼料となる草を入れて運んだクサカリカンゴ（草刈り籠）、小さなベントウカゴ（弁当籠）、細長い繭の出荷に使うマユカゴなどがあった。マユカゴは、繭を布製のユタンに入れてから籠に入れた。

鍬と鎌　鍬には、畑をうなうニホングワ（二本鍬）、深めにうなうヨツバ（四ツ歯）・サンボングワ（三本鍬）、さくるためのヒラグワ（平鍬）があった。トングワ（唐鍬）は、植林で苗を植えるときに使った。また篠や竹などが畑に入ってきたときに、根を断つのに使う。鎌には、山の下草を刈るシタガリガマ（下刈り鎌）、手でつかんで下草を刈るササガリガマ（笹刈り鎌）、牛の飼料となる草を刈ったり、稲刈りに使うクサカリガマ（草刈り鎌）、稲刈り専用で刃が鋸のようなノコギリガマ（鋸鎌）などがあった。

代かき　田を耕す代かきは、馬を持っている落合（高尾町）や館（たて）（館町）の人に依頼した。

大足　四月に堀さらいをして水を通す。人がマンノウ（万能鍬）で、あるいは牛や馬を使って荒起こしをする。ホンガキで田の面を平らにする均（なら）しをする。水田の苗代には田が煮えるといって、イタドリやカヤ、コクサッパなどの青物（緑色のもの）を入れた。浅い田なので肥料を大足（おおあし）に乗って踏み込む。大足は田下駄に似ているが、深い田で沈まないように用いる田下駄とは違い、苗代で肥料となる植物を踏み込むために使うもの。一反の広さで、玄米の場合五表くらい収穫できる。

田植え　植田は、近所の人や田植えの得意な植田師を頼んだ。家の人は苗を配った。

天神講　摺指では一月二十四日に各戸順の宿で、お嫁さん中心に比較的若い婦人が、米を集めてご飯、みそ汁、御新香、お菓子などを食べて集う。嫁に来ると天神講に仲間入りをする。三年前からは会館でやるようになった。

五　旧由木村

（一）旧由木村　明治二十二年（一八八九）村制
昭和三十九年（一九六四）八王子市に編入

明治二十二年（一八八九）、市制・町村制の施行により、下柚木（しもゆぎ）村・上柚木（かみゆぎ）村・中山（なかやま）村・鑓水（やりみず）村・南大澤（みなみおおさわ）村（江戸時代は大澤村、明治十二年三月三十一日に村名改称で南大沢となる）・松木（まつぎ）村・越野（こしの）村・別所（べっしょ）村・堀之内（ほりのうち）村・東中野（ひがしなかの）村（江戸時代は中野村、明治十二年三月三十一日に村名改称で東中野村となる）・大塚（おおつか）村の一一か村が合併して、神奈川県南多摩郡由木村となる。明治二十六年、由木村を含む三多摩地域が神奈川県から東京府に移管され、東京府南多摩郡由木村となる。昭和十八年（一九四三）、都制の施行により、東京都南多摩郡由木村となる。昭和三十九年八月一日に八王子市と合併する。

【下柚木】（大導寺隆助氏、明治末年生まれ、1975年調査）

摘田　摘田（つみだ）（植田をしない直播の水田）は、大正末年は何軒かでやっていた。摘田肥（つみだごい）は、灰と下肥と細かな堆肥と籾の種を混ぜる。水田の面積は、一畝（せ）（三〇歩＝〇・九九二アール）を一升蒔（いっしょうま）きという。摘田をやるような水田は、ドブッタ（溝田）、ウタリッダなどといって湧水が湧いたりして深いので、ワタリギ（渡り木）として松の木を入れた。稲刈りのときはモミソの木を下に敷いて、その上に稲を広げて干した。馬が深い水田に落ちて、水田から出られずに死んだこともあった。二毛作田の耕地田では摘田はやってなかった。

耕地整理　下柚木のオオマチ（バスの折り返し場があった付近）で、昭和七年（一九三二）に測量を開始し、昭和八年の植え付けまでに暗渠排水・耕地整理を、四町八反の広さをやった。これは東京府で初めてのことだった。まず一枚の水田をコの字に溝を深く掘り、粗朶を入れ、その中に土管を通す。粗朶の埋め方を東京府の職員も分からず、千葉の方から教わった。資金は、縄伸び（帳簿に記載された面積より実際の面積が広いのでその差金）と東京府の助成でやった。田には下柚木と上柚木の間に中柚木と呼ぶ入会地があった。

正月の三日間　元旦から三日まで、大導寺家ではその家の年男が、障子をあけて大声で「ハッコメショ、ハッコメショ」と唱えながら、縁側で箒を持って家の中に掃き込む動作をした。

節分　豆を煎りながら、鰯の頭を焼きながら、唾をかける。そのときに「アブラムシの口を焼け、よろずの虫の口を焼け」と唱える。煎った豆は残しておいて、雷がはじめて鳴ったときに食べる。

八日僧　二月八日と十二月八日をヨウカゾウといい、十六マナコがやってくるという。

オカマの団子　十月の神無月の何日かに、出雲へ旅立つ神様に持たせてやるお土産として、縁結びを頼むために、神棚に小さな団子を枡に入れていくつも供える。「オカマの団子数ばかり」といった。若い家族がいる家では良縁を頼んだ。

鎌洗い・扱き洗い　稲刈りが終わると、鎌を洗って台所に置いた。特に供え物はしなかった。稲扱きが終わると、千歯扱きを綺麗にした。千歯扱きは特に鉄の刃の部分が錆びやすい。

大晦日の飯　十二月三十一日の大晦日に炊いたご飯は、正月の七草までおいておき、七草粥にした。

日食と月食　日食や月食は、お天道様やお月様が病気になっているので、天から降った水が井戸に入ってはいけない。

蛇の脱皮　蛇のヤマッカガシの脱皮した殻（皮）は、天へ上ったので残らない。でもヤマッカガシの殻を財布に入れておくとお金がたまる。

【下柚木】（飯島きぬ氏、1975年調査）

由木村の副業　由木村の副業は下の大塚や東中野はメカゴ、大沢（南大沢）よりも上は筵織りだ。

籠の材料と作り方　目籠とは篠竹（アズマネザサ）を使い、六目編に編んだ底の浅い小型の籠のことをいう。地域ではメカイとかメケエと呼ぶ。篠はマジノ（真篠）を使い、彼岸前に伐る。篠を割って干しておくことをワリボシ（割干し）という。その後、川に入れて水でふやかして使う。ヨコマワシ（横廻し）は底より少しこわめ（堅め）で良いので、篠を紐状にへぐ（剥ぐ）ときには手の親指の加減で少し厚めにへぐ。オトコシ（男衆）は、フチマキ（縁巻き）とかスジイレ（筋入れ）の力のいる作業を行った。青年たちなどの若い人たちが集まって作業をすることがあった。日向に生えたヒナタゴと呼ぶ篠は、こわくて節が高いから使い物にならない。フカボサの日影のものが良い。篠は、元八王子や恩方からも買い求めた。オシギリ（押し切）で篠をくるめる。「くるめる」とは、篠を一定の長さに切りそろえることをいう。ヘネ（剥いだ紐状のもの）は一本の篠を四等分に割り、割った篠の一方を口でくわえ、ホウチョウ（目籠包丁）で割り込みを入れ、親指と人差し指で挟み、親指の加減で適度な厚みのヘネをつくる。ヘネを水に濡らし、まず①シキフミ（底踏み）といって、シキ（底）を編む。ヘネがみずに濡れていると滑らない。②次にヨコマワシ（横回し）といって、立ち上がった円形の側面を編む。ヨコマワシのヘネは長い。③フチマキ（縁巻き）を行う。四目ずつヘネをまいていく。二回り以降は目を変えていく。④骨となるスジ（筋・チカラという）を入れる。このとき、竹製のオドウシ（緒通し）を使う。オドウシとは、糸に対する針のような役目をする。このスジ入れが、最も力のいる作業である。⑤最後にシリッカガリといって、補強のために底の部分をかがる。

道具　道具はホウチョウといい、両刃で府中の鍛冶屋で打ってもらったもので、柄（え）は自分ですげた。このメカイづくり専用のホウチョウで、篠を割ったり、ヘネをへいだり、チカラ（筋＝力）の曲がりをすくったりする。ツックイボウは、細長い板の先方に釘を裏から打ち抜いて、その釘に細い篠の棒を立てる。ツックイボウの細長い板の台に片膝を乗せ、篠の棒にメカゴを固定して編むための道具である。

目籠の種類　メカイの種類は、三つ組みのジョウメズ、ジョウメズよりも深いコバシラ（小柱）がある。八百屋で使ったりするものには、一四本（ヘネの数）や一六本がある。一六本の材料は真竹で間にあうが、大きいものを作ろうとするときには孟宗竹を使う。お茶を蒸すときに使う製茶用のチャシキ（茶敷）は縁編みをしないもので、大きいのでつくりにくい。ニアゲ（煮あげ）は、魚屋で鯛とか魚をたくさん煮るときに魚の形がくずれないよう使う。養蚕関係では、蚕の糠ふるいのメフルイ（目篩）、繭をすくうスクイメケエなどがある。洗った茶碗などをいれるサシメケエは、つくるのが難しい。イモを入れるヒラダイ（平台）などもある。メカイは、フチがこわれやすい。

目籠づくりの時期　暮れに雑物がよく売れて忙しく、午前一時から二時ころまで作っていた。東中野の小谷田さんという仲買人が買いに来た。寺沢の萩生田正平さんのおじいさんで、トラさんという方はメカゴの仲買をやっていた。メカゴの数は、六〇個でヒトッコデといい、ヒトッコデで昭和七年（一九三二）から八年には二円五〇銭になった。八百屋などで、歳暮の品としてメカイを配ることがあった。メカイをつくっている家は、金回りが良いといわれた。

屋根屋　由木地区には、茅葺屋根を葺（ふ）く屋根屋は中山の石井次郎吉さん、越野の増島善さん、松木（まつぎ）の吉浜金次郎さんがいた。

籠屋と養蚕用具　養蚕で使うエビラなどをつくる籠屋は、大塚から来た。町田の小山小学校の近くにも籠屋があった。エビラとは、竹で六つ目に編んだ戸くらいの大きさの長方形のもので、これを乗せる木製の台は「ショーギ」という。

作物禁忌　話者の飯島さんのオモテ（本家）では、生姜をつくらない。

共有地と山仕事　下柚木の山林の共有地は、大学セミナーハウス（野猿峠）の下のほうにあった。山の木は一〇年から一三年くらいで、燃料を確保するために伐採した。イシヤマ（石山）では、ナタガマ（鉈鎌）を使用した。山仕事ではウワタビ（上足袋）と呼ぶ足袋を履き、その下には草鞋を履いた。

衣の変化　ハダシタビ（裸足足袋）、つまり地下足袋は、昭和八年（一九三三）ころには使っていた。オンナシ（女衆）は、モンペを戦争のころから履くようになった。そしてキモノ（着物）のときにはタスキ（襷）をかけ、オコシ（腰巻）をつけ、アシナカ（足半）や草履を履いた。

【上柚木】（伊藤卯重郎氏、1975年調査）

昭和五十年（一九七五）四月九日に上柚木を歩いていたら、伊藤さんは池の尻で畑仕事をしていた。そのときハシゴ（背負梯子）を使っていた。ハシゴで縄を使って、肥料を入れたカマスを背負っていた。そのカマスを畑に落とすとき、一本の荷縄を引けばスッとカマスが落ちるようにできる、と教えてくれた。ハシゴは鳥居型で、全長が一メートル八〇センチくらいで、柱は真っすぐ。ハシゴで荷を背負って物を運ぶときには、だいたい休む場所の目安があるという。九日に撮影した写真を伊東さんに手渡すため、四月十九日に上柚木に行く。伊藤さんは池の尻の田でクロバラキリをしていた。今の田は耕地整理をしてあるが、以前はドブッタだったので裸足で働いたという。

【上柚木】（高麗忠次郎氏、1978年調査）

榛名山のお札　榛名講でいただいたお札は、庚申塔（こうしんとう）のところに立てる。庚申様は良くない神様だが、人を守ってくれる。

畑の虫除け　お寺のお施餓鬼（お盆の施餓鬼会）のときに、吊るしてある色紙をもらって帰り、篠の先に付けて虫除けとして畑に立てる。特に大根や菜っ葉などの野菜類を育てている畑に立てる。

麦畑のモグラ・ネズミ除け　麦蒔きが終わり、モグラやネズミの害から麦を守るには篠の棒をコの字に折って畑に刺す。フクロウ（夜鷹）がこの篠の棒に留ってネズミやモグラを食べるという。

咳止め　咳をとめるには、用水の堰の杭（古い堰は沢山の杭を川に打ち込んでつくる）を水引で縛る。

【上柚木】（市川氏、1978年調査）

石室の上に台座があり、その上に高さ三五・八センチ、幅一八・三センチ、奥行き一〇・三センチで、正面の上部に馬頭が彫られ、「馬頭観音」と刻まれた石仏がある。馬頭観音の石仏は三基あったが、二基は石室の中にあるという。これは津久井の小倉（相模原市緑区）の信心者で観音爺と呼ばれた人が大正年間に入魂した。石仏の側面には「大正十二年三月立之」と刻まれている。昭和三十三年（一九五八）に九六歳で亡くなった祖父が、かつて競走馬を飼い、その馬が熊谷（埼玉県）の競馬の事故で亡くなってしまい、その供養で建立した馬頭観音である。願いごとをするときには、イエスかノーと、はっきりと選択できるように祈願する。相模原で自動車が盗まれ、出るか出ないかと聞いたら、二、三か月後に見つかったことがあった。お願いして、失せたものが出るならじっとしていてくださいい、というと、なかなか持ち上がらない。なかには観音様を今晩とか明日貸してくださいという人もいた。戦前まで、多数の人がお参りした。上柚木の近所の人は、お産での祈願が多かった。なお、市川重吉さんという方は、競馬の騎手をしていたという。

【中山】（石井栄治氏、1975年調査）

松飾りをしない　石井栄治家では、正月の松飾りをしない。石井姓でもイッケ（同族）により異なる。

【鑓水】（小泉栄一氏、大正6年生まれ、1977年調査）

子の権現（諏訪神社）　昔はネズミ除けのお札を出した。お札売りとして氏子から二人ずつ交代で四月十九日から八十八夜までお札を売った。

筵織り　鑓水では、戦後になってからムシロオリ（筵織り）を行うようになった。二人で織る器械で、大工に頼んでつくってもらった。上柚木には、縦の藁縄に横の藁を差し入れる杼（ひ）を上手につくる人がいた。

動物飼育　松木では、乳牛飼育の先駆けは井草甫三郎（ほさぶろう）さん、綿羊（めんよう）飼育の先駆けは佐藤忠治さんである。

鑓水学校の陶芸と加藤氏の鑓水焼　明治六年（一八七三）に開校した鑓水学校では、陶芸教室のようなことをやっていて、焼き物を作る窯があった。学校では岐阜県出身の俳人で、一味庵という先生が陶芸を教え、明治三十年代には生徒に焼き物をつくらせていた。学務委員をやっていた加藤清十郎氏（一八七〇〜一九四五）は和神庵清知という俳号を持っていて、大正のころ鑓水学校が廃校となり、窯を自宅に引き取って鑓水焼をおこなった。鑓水焼の土は、道了堂の登り口の辺りから採取した。この土は土管づくり用の土として販売したことがあるという。

加藤清十郎氏　加藤さんは、相模原に墓も移した。永泉寺に加藤さんの句碑がある。話者の小泉栄一さんの祖父は加藤氏と交流があり、加藤さんが産業組合の組合長をやり、小泉さんが理事をしていたときがあるという。この鑓水焼の作品は、三多摩の豪農のお宅には配布された。

大棚　家の二階の部分をタナ（棚）、三階の部分をオオダナ（大棚）という。財産家ではオオダナに半鐘をつるしておいた。泥棒が入ったときなどに鳴らした。このオオダナにはタナッコゾウ（棚小僧）が住んでいるという。

咳止め　堰の杭（古い堰は木材の杭を多数打ってつくった）を紐でしばる。咳が止まったら紐をほどいてやる。杭によってその効きめは異なるという。

永泉寺の地蔵様　雨を降らせたいときには、地蔵様に水をかける。雪を降らせたいときには、地蔵様に細かく切った紙をかける。

ヨウカゾウ　二月八日と十二月八日は、晩にヒジロでグミの木を燃やした。ケンチン汁をつくる。夜に草履とか下駄などの履物を外に出しておくと、一つ目小僧がきて印を押していく。印の押された履物を履くと病気になるといわれた。

胡麻の祈願　ヒジロ（囲炉裏）の上の棚に胡麻殻をまとめて縛って置く。子どもがヒジロに落ちても、胡麻のように跳ねでるようにとのことだ。

呑龍様　トトッケバとは盆の窪の毛のことで、子どもがそれを伸ばしておくと、ヒジロに落ちそうなときに呑龍様（どんりゅうさま）に引っぱってもらい、助けてもらえる。

鬼子母神　小泉栄一さんのお父さんは身体が弱かったので、鬼子母神（きしもじん）にあやかって小泉粂次郎の名を改め、小泉鬼子（きし）十郎（じゅうろう）とした。昭和十八年（一九四三）に八〇歳で亡くなった。鬼子十郎の母は、江戸の松平家に奉公していた。

【鑓水】（浅井道枝氏、1999年調査）

道了堂　道了堂は、昭和三十八年（一九六三）までは宗教活動をしていた。正月、五月、九月二十七日と二十八日が縁日であった。星祭りや冬至の行事をやっていた。道了堂があるところは、一般には「とうげ」と呼ばれ、「鑓水峠」と言った。下駄は足が丈夫になるようにと奉納された。

【南大沢】（佐藤昇氏、昭和8年生まれ、2017年調査）

佐藤家のこと　佐藤昇家は南大沢に二軒あった名主家のうちの一軒で、屋号を道下（みちした）といい、昭和四十年代まで屋敷の回りに黒塀が設けられ、入口には門があった。南向きの母屋の西側裏に、四、五段の石段が組んであって、稲荷が祀ってあった。蔵も文庫蔵もあった。八幡神社の奉納石燈籠などに先祖の佐藤伊右衛門の名が刻まれている。家には書家や歌詠みなどがよく来た。東中野の小谷田（こやた）洞水（どうすい）（橋本彌市、一八七五～一九五九）なども訪れたという。洞水とは、楢原（八王子市楢原町）の橋本家から明治三十四年（一九〇一）に東中野（八王子市東中野）の小谷田家の養子となった人で、剣道・書画・花道・俳句などに優れていた。

誕生のころ　昇氏は昭和八年（一九三三）の元旦に生まれた。昭和七年の暮れに家では正月を迎えるため、普段奉公している者や手伝っている者をみな自宅に帰して、家の者だけで餅つきをしていた。そしたら母の胎内の子が次第に下がってきて、昇氏は元旦に生まれた。そのときの産婆さんは松木の熊沢さんという方で、お産がはじまったといって家の者があわてて松木まで呼びに行ったという。なお、当時は他家の娘が嫁ぐ前、また青年が婿に行く前に、行儀見習いをしたり、仕事を覚えるために、三年くらい佐藤家（佐藤昇家）に奉公や手伝いに来ていた。

祖父の昇之助のこと　佐藤昇之助（しょうのすけ）（一八六四～一九一〇）は、由木村の三代村長（明治三十一年四月三十日～明治三十二年四月十四日）をつとめた。由木村役場では助役に、南大沢での業務は道上（分家の佐藤家）のおじさんに村長代理をつとめてもらい、自分は横浜に出ていた。村長時代に由木に学校をつくることとなって、設置場所が課題となった。昇之助は合理的に東西に細長い村域から判断して、両村境から等距離の下柚木に学校を設置することにした（明治三十三年四月の由木高等小学校開校の計画決定か）。横浜では、外米輸入問屋の鈴木弁蔵（作家の武田百合子の祖父）と親しくして海外との取引などをし、野毛山（横浜市西区）に店舗を持ち、小金町（横浜市西区）の大きな屋敷に住んでいたという。横浜で亡くなった。（聞き書きの確認に、一九七九　小柳鹿蔵『由木村はわが故郷――付由木村の百人』ふだん記全国グループ　を参照した）

父の秀一のこと　父の佐藤秀一は、青年のころ八王子の漢学塾（斯文学院）へ通っていた。八王子へ出るには現在の野猿峠（猿丸峠）を越える。その野猿峠へは上柚木の床屋や安西米穀店のあった付近から倉郷（上柚木）の谷戸を通って峠の頂に向かった。現在の下柚木から野猿峠に至る道よりも、峠を登る距離が短かった。野猿峠へ向かう谷戸の入口には、古くは駐在所があった。その駐在所がのちに下柚木に移転した。父は日中戦争の発端となった昭和十二年（一九三七）七月七日に起きた盧溝橋事件がきっかけで、三八歳のとき召集を受けた。その年の八月に八千トンの利根川丸で広島から軍馬を連れて、中国上海のウースンチンというところに上陸したと聞いた。父は砲兵であったので、歩兵の四キロメートル後についたという。四年目の昭和十五年には家に帰ることができた。陸軍大将の松井石根（一八七八〜一九四八）が上海派遣軍司令官に命ぜられ、昭和十二年八月二十日に二個師団を率いて上海に向かった。父は、この松井の師団に属していたものと思われる。階級は伍長であったが漢文を学んでいたので、松井司令官などの上官と親しく付き合っていたという。松井は、極東国際軍事裁判の判決で死刑となり、処刑された人物である。戦地では同じ南大沢出身の、屋号がナケエの源ちゃん（谷合源次氏）が補充兵であって、上海で一緒であった。源ちゃんは砲弾や食料を運び込む山崎隊にいたという。

叔父や叔母　家を継いだ秀一の兄の憲義は、品川の大崎に日本石油の油を商う店を持っていた。戦争中に空襲で祖父の隠居部屋に引っ越してきた。アラク（開墾地）大臣といった松木の熊沢氏が所有していた十一間の離れを移築して引き取った。その建物は百草園の建物を建築した大工が作ったものであった。憲義の下に信子がいて、小山の馬場（町田市小山町）へ嫁に行った。憲義と秀一の間に五反田の医者に嫁いだ叔母がいた。立川の蚕糸試験場に行っていたものもいる。

贈答　歳暮はだいたい塩鮭で、縄で頭が縛ってあって塩が垂れる。台所から座敷に上がるところにあるアガリハナ（上がり端）に、上げ蓋がついた収納場所があって、そこに塩鮭を入れておいた。子どもができたりすると五月の節供に、干物の鱈を贈った。その鱈はハラワタを取り除いて頭から開いたもので、全体は三角形をしていた。

村のこと　内裏谷戸に行くと田倉市郎家があり、堰があって橋があった。その付近には昔、淡路姓の人々が入ってきた。この人たちを田倉姓の人々が受け入れたと聞く。古くにはオオタギリ谷戸、オオヤ（大谷）の谷戸には三八軒など、多くの家があった。「新編武蔵風土記稿」の巻の九十七　多摩郡の九の大澤村の項には、小名として日向（東のほうをいう）・清水入（同じ辺なり）・柏子（南のほうなり）・宮ノ脇（中程にあり）・瀧ノ澤（これも同辺なり）・大谷（西の谷戸をいう）・大里（大谷の北をいう）・日影（北によりたるほうなり）と八つの小名が書かれている。小名として大谷と記されているので、江戸時代末には集落をなしていたものと考えられる。八幡神社のすぐ西脇には数軒の家々がある。オオウエ（大上）という家が、中（佐藤利夫家）の上にあった。その家は八幡神社に関係する家で、八幡神社も現在とは別のもっと高いところにあった。タカハラという屋号は、タカラという屋号に変更された。デバリ（出張）という屋号の八幡神社のすぐ西の家の姓は佐藤であるが、元々は内裏谷戸の田倉姓の家から出た家である。滝の沢から八幡神社の西へ出た家もある。

【南大沢】（佐藤一三氏、明治35年生まれ、1983年調査）

サンゼイ　サンゼイとは共有地のことをいう。南大沢には多くのサンゼイがあったが、かつて本家のお宅に一反ずつ分けた。分家には分けなかった。

橋の名　大国橋は、大正のころに橋をつくるときに名付けた。内裏（だいり）橋と名付けて役所に届けた橋もある。名のない橋もある。

宮上と宮下　八幡神社の西側に接している八幡坂の道が境で、東を宮下（みやしも）、西を宮上（みやかみ）という。宮上は講中の中講（なかごう）である。

ウマツクレッパ　四本の柱を立てて一方に口が空く、馬を入れてつないで手入れをするウマツクレッパ（馬つくり場）が、佐藤さんが子どものころあった。

摘田　ツミダ（摘田）は、六、七歳のころに見たことがある。灰と堆肥と籾種（もみたね）を一緒に蒔く。後ずさりしながら蒔く。麦田（二毛作田）は植田で、ドブッタは直播の摘田だった。ドブッタの深いところにはネダ（根太）となる木を入れた。本当に深いところには松の生木（なまき）を入れる。稲刈りでは、木の枝複数本の元を縛り、扇のように船につくって刈った稲をのせた。西（屋号）の下のオモテ（屋号）の田や、ササノキ谷戸の二か所にはネダが入っていた。

半僧様　半僧様（はんそうさま）は、東光寺下の薬師様の向こうの山の中にあった。ある方が伊勢参りに行って、お札をもらって帰り、祀った。

薬師様　薬師様は元々東光寺にあった。しかし東光寺が明治の初めに廃寺になり、草屋根のお堂を新たにクラブ（集会所＝公会堂）のところにつくって納めた。そのお堂は集会所として使った。お堂は佐藤さんが南大沢の区長のときに集会所に改築し、神仏を入れにくくなった。そこで別に仮屋を立てて薬師様を祀った。

ムラの人々　子どものころ、錫杖(しゃくじょう)を持って歩いている「かんいんさま」というヒゲのお爺さんがいて、歯痛のときなど祈祷してくれた。家族は奥さんも娘さんもいた。奥さんはメケエ（目籠）づくりをしていた。粉屋踊りの屋根屋の龍ちゃん、横浜に出て煎餅屋で成功した人、横浜で金融業をした人、御岳(おんたけ)講の行者、アメリカへ行ってきた常さん、本町田（町田市）に出た籠屋さん、日清・日露戦争に行ってきた立臼をつくる臼彫りへいさん、鍬次郎さん・ばんちゃんと二代続いた木挽き、神楽師の徳平さんなどなど、いろんな方がいた。

【南大沢】（清水入谷戸、田中武雄氏、大正14年生まれ、2012年調査）

三間道路　三間(さんげん)道路とは三間（約五・五メートル）幅の道のことで、町田の小山に抜ける道路を、清水入谷戸の水田の中につくった。元々は中講（八幡神社がある方の講中）の谷戸につくる予定であったらしいが、そちらでは建設に反対の家もあって清水入谷戸につくることになった。この工事には南大沢の住民が優先的に仕事に出た。エノキ（榎＝田中武雄家の屋号）の畑のところからニシヤト（西谷戸）まで、だいたい四〇〇メートルの間、トロッコを使って工事を進めた。山から赤土をトロッコに積んで、埋め立てた。それは昭和九年（一九三四）から十年ころのことで、田中家ではこの道路のために四〇〇坪くらいの土地を二回に分けて寄付した。三間道路をつくる前の清水入谷戸の道路は、山際のサンノウサマ（山王様＝日枝神社）の前のところを通っていた。実際の道路幅は普段通行するのは荷車やリヤカーであったから、九尺（二・七メートル）あれば済む。だから、三間道路の道幅は広くて、道の両脇には草が生えていた。六月ころに、清水入講中で一日から二日くらいかけて、総出で草むしりを行った。むしった草は、水田の間の土を盛り上げた畦畔（けいはん）（あぜ＝くろ）に積んだ。

日枝神社　地元ではサンノウサマ（山王様）と呼んで、主に清水入谷戸の田中姓の氏神である。南大沢全体の氏神は八幡神社である。サンノウサマの御神体は石製のもので、神主は町田の井上氏である。氏子は約三〇軒弱である。清水入谷戸の田中姓が主な氏子であるが、宮上（みやかみ）のトウコウジ（東光寺）とかヤマノカミ（山の神）といった屋号などの三軒の田中姓の家と、宮下（みやしも）のニシ（西）という屋号やその分家の佐藤姓の家も氏子であった。小学校に通うときや、朝晩に神社の前を通るときには頭を下げた。現在、祭礼は四月の第一日曜日だが、かつては四月三日であった。普段はまだ寒さの残る時期で、ヒガンザクラ（彼岸桜）の蕾が開かなかった。暖かい年には少し花が咲き、向かいの山に桜の花が見えた。祭の日には自宅で米の粉の団子をつくり、赤飯を炊いた。田中武雄さんが記憶している範囲では、祭の余興は一回だけ戦前に行ったことがある。なぜ覚えているかというと、田中家で役者を泊めたからで、そのときには大塚の西川一座が来た。

神楽師　清水入谷戸の田中徳兵さんという人が神楽師（かぐらし）（神社で舞う神楽を奉納する者）で、神楽やひょっとこ踊りをおこなった。由木の村内とか町田の小山などに呼ばれて演じていた。今生きていれば一二〇歳くらいだろうか。南大沢の人ではないが、太鼓のうまい「キヨジイ」と呼ばれた多摩市落合の方がいた。長いバチ（桴）で太鼓を叩いて、その音は他の人と違っていた。

オコモリ　薬師様のまつりのことをオコモリ（お籠り）という。十月十日に八幡神社で行った。薬師様のお堂は往還（通り）から東光寺（廃寺）へ上るところの東北にあった。そのお堂には半僧様（半僧坊のこと）も入っていた。お籠りの日にはいつも一反風呂敷で薬師様を包んで八幡様まで大切に背負ってきた。オコモリは今でも八幡神社で行っている。

半僧様　半僧様は、かつては東光寺の下の薬師様が入っているお堂にあった。今は移転している。田中さんは、このお堂が移転したときを含め、これまでに静岡県浜松市の奥山方広寺（ほうこうじ）の半僧坊に三回行ったことがある。

お使い　八王子の横山町や八日町に風呂敷をもって、野猿峠を越えて歩いて出かけた。一年に二回から三回は八王子へ行った。八王子駅のところにあった丸通（まるつう）（現在の日本通運）に、由木から二人通っていた。その人は馬力（ばりき）で由木と八王子を毎日行ったり来たりし、荷物を運んでいた。田中家でも鉄道のコンテナで運んだ荷を、八王子駅から自宅まで運んでもらったことがある。

後押し　ほうれん草などの野菜を八王子の市場に出荷するとき、子どもでもリヤカーの後押しをした。小学三年生以降は、一日おきくらいに野猿峠の頂上の水飲み場のところ（峠の頂上）まで行った。時には八王子まで行って、伊勢屋の団子を買ってもらって食べた。昭和十年（一九三五）前後かと思うが、団子が三本で五銭、六本で一〇銭、大福は五銭であった。牛丼が一〇銭のころだった。

広盛堂　下柚木の学校前に団子や大福、饅頭を売る広盛堂（こうせいどう）という店があった。旦那は注文服の仕立て職人で、お店は貸していたのかもしれない。その店は、後に文房具店になった。

小俣さん　洋品屋さんで、自転車で売り歩いていた。現在は店舗が下柚木の学校前に小俣商店としてある。

アメリカ　南大沢の九段甫谷戸（くだんぼ）の栗本ツネさんという人が、大正のころアメリカへ何年か行ってきた。だから、九段甫谷戸をアメリカと言っていたことがある。

奉公人　農業の奉公人のことをサクデイという。サクデイは男性で、田中家には松木から所帯を持っている人が来ていた。家の二階に住み寝ていた。そのころの家は家の中に厩（うまや）がつくり込んであった。朝草刈り（早朝に家畜の飼料とする草を刈る）もやっていて、よく働く人であった。決め日といって、来る日を決めて月の半分くらい来てもらう人もいた。また、通いの人もいた。子守奉公は女性の奉公人で、現在の多摩市和田の小学校六年生の人が三年間くらい来た。子守の他にお勝手の手伝いもする。奉公に出す家では、食い扶持を減らすことができる。奉公の支払いは、前金で親に渡す。一年とか二年とかの年季を決める。年季が長くなると金額は安くなる。農業だけで食べていける家は、南大沢で一〇軒くらいしかなかった。多くの家では、ヒヨウトリ（日傭取り）といって、地域の外に仕事に出る家が多かった。

子どもたちの遊びと仲間意識　小学校五年生くらいのころ、三間道路の工事の際、工事が終わるとトロッコがレールからはずされて、底を天に向けて置いてあった。そのトロッコを子どもたちでレールにもどし、四〇〇メートルの間ニシヤト（西谷戸）まで走らせた。昭和二年（一九二七）から三年の半ばころのことである。そのとき、清水入谷戸の子どもたちだけで乗って、カシャゴ（柏木谷戸（かしわぎやと））の子どもたちは乗せなかった。そのように、子どもでも講中の仲間意識が強かった。トロッコには松の丸太のブレーキが付いていた。子どものころは、カシャゴとシミズリ（清水入谷戸）のものでは、お互いに悪口を言い合ったりしたこともあった。（※この話は、筆者が地域意識を調査するために田中さんにうかがった。当時の子どもたちが、南大沢という大字の範囲の意識より、その内の講中というコミュニティの範囲の意識が強かったことが理解できる）

築池と長池　夏は学校から帰ると、道ではなく山の中を急いで歩いて、別所の築池（つくいけ）に泳ぎに行った。町田の小山田から来た人には、築池では泳がせなかった。この池では観賞魚会社が鯉の養殖を行っていて、青木さんという別所の人が番人をしていた。別所にある長池（ながいけ）は、ジュンサイ（蓴菜）が多くあって泳げなかった。

農工銀行　立川にあって、土地を購入したりするときに融資してもらった。米や麦、糸をとってお金を返した。

アスパラガス　父親は農事試験場などへも出入りして、新しい農作物の生産を試みたりした。昭和十二年（一九三七）か十三年のころのこと、アスパラガスをつくってみたが、八王子の市場では売れなかった。そこで、東京へ持っていったら売れた。エビイモ（蝦芋＝京都市東寺付近の特産の里芋）やウド（独活）などもつくった。

ウジ茶　ウジチャという大葉のお茶を、八丈島から送ってもらって栽培した。昭和ひとけたのころのことである。

田中家の畑　四反六畝一二歩の広さのマルヤマアラク（丸山あらく）という畑があった。現在の尾根幹線道路の高架下のところにあった。また、「ミズバ」と呼んでいる畑があって、それはマルヤマアラクの手前で、今の斎場（南多摩斎場　町田市上小山田町）の左側で小山田境にあった。その畑は戦車道路の建設で、戦車道路の用地となった。

戦車道路　戦前、戦車道路の工事には多くの朝鮮半島から来た人々が働いていた。トロッコを三、四台使って土を運んだ。ボウガシラ（棒頭）という親分のような日本人が、工事を仕切っていた。キフジ（藤の蔓）で編んだモッコで土を運んでいた。天秤棒は長さが六尺（約一八二センチ）から七尺で、太い孟宗竹を使っていた。トロッコにスコップで土を入れるときに、作業が遅いとか早いとか喧嘩をしていた。ボウガシラが、モッコに「土の盛りが悪い、もっと盛れ！」とか言って、天秤棒で担ぐ人の尻を叩いていたのを見たことがある。

※「八王子市南大沢・田中武雄氏聞書き」『八王子の民俗ノートNo.8』八王子市市史編さん室

【南大沢】（佐藤要次郎氏、明治35年生まれ）

南大沢の滝　南大沢には二か所に滝があった。滝ノ沢谷戸の滝は、高さが一〇尺（約三メートル）くらいのもので、谷戸田の水源となっていた。その滝では、心を病んだ人などが滝にあたっていた。もう一つ、釜ねり（清水入谷戸）の滝があった。

疱瘡神　疱瘡を送るために、疱瘡神様の棚は四隅に竹を四本立て、棚にはカツンボウの木を二つ割りにしたものを用いて棚とした。その棚の上に、赤い幣束をたてた。これを家の外に出しておき、一二日目に鎮守の八幡様に持って行く。焼き米を蒸かして近所に配った。

奉公　佐藤要次郎さんは一四歳のころ、同じ南大沢の谷合義雄さん宅に奉公した。義雄さんの先代が民蔵さんで、その前の代の作次郎さんに、農業に関することを教わった。朝に藁（わら）を湿らせて打って縄をなっておいたりして、一日に蓑（みの）を一つ作れて一人前のサクデエ（百姓の奉公人）だ。蓑はイチニン（一日に一人でつくれる）かかる。

摘田　谷戸田はツミダ（摘田）が多い。うなう（耕す）のは、あとびっしゃり（後退り）に三本鍬でうなう。ツミダでは、灰と堆肥の細かいのに籾種を混ぜ、肥桶を抱えて一〇株くらいずつ蒔いた。稲荷様の脇の田は、ゼンダナと呼んだ田で深いので、三尺（約九〇センチ）おきに松丸太を入れた。ツミダはヘエも少ないし、手もかからない。大正の初めは、まだツミダを何軒か行っていた。

肥料　畑の草をむしって道端に干しておく。田は、翌年の四月ころにこねる。その後に、カチキオシ（刈敷（かりしき）＝緑のままの草や樹木の枝葉などを肥料として水田に押し込む）といって、両手で田に草を押し込む。ツミダではなく、植田の水田にもカチキオシをした。これが、シタゴエ（下肥）となる。水に浮いたカブツをカンゴ（籠）の底で田に押し込むのは最近のことである。クズを入れるようになったのは、昭和になってからのことだろう。ネーマ（苗間）では、シバコキといって、サンゼイ（共有地）の山に行って、若葉（藤の葉）を扱いで入れた。サンゼイのところには、ヤキバ（流行り病などで亡くなった人を火葬する場所）があった。

農作業の着衣　農作業で着るものは、上着がメクラジマ（盲目縞）の細い筒袖のノラジバン（野良襦袢）で、その下にハラガケ（腹掛け）をかけ、モモヒキ（股引）をはく。足袋が使われるようになったのは大正になってからで、それまでは素足に足半（あしなか）を履いた。あまり足袋は履かなかった。足半は鼻緒のところをハナムスビにしてマムシ除けとした。マムシは、ハナムスビが目玉に見え、びっくりして逃げるという。足半は、家の中に履いて入ってはいけない。トンボグチ（玄関）でぬいてから、家の中には裸足で入った。田畑での草刈りには、明治・大正・昭和、終戦までミノ（蓑）を着けた。ミノを着たときには、経木で編んだヒノキダマを被った。田の草取りには、四角いショイタを着けた。

蓑　雨具のミノ（蓑）は、稲藁・茅でつくる。ミチシバ（道芝）は丈が短いので、ミノには適さない。昔は藁でつくったが、大正のころに新たに茅のほうが軽いので、茅でつくるようになった。自分で着るミノは、自分でつくった。それは二年間くらい使うことができた。

葬式の時の桟俵　葬式のときに、施主は南無阿弥陀仏の三角の白い紙を耳に挟み、死者を墓まで送る。墓からの帰りに、屋外で四十九の団子を茹でたときの灰をサンダワラ（桟俵＝米俵の両側の丸く編んだ藁製の蓋）にのせ、耳に挟んだ白い紙をそのサンダワラに差す。サンダワラには女性の櫛と普段使っていたオシャモジ（お杓文字）ものせ、辻（道路が交差している所）に出す。クミアイ（組合）の人がつくったヒヤメシゾウリ（葬儀用につくった足半）も、辻に出しておく。

お高盛りの飯　結婚式のオタカモリノメシ（お高盛りの飯＝椀に山のように高く盛った飯）は、嫁が座敷にあがって座ったときに出す。翌朝にぎって、婿と嫁の二人で食べる。（佐藤要次郎の夫人）

サンゼイ　共有地のことを「サンゼイ」という。サンゼイを個人に売り渡したことがある。

金屎　金屎（かなくそ）とは製鉄のときに出る鉄屑のことで、日向（ひなた）（屋号）で所有する山に金屎が山となっていた。

【南大沢】(溝口龍蔵氏、1977年調査)

養蚕　蚕は二眠（蚕は四回の幼虫脱皮を終えてから繭をつくる。脱皮を行うために静止して桑を食べない状態を眠という。二回目の眠）まで共同飼育で、二〇日間くらいは家で飼う。今は春、晩秋の二回やる。以前は春、夏、晩秋と三回養蚕を行った。一箱二万粒で、一二貫くらいの繭がとれる。桑畑は二反二畝くらいある。桑は一日に四、五回与える。桑を入れるクワムロ（桑室）は、一把を五貫目にまるいて（束ねて）六〇把くらい入れることができる。溝口家のクワムロは地面を四角に掘り、その上に茅葺の屋根をかけている。

粉屋踊りの稽古　台風一四号襲来のため、昭和四十九年（一九七四）の八幡様のお祭りは翌日に延期となる。四時ころから神社からお囃子が聞こえる。粉屋踊りも神社の神楽殿で稽古をしているようだ。午後六時半ころに音が聞こえなくなり、九時ころから再び囃子連がはじまり、私の部屋で笛や太鼓の音が聞こえる。（一九七四年八月二十六日の筆者の日記）

戦前から戦後の粉屋踊り　粉屋踊りは、昭和十三年（一九三八）に下柚木の永林寺で粉屋踊りを行ったことがある。戦後は初めて青年団ができ、青年が三人加わって習った。昭和二十一年に青年団でやったことがある。エノキ（榎＝田中武雄家）の蚕室でオンナシ（女衆）も一緒にやったことがある。百姓が忙しいときには夜中でも稽古をした。（南大沢の公会堂での粉屋踊りの稽古参加者から伺う。一九七七年）

戦後初の段物　昭和五十二年（一九七七）二月二十八日の午後一時から四時まで、南大沢の公会堂で粉屋踊りの稽古が行われた。参加者は一一名。都合により師匠の溝口龍蔵さん、田中与一さん、田倉市郎さんの三人はお休み。「細田の奴」と「笠松峠」を稽古する。段物をやるのは戦後初めてのことで、復活ということ。歌は録音テープなどを使わずに、皆さんが実際に歌う。「新川」七、八分。「坂内」四〇分。「いざり勝五郎」が三分くらい。（筆者が体験。一

九七七年二月二十八日の日記）

祭礼での粉屋踊り公演　昭和五十三年（一九七八）八月十九日、八月二十六日の祭礼のことを協議する。祭礼では、踊り会（老人会）と、お囃子と粉屋踊りを行う。かつて祭礼の時には、当番とまち（祭）という役があった。今は町会の人が働くようになった。祭礼時の催し物の司会の決め方について協議する。今回の祭りは町会が主催となるもので、粉屋踊り連から司会を出したいのだが、一応町会に相談したほうが良いという意見が出る。それに対して、昨年通り町会に相談しないで、粉屋踊り連から司会を出すことを決めれば良いという意見で協議する。今回の祭礼では、昭和二十七年から二十八年ころに、八王子や相模原の人も入って結成した若竹劇団の田口武男さん（東中野）から、粉屋踊り連中に鬘（かつら）や衣裳・小道具を貸してもらい、田口さんに化粧も担当していただく。

祭礼の粉屋踊りプログラム　かっぽれ三分（河井太一・溝口惣一・田倉佐一）、伊勢音頭〈伊勢音頭二分・七福神三分〉（田倉市郎・田中隆治・田中タカ・佐藤キミ）、新川六分（河井太一・田中敬助・佐藤キミ・谷合サイ）、細田の奴三十分（奴＝溝口龍蔵・お十七＝田倉佐一・和尚＝溝口惣一）、新川六分（谷合作次郎・田中隆治・佐藤ミキ・田中タカ）、白枡粉屋五分（田中隆治・谷合作次郎・田中敬助・河井太一・田倉市郎・溝口惣一）、伊勢音頭〈白山様三分〉（田中タカ・溝口惣一・佐藤キミ・田倉市郎）、いざり勝五郎（田倉市郎・田倉佐一）、これに囃子連と老人踊り会が加わって、午後七時に開演して一〇時に終演する。（一九七八年八月十九日の筆者の日記）

【南大沢】（佐藤三吉氏、明治43年生まれ、1975年調査）

植田正月　植田正月は、村中で二日間一斉に休む。サクデエ（奉公人）も休むことができる。これは南大沢中、つまり区で決めた。家々では饅頭をつくったりした。以前は田植えが終わるのは、ワセ（早稲）とオクテ（晩稲）をつくっていたので、七月の七夕くらいのときだった。各家で田植えが終わってもすぐ休むのではなく、早く終えた家などでは畑仕事をした。

苗のこと　ネーマ（苗間）は、水の取り入れやすいところの水田を選ぶ。水が冷たいので堀から直接水が入らないところとする。だいたい苗間は決まった田だが、少しは場所を変えることもある。

苗とり　両の手で苗をとり、苗の根をその場の水田の水でジャボ、ジャボ洗う。長い根は手で切り、ネエーバでまるく。ネーバ（苗把）とは苗とりのときに苗をまるく藁のことである。オシギリ（押し切り）で長さ一尺五寸（約四五センチ）、つまり開いた手の平の人差し指と親指の間の長さの三倍に切る。

苗の植え方　左手に苗束を持ち、右手で植える。右手では中指と人差し指に苗の根をそえるだけで、田に差すようにする。その間、左手は苗を指でそろえて次の準備をする。後ずさりしながら、苗を植える。ウキナエ（浮き苗）とは、うまく植えられずに浮いてしまった苗のことをいう。

こうで　こうでとは田仕事の忙しいときなどに過労からなのだろうか、手の甲が腫れることをいう。

足半や足袋　農作業では、戦前くらいまで足半を使用した。器用でよく作れる人はしばしば履いたが、裸足が多かった。山仕事では、足袋を用いた。これはボロボロになってもついだりして使用した。

葬式　上柚木の親戚の人が亡くなったときには、埋葬した土饅頭の上に竹でシャバグネ（娑婆久根）をつくった。南大沢ではササノキの彦ちゃん（栗本彦蔵さん）の葬式のころはシャバグネをつくっていたが、四九の結びは省略して、二〇くらいの結びで済ませていた。

稲作儀礼　稲刈りがすんだら、カリアゲオケー（刈上げお粥）といって、お粥を食べた。

水田の用水　我が家にはトヨダという水田があった。そこの田は、堰ができる前は木製のトヨ（樋）を使って谷戸からの水を引いていた。そのために、トヨダ（樋田）と呼んでいた。新しい堰ができたときには、金を払って水を使うことができるようになった。

ドジョウを捕る　植田が終わった七月末ころから、水田のミノクチ（水口）やテビ（手樋）にドジョウドウ（竹で編んだ筒状の筌（うけ）と同じ）をかける。ドウは半分くらい土の中に埋めて、枯れ草をドウの上にかけて人目につかないようにする。タニシを潰したものを餌とした。また、蚕の蛹（さなぎ）を乾かしたものも餌にした。これは、ミナクチから上がってくるドジョウを捕るもので、朝かけて晩にあげる。捕ったドジョウは、醤油樽に水を入れてドジョウを泳がせ、田の土を吐き出させた。食べるときには、塩を一掴みドジョウにかけてヒトッキリそのままにして、洗ってから汁の中に入れて食べる。ドジョウは谷戸田にたくさんいたので、モリでも突いても捕った。ドウは店で売っていたが、器用な人は自分でつくった。

御嶽教の行者　山の神（屋号）の次郎さんという人は、若いころには遊びを良くして、後に御岳講（おんたけこう）（御岳教＝教派神道の一つ。長野県木曽御岳信仰系で明治六年に教団となる）に入った。屋敷内に塚を築いて、その上に妙見様を祀り、星祭りなどの妙見様の祭祀をその家の庭で行った。大塚から神楽師を呼んで、物置を舞台にして盛大に行ったこともある。村の人々に幣束を切ることもした。畑から見つかった板碑（道上〈屋号〉の稲荷様の隣に祀る）を、威徳（いとく）様（さま）と称して祀った。もう一〇年前くらいに妙見様の宮はお炊き上げをし、この家は他所へ引っ越した。

【南大沢】（佐藤ツナ氏、明治44年生まれ、１９７２・76年調査）

歯痛　歯が痛いとき、籾殻（籾米の外の皮）を持ってオツゲ（柘植の木）にお参りする。治ったら、米をお供え物として持ってお礼参りする。

髪の毛と南天の木　梳いたときに抜けた髪の毛は、カラスが持っていくと気が違うので、南天の木の根元にその都度挟んでおく。だから、特定の南天の木の根元にはたくさんの髪の毛がある。

日食・月食　日食や月食のときには、毒が天から降ってくるといって、筵などで井戸に蓋をした。なぜなら、日食や月食はお天道様やお月様が人間の代わりに病んでくれるので、その病んだ毒が降ってきて、飲み水のある井戸に入るからという。病気で黒く欠けたものが降ってくる。

オオカミの皮　高幡不動へ行く途中の落川（日野市）というところに、オオカミの皮を持っている人がいて、その皮を病人の枕元に置くと狐憑きなどの病気が治る。

【越野】（石井貞之氏、1976年調査）

耕地整理　昭和十八年（一九四三）、十九年に水田の耕地整理を行い、排水が良くなった。それからは麦田（米と麦をつくる二毛作）ができるようになった。耕地整理後の二、三年は土を動かしたので収穫は良くない。耕地整理以前の水田は、牛の腹が支えるくらいの深い田が多かった。

苗代菜　苗をつくる苗代には、苗代菜（苗代大根）を刻んで肥料として入れた。長い大根のまま入れて浮かないように、手で土中に押し込む、これをシロオシ（代押し）といった。クサカリカンゴ（草刈り籠＝刈った草を入れる籠）で苗代の中に押すこともあった。

農機具　石井貞之氏は徳農家で、様々な新しい農機具を購入したり、農法を取り入れたりした。昭和二十年代に購入した水田培土器は、田の草取りの終わりに用いて、苗の根に土を寄せる。高北式畑用双用犂は、畑を耕すほかに、サツマ芋掘りにも用いる。耕運機は由木地区で一番早く、昭和二十九年（一九五四）に購入した。昭和二十三年から二十九年ころ、群馬県の前橋真八郎氏という徳農家が発明した、畑の表面を整えるカルチベーターという農機具を導入した。

【松木】（台、吉田隆治氏、昭和９年生まれ、２０１２年調査）

共有地　松木には共有地が数町歩あったが、戦後まもなく農地解放の時に各家に一反ずつ分けたことがある。今になっては、共有地として残しておいたほうが良かったという人もいる。この共有地は少しばかり分けないで残していた。昭和五十年代の末に、このまま残しておくと住民が増加して権利関係が難しくなるのではないかと考え、処分した。また、焼き場であったところも松木の共有地で、これを処分した資金は町会会館の再建費用などとし、町会予算に組み入れ、積み立ててある。

町会　町会は会長、副会長、会計が三役である。班は四班あり、各班には班長がおかれ、四名の班長がいる。班の下には組があり、組ごとに役員がいて、回覧板を回したりする。班長がいる組では班長がこの役を行う。町会は会則が決められている。新しい住民が入ってきたときに、整備されていないと困ることがあるので会則を決め、集合住宅にも対応できるようになっている。

町会の班と組　平成十七年（二〇〇五）度の『由木地区町会・自治会連合会会員名簿』によると、松木の班は、台(だい)班・上(かみ)班・川端(かわばた)班・峰ヶ谷戸(みねがやと)班の四つある。台班には東組・西組・南組・北組・中組がある。上班には一組・二組・三組がある。川端班には上組・下組がある。峰ヶ谷戸班には沖組・上組・下組がある。このうち、上班の三組などは新しい戸建て住宅が加わっているところもある。全体としては、新しい転入者は町会に入っていない。

町会以前　昔は町会のことを区といい、区長がいた。区では常会があり、各家を会場として常会を行った。松木には古くから地蔵堂があり、その地蔵堂が今は松木会館となっている。

区画整理後の住居表示　松木町会の付き合いをしていても、区画整理の関係で隣接する南大沢の住居表示になっている場合が三、四軒ある。

小字と姓　小字（こあざ）のことをネガラという。松木は東から峰ヶ谷戸、川端（川端の端は幡の字を使うこともある）、話者の吉田家のある台と、上の四つがある。峰ヶ谷戸は熊沢姓が多く、ほかに由木地区に一軒しかないという島田姓がある。島田姓は下柚木の永林寺と歴史的に関係があり、永林寺を守るために土着したとの伝承がある。峰ヶ谷戸には熊沢姓の家々で祀る稲荷社があり、谷戸で一年に一回お祭りを行っている。話者も子どものころに稲荷社に甘酒をいただきに行ったことがある。峰ヶ谷戸は特に皆の繋がりを大切にしている。川端には井草姓が多く、他に佐藤や水島姓がある。台には吉田、小田姓があり、佐藤姓が多い。吉浜、堀上姓もある。吉田姓は七軒くらいあり、話者の家とその分家が六軒ある。全国を巡った六六部だった者が定着し、吉田の姓をもらった家が一軒あると伝わる。吉田姓でまとまって祀るものは特にない。上には井草、小田姓がある。

講中　小字の単位に講中という組織がある。講中というと冠婚葬祭の付き合いが主で、葬式や結婚式で使う膳椀は講中物を保管していた。現在は膳や椀は講中の家々で分けて、講中物はない。葬式はかつて講中で行い、葬式で使う道具は講中物のほかに、天蓋などは地蔵堂に保管してあった。現在は葬儀屋に依頼して行っている。土葬のときには墓の穴掘りは、講中の家ごとに順番で行った。結婚してない出征前の人や奥さんが妊娠している人には穴掘りはやらせなかった。穴掘りの順番を書いた帳面などは特になく、弔いに集まった際、話し合って誰が穴掘りをするか決めた。

講中と結婚式　自宅で結婚式を行っていたころは、講中単位で手伝いをした。式の後にお嫁さんを紹介して歩く範囲は、講中の範囲であった。今でも組合単位では手伝いを行っている。子どもがアイサカズキ（夫婦の契りとして、三つ重ねの盃で三度ずつ三回酒を飲みあう）で酌をしていたのは昭和三十年代までのことで、四十年代になると自宅では行わずに、結婚式場で行うようになった。

隣組　講中の下の組織には隣組がある。台では吉田姓が中心の組、佐藤姓を中心とする組、その他の小田や吉浜姓などの組と、三つの組があった。人が亡くなると、例えば台であるとすべての組の家の者が喪家にとりあえず集まることになっている。実際には喪家の属する組が葬式を取り仕切る。町会の組織では、この組のことを班といっており、今では班長が町会に連絡し、亡くなった方の葬儀の情報を回覧する。

転入者の増加　台はかつて一五軒で、今は四〇軒になっている。川端は七から八軒であった。かつては松木全体でも、六〇から七〇軒くらいではなかったかと思う。現在の松木町会は一九五軒で、地域全体には六千人くらいの人が住んでいる。

転入者と講中・隣組　他所から引っ越してきた方は、講中や隣組に入ることはできない。町会では別に組をつくることになったが、まだそのような例は少なく、実際に組織して機能しているのかは分からない。引っ越してきた家で葬式があれば、直接葬儀社と話を進め、手伝いが必要であれば近所の家に人を頼むという形ではないかと思う。

子ども会　子ども会は小学校単位となっているので、新しい住民も加わっている。子ども会の活動に対しては、町会から一部の活動に補助をしている。

道普請　道普請は小字単位で昭和三十五年（一九六〇）、三十六年ころまで行っていた。八王子市と合併した後の昭和四十年代には行われなくなった。

堀さらい　堀さらいは道普請とは別に行った。松木会館がある天神前という地名のところの堰は四月二十日、上の堰は四月二十七日に行うと決まっていた。

北八幡神社　松木では堀之内と合同で、北八幡（北八幡神社）と南八幡（南八幡神社）を祀っている家々もある。北八幡は中世に大石氏が祀りこんだという由緒があり、松木でも台の多くの家で祀っている。話者の吉田家も北八幡を祀り、神社の掃除に参加している。北八幡の責任総代は四人いて、一名は神官、他に堀之内から二名、松木から一名出ている。北八幡の祭礼のとき、昔一二三（ひふみ）や大塚の西川氏、南大沢の神楽師などを購入して演じてもらったことがある。また、数年前には正式な神楽を竣工記念のために頼んで演じてもらったことがある。

南八幡神社　南八幡は台の吉田家以外の家と峰ヶ谷戸、川端、上の家々が祀っている。南八幡は小田家の先祖が創建したといわれている。

浅間神社　松木の峰ヶ谷戸・川端には浅間神社がある。この神社は、今は廃絶した家が個人的に祀っていたもので、松木全体の氏神ではない。話者の吉田家は北八幡神社を祀っている。戦争中に出征兵士を送るのに松木全体の神社が必要とのことで、浅間神社が取り上げられるようになった。そして、四月三日の神武様は、浅間神社で祭りを行った。昭和四十年代に浅間神社を松木全体で盛り立てようという人が出て、地域で五月三日に祭礼を行い、子ども神輿もある。その後カラオケなどの余興も行い、こうした催しで人を集めた面もある。

旦那寺　吉田姓と佐藤姓は多摩市乞田にある吉祥院の檀家である。越野にあった普願寺が廃寺となったため、吉祥院の檀家となった。峰ヶ谷戸は越野の玉泉寺の檀家が多く、井草姓は八王子市山田町の寺、小田姓は下柚木の永林寺と高幡不動である。

土地所有　松木は、南大沢に比べて比較的平坦な土地が広くある。昔は五軒くらいの家が広い土地を所有していた。

掘抜井戸　松木には上総掘りで掘った井戸があちこちにあって、水が吹きあがっていた。ただ、昭和三十年（一九五五）ころには多くの井戸が掘られたので水が出なくなり、自噴することは無くなった。

水車　話者の吉田家では、曾祖父の時代に水車を経営していた。そのため屋号をクルマといった。大竹橋のところの堰から大栗川の水を引いていた。

屋号　屋号は村長をした吉田家はニシといい、吉浜家でイリという屋号があった。

養魚　吉田定一家では金魚の飼育をおこなった。吉田定一家以外でも小さい池を所有して養魚を行った家が何軒かあった。事業が成功したのは吉田定一家だけであった。これは大正末から昭和の初めころの不景気の時代にはじめられた。当時は下柚木の野猿峠や南大沢の小山に抜ける道路、寺沢新道などの道路工事がはじまるなど、農村振興のための不況対策事業が行われた。

お日待ち　お日待ちは話者が子どものころ行っていたが、細かなことは分からない。

お念仏　話者の奥様（七六歳）が昭和四十二年（一九六七）に嫁入りした当時、年配の婦人たちが行っていた。その後一〇年間は行っていない。話者の奥様の上の世代までが行っていた。

セエノカミ　小正月のセエノカミの行事は、上は道祖神の石仏のところで行い、峯ヶ谷戸・川端・台は、まとまって一緒にやっていた。場所は小田家の旧道が通る道端である。現在は松木全体で、公園で行う。セエノカミは竹を建て小屋状にして、三角形にして高く積み上げる。中に人が入るものではない。

お釈迦様と御籠り　四月八日のお釈迦様は、お寺で行われた。十月二十三日の地蔵堂でのオコモリ（御籠り）は、今も行っている。地蔵堂を開扉して、堂の上にある社務所で会食する。昔は青年団がやっていたが、その後福寿会（老人会）が引き継いだ。寺の住職が来るような行事ではなく、地域の人々だけで行われる。

転入者と伝統行事　かつて転入者が、どんど焼きなどの伝統行事や運動会などに参加したいが町会に入っていないので行事に参加できない、という話があった。町会費の関係で話が上手くまとまらなかった。町会では、一戸あたり町会費を徴収している。集合住宅の場合、その集合住宅の管理費を払っているので、年額の負担が重いという意見もあって、現実的にはその都度の協議となった。なかなか難しい課題である。ただし伝統行事のセエノカミ（どんど焼き）と町会の盆踊り大会には新住民も費用を払って参加している。

キュウリをつくらない家　話者の隣家の吉田家ではキュウリがつくれない。他の吉田家にはその伝承はない。トウモロコシをつくらない家のことも聞いたことはある。

【堀之内】（齋藤麟太郎氏、明治30年生まれ、1976年調査）

メカゴの仲買人　斎藤麟太郎さんは、メカゴ（目籠＝メカイ・メケエなどともいう）の仲買をやっていた。商売では相模原、多摩（多摩市）、七生（ななお）（日野市）、宇津貫（うつぬき）（八王子市みなみ野）などを歩いた。メカゴを買い集め、荷車で東京まで運んだ。二〇歳（大正六年＝一九一七）のころ、荷車一台で一円五〇銭から一円七〇銭くらいの売り上げになった。荷車一台にえら（たくさん）積んで、四〇貫（一五〇キロ）くらいの重量となった。

メカゴの販売　私のおじいさんは下総の行徳（千葉県市川市）までテンビン（天秤棒）で担いで売りに行ったと聞いている。このおじいさんはテンビンの強い人で、肩には大きな瘤（こぶ）ができていた。斎藤家では、若五郎、おじいさんの喜市、父親の幸八、そして私、麟太郎と仲買をやってきた。

仲買の組合　メカゴの仲買の組合は古くからあり、組合長は横倉新ちゃんで、よく寄合をした。仲買は萩生田寅吉さん、東中野の小谷田平吉さんなどがいて、それぞれ扱う品に得意があった。宇津貫では大物ができる。骨になる筋は、チカラともいう。メカゴの底のことをシキという。縁を編まないお茶を蒸すときに使うチャシキ（茶敷）というメカゴは、春の仕事として大分つくっていた。

メカゴを都内の問屋へ　都内の問屋に行くには、夕飯を食べてから弁当、蝋燭（ろうそく）一二丁、草鞋を五、六足持って出かける。調布の布田辺りまで来ると、眠くて歩けなくなる。代田橋（だいたばし）（世田谷区）で荷車の下にうつ伏せになって眠った。そこで近所の者の荷車が、一三台集まっていることがあった。四谷見附（千代田区）付近まで行くと夜もあけて明るくなってくる。帰りは夜中に家に帰ってくる。

堀之内ではメカイを盛んにつくっていた。魚河岸で使うものが主で、日本橋（中央区）、神田（千代田区）、大森（大田区）などの問屋に卸した。芝（港区）の越前屋の御主人は、東京の荒物屋の組合長をやっていた。日本橋のマルキが副組合長であった。

【東中野】（田口茂一氏、1976年調査）

田口久右衛門　メカゴでは、田口久兵衛という名の通った人がいた。当時の南多摩郡長が、田口氏の履歴を調べたと聞いている。久兵衛ではなく、田口久右衛門という人がヒラダイ（平台）とか、色々なメカゴの形をつくり出したという。そして、久右衛門のつくったものには、ヒラダイのスジ（筋）の中央に丸九の焼印が押してあった。久右衛門は仲買をやっていて、テンビンや大八車を使っていた。製品が良くできているというので、今もメカゴを保存しているお宅があるという。久右衛門には子がなく、井上家の姉さんの子を養子に迎えていたという。久右衛門は、明治四十四年（一九一一）三月九日に七四歳で亡くなったという。彼の墓は善徳寺（八王子市堀之内）にあるという。（久兵衛とは久右衛門の父親か、久右衛門と同一人物か、聞き書きでは確認できなかった）

田口家の稲荷様　田口家の稲荷様は山の方にあり、箭弓（やきゅう）稲荷といって分家と一緒に祀っている。

宇津貫からのメカゴづくりの伝播　谷津入（東中野）の細谷ヨウジさんのおばあさんが、宇津貫からメカゴのつくり方を習って覚えたという。メカイの講習会が、オクマン様（熊野神社）の境内にあるカイドウショ（集会所）で行われた。

鮎担ぎ　細長い鮎籠をいくつも重ねて、相模川のアユを前の通りをテンビンで担いで行く人を子どものころ見たことがある。私は今数えで七九歳（一九七六年当時）。

作物禁忌　東中野の大沢家ではトウモロコシと生姜をつくらない。田口家では生姜をつくらない。

【大塚】（塩釜谷戸、加藤見法氏、明治31年生まれ、清鏡寺（せいきょうじ）住職、1978年調査）

清鏡寺　寺は昭和十二年（一九三七）に、庫裏から出火して建物を焼失した。その後の昭和十四年に林副重（はやしふくしげ）（自由民権家で八王子広徳館館主）家の母屋を移築し、庫裏兼本堂とした。観音堂は、関東大震災で倒れた。

お手の観音　長野の高遠の武士が落ちのびてきて、山の頂のお堂に入った。御本尊を相州鎌倉で彫ってくれとのお告げの夢を見た。三年三月後の卯の年、卯の月、卯の日に祀る。御本尊を祀りこむまでに、神奈川の愛甲郡・津久井郡・中郡の三三三人がかかわった。観音堂の奉納物の草鞋は、足が病気の元だということで病気全般の祈願をする。布きれは晒（さらし）で、安産祈願の奉納物である。腹帯にしたり、健康になるよう祈ったりして、願いがかなえば晒を倍にして返す。

三体の廻村仏　背負うことのできる厨子（ずし）に入った、村々を巡る三体の観音様がある。その厨子は、背負うことができ、信仰する人々に背負われて村々を回る。一体は、神奈川県愛甲郡の高峰村（神奈川県愛甲郡愛川町）にまわってから町田に来る。町田では成瀬（なるせ）、高ケ坂（こうがさか）、本町田、図師（ずし）、根岸（ねぎし）、下矢部（しもやべ）、上矢部（かみやべ）、小山（おやま）、相原（あいはら）、そして原宿（はらじゅく）（相模原市）とまわって帰る。もう一体は、府中本町の町田さんという世話人が受け、次から次へとまわす。甲州街道をあがり、人見（府中市若松町の一部）、布田、国領、調布（調布市）、三鷹（三鷹市）、境（武蔵野市）、小金井（小金井市）、恋ヶ窪（国分寺市）、鈴木新田（小平市）、貫井（小金井市）、府中本町、上矢部（府中市）、谷保（国立市）、本宿、四谷（府中市）、和田（多摩市）とまわる。もう一体は、日野の万願寺から立川市本町、宮沢、拝島（昭島市）、入間郡の安松村（所沢市）、福生（福生市）、滝、高月、梅坪、小宮（八王子市）、豊田、山口平太夫家、程久保（日野市）とまわる。いずれも一年間かけて巡ってから清鏡寺の観音堂に戻る。北多摩方面は一月に帰る。相模原や程久保からのは十二月に帰ってくる。一月十六日の初観音の大祭まではお帰りになる。これは、昭和七年（一九三二）から昭和八年ころまで行っていた。

観音様の宿　厨子に入った観音様の宿となるのは世話人の家で、旗を立て、鉦をたたいて経をあげる。御馳走をつくる。子どもたちはお厨子に手習いの書を掛け、娘たちは着物の褄（端の部分）をこしらえてお供えした。小さなお供え物は厨子にある引き出しにいっぱい入って戻ってくる。お賽銭は、まず帳簿に書き込んでもらい、後に村々を回って受け取る。

お手の観音の大祭　お手の観音の大祭のときには、最高で馬が一〇〇頭くらい出ることがあった。五頭ずつでスタートし、観音様の回りを三回まわって、騎手は馬上から布に入れた大豆とお札を受け取った。馬が大祭に来たのは大正五年（一九一六）から大正六年ごろまでであった。

観音講のはじまり　村で伝染病が流行ったとき、村のある老人が「観音様に祈願すれば治る」と言い、「もし治ったら私を生き埋めにしてほしい」言った。伝染病はおさまり、その老人は自分で境内に穴を掘って生き埋めになったという。そこで、報謝のために観音経二巻と心経三巻を読経する観音講をはじめた。毎月十日に日向、毎月十七日に日影と、大塚の二つの集落で行っていたが、今は日向の十日だけ行っている。宿は各戸順で加藤住職が出向いて掛図を掛けて行う。（昭和六十三年六月から平成三十年まで、清鏡寺住職であった東堂の林昭雄氏によれば、観音講は日向地区では毎月十六日〈観音様の縁日〉に講員の家を持ち回りで行われ、林氏が住職になった後の数年間は行われていたという）

鹽竈神社　観音堂の裏にある鹽竈(しおがま)神社は、八王子城主の北条氏照の奥方が奥州（宮城県塩竈市）の鹽竈神社から分祀して、祈願所としたという。塩をお供えして、すでにお供えしてある塩をもらい受け、産婦に与える。安産であったら底を取り払った底抜けの柄杓(ひしゃく)と塩を塩釜様（塩釜神社）にお供えする。柄杓はお参りする人が自分でつくった。

第三章　資料としての日記

——私の「生活記録」

南大沢の宮上と宮下を望む　昭和47年１月８日撮影

はじめに

私は中学校に入学した昭和三十八年（一九六三）の四月一日から、現在も日記を書いている。だいぶ書き方が変わってきたが、もう六〇年以上となる。まあ、厳密にいえば何日か何週間か書かなかったときももちろんある。書きたくなかった日もある。

近年になって身辺整理をはじめ、ゆくゆくは日記も処分したい。思い出したくないことも、後悔することも日記を読むと昨日のことのように思い出し、心が動いてしまう。

第三章は次のような流れとした。

一　「私の生活記録（日記）」では、中学・高校・大学時代の一九六〇年代から七〇年代にかけての日記で、そのときの暮らしや地域の動きが分かるものを掲載した。

二　「村組の終焉 ── 八王子市南大沢の講中の場合」では、私の生まれた八王子市南大沢の、戦国時代から連綿と続いてきた「講中（こうじゅう）」という生産・生活共同体、つまり伝統的コミュニティでの経験を日記で示して通史的にとらえ、高度経済成長期に「講中」の終わりを確認した。

一　私の生活記録（日記）

（一）中学生─由木村から八王子市に

昭和38年（1963）

4月14日（日）リヤカーの後押し

マキ（薪）の後押しをした。昼前は兄ちゃんが押して、昼からはぼくが押した。リヤカーで運んでくるとき、一番こ

となところは、ジョウグチだから。ジョウグチに来るころ、姉ちゃんか兄ちゃんが押しに出て来てくれた。あとのと

ころは、母さんと二人で押せた。押しているとき母さんが、「押してもらってずっと楽だ」と言った。喜んでくれて

よかった。

4月29日（月）釣り

天皇誕生日。小学校二年の憲坊が遊びに来た。一緒に釣りに行くことにした。釣りの道具は全部そろっていたので、

餌だけうどん粉でつくって堰下へ釣りに行った。ぼくが釣っているあいだ憲坊は、貸したナイフで岩をけずって遊ん

でいた。全部で六匹釣れた。中くらいのが二匹と小さいのが四匹釣れた。小さいのは三匹憲坊にやった。

5月19日（日）庭虫釣り・うさぎ

庭で庭虫を釣ったりして遊んだ。昼から少しテレビを見て、うさぎの餌を採りに脇の田んぼへ行った。去年は蓮華草

がえら咲いていたけど、今年はそんなに咲いていないので、他にはよさそうなのがあんまりない。だからうさぎには

あまり喜ばれない草でもかまわず採った。

5月20日（月）茶摘み
開校記念日で休み。家の茶を近所の人が摘みに来た。近所の家の親類の、井上君も一緒に来てお茶を摘んでいた。ぼくはお使いに行った。庭の樫の木の葉がえら庭におちていたから掃いた。

5月21日（火）お茶づくり
家に帰ったら、母と父とでお茶をつくっていた。炭を熾してヒジロにホイロ（焙炉）を置いて、茶葉を両手で揉んでいる。そばによるとお茶のにおいがプンプンした。

6月10日（月）タニシとカワニナ
明日の理科で使うタニシやカワニナを採りに、家の田んぼの方に自転車で行った。堰でカワニナを採ろうと思ったが水が多くてだめだった。家の田んぼでタニシを採った。掘りっこでカワニナを探した。滑って掘りっこに片足おっこちた。父ちゃんが田んぼで働いているとき三、四匹採ってくれた。

6月12日（水）猫の出産
夜みんなが寝てから、チコが布団のしまってあるところに子を産んでしまった。いつもチコは子を産むのがへただった。今年でもう二度目だ。

6月13日（木）田植え
帰ってからすぐにお使いに行った。雨が降りそうなので、自転車をぶっとばして行った。田植えをしているのを見かけた。これからが農家が一番忙しい時期だなと思った。

6月16日（日）姉と八王子へ
姉ちゃんと久しぶりに八王子に行った。大沢の停留所から九時半のバスで行った。支払ったバス代は子どもの料金で、車掌は僕が小さいから気がつかなかった。大竹橋からは九時四十分のバスで行った。二人分を一〇〇円出して僕の分を子ども料金でとるか見てみた。ちゃんと大人料金をとった。でも小学生に見られるより中学生に見られたので気持ちがすっきりした。八日町でバスを降りて本屋へ行った。それから色々なものを買った。ニュー八で映画を見た。「島育ち」と「ねむれる森の美女」と「花の咲く家」というのを見た。混んでいて座るところがなく、疲れるので一番前に座って見た。とても見にくかった。

6月21日（金）家の田植え

今日家の田植えで他所の人が四人来た。夕方、手伝いの人が三人来て食べたり、酒を飲んだりした。一人は、おばさんなので途中で帰った。父ちゃんをまぜて、三人でテレビを見ながら色々な話をしていた。父ちゃんは酒を少ししか飲まない。

6月22日（土）梅もぎ

学校から帰ってから、兄ちゃんと梅をもいだ。はじめ小さいザルを持って手で少しもいだが、梅がすごくなっているので取りきれないから、兄ちゃんが竿を持って来て、木に乗って竿で叩いて梅の実を落とした。下でザルを持って拾った。上から梅が落ちてきて頭に四、五回当たって落ちた。小さいザルなので入りきれないので、大きなザルに何度もあけた。大きいザルにも入りきれないのでやめた。それでもまだ梅は残っていた。夕方、母ちゃんが帰ってきて、「梅をもいだんなら、樽を洗って水に漬けといてくれ」と言ったので、樽を洗って梅を水に漬けた。それから「もぎきらなかった」と言ったら、「じゃ、明日ももいでくれ」と言われた。

7月21日（日）部落対抗ソフトボール大会

一時ころ部落対抗ソフトボールがあるので、練習を中学校でするからと近くの三年生が呼びに来た。どうせ出られないが、練習しようと思って行った。レギュラーは昨日決めたから。
　7月23日（火）迎え火
家に帰ってテレビを少し見てから、明日お盆だから、迎え火を焚いた。まずはジョウグチの脇で、ナスの馬を置いて火を燃した。それから、馬を持って火を庭に移した。それから、その火から線香に火をつけて盆棚の仏様に供えた。
　8月2日（金）蜘蛛の巣で昆虫を採る
朝、近所の憲坊が遊びに来た。「昆虫を山に採りに行くべえ」と言うから、箱を持って行った。採るものは竹の棒の先に針金を丸くつけ、それにクモの巣をつけて採った。八幡坂を登って脇の山で採った。カブトムシのメスとオス、それからトンボやヒグラシを採った。クモの巣がよく虫に張り付いた。帰りに裏山の小さい松の木を何の気なしにゆすぶった。コガネムシみたいのがえら落ちてきた。そのまわりの木もゆすぶった。また落ちてきた。それから、家に帰って昆虫採集セットの注射をした。
　8月13日（火）防空壕
夏になると、家の裏の土手に掘ってある防空壕内の池の水が少なくなる。金魚一匹と鮠（はや）が数匹いるので毎朝バケツで水を一、二杯運ぶ。防空壕の天井にはゲジゲジがいっぱいいる。防空壕に入るとヒヤッとして涼しい。外とは気温がちがう。家の唯一の自然冷房室。冷蔵庫の代わりもする。
　8月25日　夜宮
夜、明日お祭りなので太鼓をたたいたりしているのが、よく聞こえる。
　8月26日　八幡神社祭礼
プールから帰ったら親類の人が来ていた。昼ご飯を食べた。また親類の人が来た。親類の人は芝居もないので夕方帰った。

8月31日（土）大雨

お昼ごろ、雨が強くえら降った。三時ころに止んだ。防空壕の池へ行ってみたら、すごく水がたまっていた。井戸の水もふえて脇から噴き出していた。夕方、テレビのニュースを見ていたら、東京は大水で困っているようだった。家では水が無かったので、昨日と今日の雨で水が増えてよかった。うまくいかないものだ。

9月7日（土）近所の井戸掘り

学校から帰るとき、家のジョウグチの脇の家で井戸を掘っていた。中を覗いてみたら、地層がはっきり分かった。もう赤土を通りこして、その下のねずみ色の砂みたいな土のとこを掘っていた。水はまだ出ていなかった。

11月3日（日）稲を干す

朝、九時ころから母ちゃんと田んぼへ行った。そして稲をウシにかけた。母ちゃんは、兄が親類の人が来たから呼びに来たので、すぐ帰った。自分は、まるいて（束ねて）あるやつだけ掛けて帰った。午後も自転車で、お茶ごろに田んぼに行った。母ちゃんはウシをつくって掛けた。自分は上の田んぼから稲を運んだ。藁のカスのようなものが体についてチクチクした。運び終わってから先に家に帰った。仕事の手伝いをしたのはこのごろめずらしい、特に日曜日に。

11月23日（土）釣瓶井戸

勤労感謝の日。鑓水の清水君の家に行った。けっこう遠かった。いろんな人の家なんかを教えてくれた。清水君の家へ行ったらお母さんが出てきて、挨拶してくれた。大人に挨拶されたのは初めてで困った。今度は俺の家に行くことにした。清水君が家の裏に来たとき「この井戸、家の井戸と同じだ」と言った。家の井戸は跳ねツルベで、もう由木にもこんな井戸一軒だけだろうと思っていた。だけど清水君の家もそうだったのかと思った。以前、友達が来たときにも「水をくれ」と言われたときいやだった。でも、井戸を見てみんなめずらしがっていた。こんな井戸だといやだ。家中の話に出たときなんか、文化財だななどと言ったりしていた。こんどは水道にしようと言っていたが、なかなかならない。

12月22日（日）大掃除

朝から大掃除をした。まず庭に藁を敷いて、その上に筵（むしろ）を敷いた。自分のものや軽いものを運んで庭に置いた。テレビなどの裏のほうの部屋にあるものは裏庭に置いた。そして、兄ちゃんと父ちゃんで畳を出した。畳は庭に干した。父ちゃんは煤を払った。そして十二時四十五分ごろに昼を食った。俺は畳を叩いたり、蛍光灯を拭いたり、電灯の傘を洗ったりした。また井戸で、一番上の兄ちゃんと窓を洗った。粉せっけんで洗った。すごくよごれがでた。小二枚と大二枚洗った。綺麗になった。畳が敷けたので荷物を中に入れた。テレビも母ちゃんと入れた。アンテナをはめた。五時ごろにお茶を飲んだ。今日の大掃除は、去年よりスピードがなかった。去年は昼のときには勝手で食えたのに、今年は勝手がまだ片付かず、外で食事をした。大掃除も終わって、新年が迎えられる。

12月24日（火）クリスマスイブ

夜、飯を食ってから、兄ちゃんがアイスクリームのケーキを買ってきたので、菓子を食べたりして遊んだ。クリスマスイブにこんなことをはじめたのは、去年からだ。家も前進したんだなと思う。今夜はけっこう面白かった。今度は誕生日にもこんなことしたらなんてみんなで言っていたけど、できるか分からない。十一月なんか三人も誕生日があって、二日間は姉ちゃんと俺とつづくもん。

12月26日（木）庭などの掃除

朝、母ちゃんと家のまわりの掃除をした。まず庭をはいた。それから一人でドブの掃除をした。木の葉なんかいっぱい落ちていた。裏庭を竹帚で掃くのは、ぬかっていてとてもことだった。植木場に落ちていた木の葉もとった。これで家のまわりも結構綺麗になった。昼は兄ちゃんなんか八王子に行ったので、母ちゃんと二人だけだった。母ちゃんがジョウグチの掃除をしていたので、おれも手伝っていっしょにやった。すごくケヤキの葉が落ちていた。カンゴ（背負い籠）で畑へ背負った。

12月27日（金）脱穀後の稲束を運ぶ

朝、勉強をやってから、母と田んぼへワラを運びに行った。リヤカーで行って、リヤカーは上の道においといた。そして、リヤカーまでワラ束を運んだ。一把ずつかついで運んだ。今度はハシゴ（背負い梯子）で二把ずつ運ぼうと思って、ハシゴで背負ったが、うまくいかなかった。だからまた一把ずつかついで運んだ。母はハシゴで運んだ。運び終わってから、リヤカーへ積んで、おれが後押しして家まで運んだ。そして、ジョウグチは二人では上がらないので、姉ちゃんにも押してもらった。田んぼでハシゴを使って二把背負った。こんどは背負えた。二回目はうまくバランスがとれないで横にフラフラしたのでやめた。また肩でかついた。母はまるいたり運んだりした。ワラだからあんがい軽かった。リヤカーがいっぱいになって積み終わったが、田んぼにはまだリヤカー三回分くらいのワラが残っていた。まだ運べるけど、明日餅つきなので、母が米を研いだりするので、これで終えた。

12月28日（土）餅搗き

昼から餅搗きをした。他所から頼まれているので、たくさん搗くらしい。コンクリの臼で杵も重い。家では餅搗きの機械を使わない。この辺ではもう臼で搗くとこがなくなってきた。ひと臼搗き終わって少し食ったりした。

昭和39年（1964）

2月6日（木）由木村臨時議会

今日は由木村が八王子市か日野市に合併するか決める日で、母と父は朝早くから出かけて行った。学校にいたときも、窓から見たら役場に大勢の人が集まっていた。警官が多かった。学校から帰る前、決まったらしかった。道路で喜んでいる人もいた。どっちに決まったか分からなかった。家に帰る途中、南大沢の公会堂で大勢集まっていたので、八王子市に決まったのが分かった。家に帰ったら、まだ誰も帰ってなかった。八王子市に合併が決まって、東京都から一つ村がなくなる。これで由木村も市となる。

2月9日（日）スキー

朝起きたら雪が降っていた。よく降っていた。裏山の竹を伐ってスキーを作った。庭と裏で滑ったら、まだ雪は少なく、よく滑らなかった。昼からは山のほうの草原のとこで、まず平らなとこで滑った。下に草があるので、けっこう滑った。脇の急な山のところで木へ突っ込んだ。

2月14日（金）合併問題のテレビ放送

今日、午後十時三十分からＮＨＫテレビで、「合併にゆらぐ由木村」というのをやった。今の由木村は二つに分かれている。同じ村の人たちなのだし、もっと冷静に平和的に解決したら良いと思う。由木でこんな騒ぎがあったのは初めてだ。都下の合併問題ではナンバーワンだと新聞に書いてあった。毎日のように都下版の一ページをにぎわしていた。とにかく由木村に得のある合併をして欲しい。もうこのごろは家でもめったに合併の話は出なくなった。

3月20日（金）由木の良いところ

昼前、裏の尾根道を東に走った。家の脇の道を登ると尾根に出る。オナガが群れで畑に居た。走って行ったらバタバタと音を立てて飛び立った。スズメ、ウグイス、何だか名の知らない鳥がいっぱい鳴いていた。春になったことが、しみじみ感じられた。尾根の頂上から見下ろした由木村、緑の木々、草でいっぱいだ。空は青々、きれいで気持ちもすっきりする。家々は所々にかたまっている。多摩丘陵がなだらかにうねっている。山が大部分緑でいっぱいだ。清水入谷戸の相模原にぬける道が、山を登っている。今の由木村は、まだ文化から取り残されているようだ。こうして見ていると、由木にも良いところが結構ある。空気も綺麗で、静かで自然がいっぱいだ。

3月27日（金）日野派と八王子派

昼から家の庭で遊んでいたら、ウーウーとサイレンが鳴った。何だか分からなかったので、見に行った。ポンプ小屋のところに、大人多数と警官が車で大勢来ていた。これも合併のことで、日野派の人と八王子派の人が喧嘩になりそうだったので、警官を呼んだそうだ。小高い公会堂の脇で見ていたら、後からもトラックで警官が来た。

3月28日（土）合併の争い

合併のことで、夜父ちゃんは出かけて行った。みんな大人の人は数か所で焚火をして、日野派が入ってこないように見張っていた。そして八時ころ八王子派の人が来て、日野派が来ているから、気をつけるように言いに来ていた。そこへ日野派の人が裏から現れて大勢で追いかけた。真っ暗でどこに隠れたか分からなくなったので、大人の人は元のところに戻った。家には下の兄ちゃんと俺と姉ちゃんと母ちゃんしかいないので、不安だった。八幡坂のほうに誰かいるように思えたが居なかった。十時過ぎに寝た。上の兄ちゃんは会社の帰りに、見張りに行って午前二時ころ帰ってきた。兄ちゃんは会社の四輪で帰って来たので、日野派の人が自動車でPRに来たので、その車で追いかけたそうだ。大部分の大人は焚火の周りで一夜を明かした。父ちゃんは朝六時に帰ってきて、頑張って七時には仕事に行った。大げさだけど、この一晩は戦争並みだった。同じ由木村の人が対立し、敵になって、後で合ったらどうゆう感じがするのかな。

3月29日（日）住民投票

夜は八王子・日野の合併問題、住民投票が開票。これで一〇年間も見続けた合併問題も終わり。新聞のネタも終わり。はじめは多摩へ合併、日野へ合併とか色々あって、やっと八王子に合併が決まった訳だ。八時ころ分かった。

4月5日（日）尾根道

朝、気に入らないことがあったので、山の尾根を走った。西側へ行った。空気は綺麗で空は真っ青、気持ち良かった。帰りは身体が熱くなり、下の景色をながめながら歩いた。反対側の奥多摩の方の山も良く見えた。気が晴れた。

5月5日（火）釣り

釣りに行った。堰のところで釣りはじめた。すぐ一匹マグソッパヤが釣れた。堰の下に降りて、靴とズボンを少しぬらして、川の中に立って釣った。二匹釣ったが、水を換えるとき一匹、もう一匹は跳ねて逃げた。川を下って行って、別の堰のところで釣った。そこでは二匹釣れた。帰って池にハヤをはなした。

6月7日（日）田うない

昼前、田にお茶をもって行った。父ちゃんが田んぼをうなっている。これから麦刈り、田植えで忙しくなる。

6月21日（日）南大沢のバス

姉と二人で相模原にお使いに行った。相模原は初めてだった。店などは少ししかなく、駅も小さく、バス停もあまり良くなかった。いつも南大沢を通るバスはすいている。乗っているのは車掌と運転手くらいだ。でも今日は行きも帰りも数人は乗っていた。

7月23日（木）宮の前の畑
ウサギの餌を採りに宮（八幡神社）の前の畑に行った。空は真っ青で太陽がキラキラ輝いて、とても暑かった。畑はカラカラだ。餌は畑の中の草を採り、土手の草を刈って、ミツメをいっぱい採った。キュウリが大きくなっていたので、五つくらい採って帰った。

8月13日（木）水飢饉
東京は今水飢饉、家も水飢饉だ。飲む水はあるけれど、洗濯などは他所の家に行ってやっている。俺の防空壕の小さな池も水は一滴もない。金魚はバケツに入れて飼っている。ハヤは一五、六匹いたけれど、今はたったの二匹に減っている。

8月17日（月）井戸掘り
二年の学習日だったけど、医者へ行くので学校は休んだ。昼前から家では井戸を掘った。兄が会社を休んで掘った。帰ってから泥を上げるときにロープを引っ張ったりした。掘った後、二軒下の家に水をもらいに行った。

8月18日（火）水が溜まる
きのう掘った井戸は、もう朝から水が溜まっていた。まだ水は濁っていた。夕方、井戸から出た土を前の庭に運んで、凹凸のところを平らにした。

8月20日（木）雨降る
やっと一五日目に雨らしい雨が降った。池にも水が溜まったし、井戸もいっぱい溜まった。

8月26日（水）寂しいお祭り
今日は大沢のお祭りだけど、家で御馳走をつくるくらい。前は芝居なんかやって露店もたくさん出たけど、今はなにもやらない。太鼓をたたくくらい。店は一軒出ていただけだった。だんだん祭りもつまらなくなってきた。

10月1日（木）新幹線開通の記念切手

今日は新幹線の開通で、切手が発売された。朝早く起きて下柚木の郵便局へ行った。休みなので多数の人が来ていた。すぐ下の家では結婚式で、父・母・姉は隣家へ行った。兄と俺しかいなくて静かで、隣家で歌ったりしているのがよく聞こえた。夜はその御馳走をいただき、テレビで日本シリーズ（阪神─南海）を見た。

10月10日（土）東京オリンピック

第一八回東京オリンピック大会の開会式は、テレビで充分見た。音楽を主体とした、まさに音の祭典。

10月11日（日）街のオリンピックムード

上の兄は日曜日だけど出勤。八王子にお使いに行こうと思っていたので、兄の会社の車に乗せてもらい出かけた。はじめ高幡で職人を乗せ、セメントを積んで八王子市内と昭島に行った。たいがいの家では日の丸を出し、道路の両側には万国旗。各国の自転車の選手が練習していてオリンピックムードたっぷりだった。昼から家に帰り、テレビでバレーボール、ウェイトリフティング、水泳、ボートなどを見た。

10月20日（火）オリンピック・柔道の見学

第一八回東京オリンピック大会・柔道を見学に行った。学校を八時四十六分のバスで出た。そして、聖蹟桜ヶ丘駅から京王線で新宿まで行き、新宿で乗りかえた。駅から歩いて靖国神社を過ぎて少ししたら、お堀の向こうに夢殿のような日本武道館の屋根がみえた。田安門を通って五輪旗のたなびく中を通り、団体のところに並んだ。十時半ごろだった。わきには警備にあたる警察官がいた。十一時に武道館の中に入った。すり鉢のような急傾斜な客席の上から四番目あたり、脇の通路から三番目のW2-S-60に座った。八角の武道館にライトがつき、紅白の幕にかこまれた青い畳、それに役員の青いブレザーと色とりどりできれいだった。最初、柔道の形のデモンストレーションがあり、続いて試合が行われた。軽量級で動きは良く、面白かった。中谷雄英は予選リーグも準決勝もなんなく勝った。無差別級のヘーシンク（オランダ）、日本の神永、猪熊、ブランデージIOC会長、東京都知事の顔も見えた。決勝は中谷とスイスのヘンニとの間で争った。中谷は勇勢に試合をすすめ、技ありを一つ認められ、次にも審判員の協議の結果、技ありとなり、パッとした幕切れではなかった。次に表彰式が行われた。俺たちのいる場所では、柱が影になり、メインポールが見えないので、下に降りてみていたら、注意されたので、最上部に立ってみた。音楽隊が入ってきて、国旗をあげる人が上がってきた。下では日本の中谷、スイスのヘンニ、ソ連の二人の選手が真っ白な表彰台にのった。そして、振り袖姿の女の人がメダルを持ち、ブランデージ会長から四選手にメダルが渡され、次に国旗掲揚、君が代がながれた。試合は予定より一時間から二時間あまり早く終え、武道館を出たのは五時半だった。

10月24日（土）東京五輪閉会式

午後五時ころ、五輪最後の競技の馬術大賞典障害飛越競技を終えて閉会式となった。オリンピックがはじまるまではあと何日とか、はじまるまで長く感じたけれど、十日にはじまってから今日の二十四日まで短く感じた。閉会式はまさに光と影による色彩の祭典だった。SAYONARA WE MEET AGAIN IN MEXICO の文字が電光掲示板にうかび、旗手、選手が退場して幕を閉じた。

11月3日（火）稲刈り

文化の日。テストの前日で勉強もやりたい。めずらしくよく晴れて外で遊びたい。稲刈りもあり忙しく、母一人でやるので手伝おうと思った。午前中は稲刈りの手伝いをした。稲刈りをしていて、自分の手も切ってしまった。稲をウシに掛けた。赤ガエルを採って家に帰って、皮をむいて骨と肉だけにして焼いて食おうかと思ったけど捨てた。

11月25日（水）稲扱き

家で稲の脱穀で、母が具合悪かったりして人手が足りない。「学校を休め」と言っていたけど、扱いでいるときは大丈夫なので学校へ行った。忙しかったら、有線かければ暇をもらって帰ることになっていて、学校に有線がかかってきたので、四校時が終わってから帰った。籾を運んだ。

11月29日（日）お日待ち

昼間はオリンピックの新聞切り抜きをした。夜は家で「お日待ち」。奥さん方が集まって皆で食べたりしておしゃべりだ。

12月28日（火）餅搗き

九時ごろから餅搗きをした。今年も機械ではなくコンクリート製の臼と木の杵とで。

12月29日（水）水道工事

朝から越野の横倉電気店が来て、井戸の水を汲み上げる水道の工事。工事は早く終わった。これから、母もだいぶ水汲みも無くなり、楽になるだろう。

昭和40年（1965）

1月1日（金）初参り

除夜の鐘を聞いた後、午前一時ごろから八幡様、稲荷様、その他四か所の神々、地蔵様など兄二人と俺の三人で初詣をした。去年より寒くなく明るいみたい。遠方で撞いている鐘の音も聞こえた。

1月15日（金）スケート

田んぼでスケートをし、一日ずっと遊んだ。八幡神社の東の谷戸の水田で、氷が張る前に一人で稲の根株を取り除いて、スケートができるようにした。これは他家の田んぼ。上の兄にスケート靴はもらった。

1月30日（土）雪景色

昨夜の雪で今日は一面真っ白、めずらしくたくさん積もった。竹も木も重い雪におじぎをさせられていた。いつもより早く学校へ行って、雪合戦をした。

2月4日（木）寒い立春

今日は半日だった。家に帰ったら、まだ水道の水が出なかった。この間の雪もまだ残っているし、朝もすごく寒い。

2月7日（日）糸取り器械

昨日から物置の屋根をこわしていて、少し手伝ったりいたずらしたりした。物置の棚には昔の糸取り器械や、ネコヒバチ、消防のトビなどがあった。糸取り器械をいじっていたら、母が「昔はよく、いく鍋かとったものだ。いくらだったかな……」なんて昔のことを言った。

3月14日（日）田んぼで野球

午後から田んぼで野球をした。近所の高校生や中学の友だちとやった。今日も天気が良く、風が強く、ほこりがすごかった。

3月30日（火）薪山（まきやま）

今日は一日薪山へ行った。伐り倒した木を伐る機械のところまで運んだ。重いので肩も痛くなったし、足も痛くなった。

3月31日（水）丸太を運ぶ
昨日と同じように、今日も朝から山へ行った。薪山をやっているのは戦車道路のほうで、家から遠いから弁当を持って行った。丸太を運んで、運び終わってから薪の束をつくった。信ちゃんはおじさんが機械で木を伐っているのをずっと手伝っていた。三時のお茶のときは、焚き木を燃して、そこでお茶を沸かし、周りで弁当を食ったりして話に花が咲いた。面白かった。今日はいつもより早く母と帰った。

4月3日（土）山中から道路まで薪を運ぶ
午後から薪を運ぶあと押しをした。山から戦車道路まで運んだ。風がすごく強く吹いてホコリだらけ、手もカサカサになってしまった。リヤカーで一回運ぶのに、父・母・俺の三人で一把くらいしか運べない。足もつかれてしまった。

4月4日（日）マキを車で運ぶ
昼前、兄が戦車道路まで運んだ薪を自動車で家の前まで運んだ。車に乗って手伝った。二回目のとき、山の中まで細い道を車で入って、Uターンして戻ってくるとき、地面が柔らかくて車が畑へ落ちた。上がりそうもなかったけど、通りかけた人や畑で仕事をしていた人に手伝ってもらって、やっと上がった。三回で全部の薪を運び終えた。リヤカーだと何日もかかるのを、半日かからずに終えた。

7月23日（金）お盆
昼から、お盆なので家のまわりの草刈りをした。ジョウグチを掃除した。お盆でお化けの季節だというのに、夏休みに入ってから、毎日、寒いくらいの天候だ。

8月8日（日）八王子の市民祭
昼から上の兄と八王子の市民祭を見に行った。バスを降りたら小学校の鼓笛隊が行進していた。急いで兄の勤める会社に行き、二階で見た。パレードの海老原や東山明美がよく見えた。兄は甲州街道の脇で写真を撮っていた。鵠沼高校のパレードが綺麗だった。帰りは会社の車で町田を回って帰った。
8月11日（水）姉と町田へ
姉と原町田にお使いに行った。原町田は初めてだった。狭い道路で曲がりくねっていても小さな店がいくつもあった。パチンコ屋が多い。お使いは小田急百貨店でした。俺は荷物持ち。帰りに俺のものも少し買った。少し読書しようと「ビルマの竪琴」と「次郎物語」を買った。横浜線に乗って、相模原からバスで帰った。
8月26日（木）八幡様のお祭り
南大沢のお祭りだ。小さいころは芝居があり、露店が出たので楽しみだったけど、今は別に面白くない。今では何もしない、お囃子の太鼓の音ひとつ聞こえない。
8月28日（土）八王子牧場の引っ越し
昼前、八王子市高倉町の親類の八王子牧場が引っ越しなので、兄の運転で近所の人と俺の三人で、使えるものを取りに行った。ちょうど家ではジョウグチを直すので、ヒューム管を掘ってもらった。
10月6日（水）姉の結婚式
今日は姉の結婚式で朝から近所の人が来た。結婚式は八王子の子安神社でやった。俺は普段通り学校へ行った。帰ったら近所の人が来ていて、まだ酒を飲んだりしていた。昨日の夜は姉も寂しいような、嬉しいような気持ちだったらしい。俺もつまらなくなる。昨日の夜は姉兄弟四人で十一時ころまで話をした。今までは別に変わりなく来たけれど、今日になってやっぱ姉が居なくなるというと寂しい。

11月5日（金）相模補給廠（在日アメリカ陸軍補給施設）の火事

夜の八時半ころ、相模原の方ですごくサイレンの音がするのが聞こえた。外に出てみたら、南のほうの山が少し赤く見える。そのうちどんどん赤くなってきた。夕焼けのようになった。これは火事だと思った。戦車道路に行けば見えるなと思い、兄の車で兄二人と行った。清水入谷戸へ入ったら、すぐそこの山が燃えているように、かぶさるようにオレンジ色の煙が見えた。戦車道路に出ると、ＹＤのところが広く、すごくよく燃えている。こっちまで明るくなるくらい勢いよく燃えていた。その周りにはもう何台もの消防自動車の赤いランプが囲んでいた。変だけど、火事を見て、映画を見ているみたいで、ダイナミックできれいだった。

11月7日（日）稲をウシに掛ける

昼前は田んぼを手伝って、稲をウシに掛けた。今日は野球に行かなかった。

11月14日（日）稲扱き

昼前、少し稲扱きを手伝った。狭い田んぼなので、機械を他家に頼まないで我が家の足踏み脱穀機でやった。

12月13日（月）多摩ニュータウンのこと

大沢も、団地の話がそこらじゅうで聞かれる。前から銀行や農協がマッチ、メモ帳、鏡などを持ってきた。家なんか土地が少ないから銀行や農協が来ないほうだ。もう土地を売ったとこも近所で何軒かある。多いとこなんか、まだ全額もらえず三割だけど、一千万円も売った家がある。あちこちで相続の問題もおこっているらしい。「猫に小判」じゃないけれど、大金が入ってうまく使うため色々考えているらしい。家でもそんな話がよく出る。

(二) 高校生――多摩ニュータウン計画

昭和41年(1966)

4月26日(火) 京王バス24時間スト

京王バスがストを行ったので、朝は兄の車に乗って学校に行った。帰りは横浜線で相模原駅まで行き、神奈中のバスで南大沢に帰った。学校を休んだ人は三、四人くらいだった。

5月7日(土) 田舎と言われて

帰りはつまらなかった。T君とS君と三人で帰ったが、Sのやつがふざけているのだろうが、見損なった。自分たちだってたいした都会に住んでいるわけではないのに、私のことを田舎と言ってきた。でも俺は自分の生まれたところは不満になんて思っていない。かえって誇りに思う。街の中と比べて、ただ文化施設や交通では劣るが、大切な人の心は純粋で、よっぽど良い人たちが多いと思う。

6月28日(火) 台風四号

台風四号のため、学校は半日で終わった。帰りは大変だった。松木(まつぎ)の大竹橋から歩いて帰った。すごい雨で川は氾濫し、川の近くのだいたいの田んぼは、みんなだめになっていた。こんなの見たのははじめてだった。大きな被害だ。家に入るところの神社の土手が崩れて、やっと歩いて通れるぐらいになってしまっていた。

6月30日(木) 台風被害

台風で由木の多くの田んぼがだめになった。バスで学校へ行くとき、田の中で流れ込んだ泥を出したり、一本一本の苗をなおしたりしている人の姿が見えた。

7月24日（日）盆で姉が来る
朝、お盆なので姉が来る。母も顔がほころび、みんなも何となく明るくなる。姉は本当に良いもんだ。姉の存在が嫁に行ってしまってから、俺は分かってきた。
8月7日（日）市民祭
八王子の市民祭は市制五〇周年だけあって、去年よりにぎやかだった。山車が出ていてお祭りらしかった。
8月26日（金）八幡神社祭礼
今日は南大沢のお祭りで、上柚木でも根岸でも常盤の姉も来た。みんなで御馳走を食べて、おしゃべりする。
9月8日（木）多摩ニュータウンのこと
ニュータウンをつくるなんて決めて、土地まで買収しておいて、なかなか実行に移さない。おえらい方はべつに事業が進まなくても直接何ら影響ないだろうけど、地元民が一番損だ。我が家にだって影響がある。ニュータウンで多摩の良いところまで崩さないでほしいものだ。由木にだっていっぱい遺跡もあるし、土器なんかたくさんあるはずだ。
9月17日（土）豚が逃げる
五時ごろ母が帰って豚小屋を見たら、豚のコロがいない。さあ大変だ。父と母と俺とで豚を探した。裏の山、八幡様の山、家の近くと色々探した。だが居なかった。小屋の近くに少しの足跡があったので、その跡をつけたが、五メートルも行かないうちに足跡は無くなっていた。その足跡はジョウグチの方を向いている。父は八幡様の土手の草刈りをしていたし、八幡坂を登った形跡はない。だから隣の家へ行ったとしか考えられない。母も隣家には豚がたくさんいるからそう思ったという。午後七時ごろか、隣家の豚小屋の中にコロがほかの豚と一緒にいると、隣家で教えてくれた。

9月26日（月）物置の屋根が飛ぶ

午前二時ころから台風二六号、強風に雨がともなってやってきた。思いもよらぬほど風が強く、俺もみんなあわてた。物置の屋根が脇の八幡坂まで飛ばされただけで済んだ。

12月1日（木）野猿峠の景観

数学の先生が休みで、思いもよらず授業は半日で終わった。帰りのバスはお使い帰りのおばさんたちである。学生は一人であった。最後部の座席に座り、本を読み、車窓の景色を眺めた。市内は別に変わった景色はない。しかし、北野駅を過ぎてからは違う。バスは斜めになり、細い道をフーフーと登り始めた。野猿峠である。家並みが切れるところで右側に広大な宅地造成の工事が目に入る。ブルドーザーのうなりは一か月前くらいから少なくなってきた。その代わり人夫は増し、土手の工事をしている。鉄塔だけが一人高いところにとり残されている。左手は造成を始めたばかりで、山は削られ、地層がくっきりと出ている。何年か前に頂上にあった大きな松の木は伐られ、それに代わって宅地ができつつある。頂上を過ぎると、山もバスも落ち着きを取り戻し、由木に入る。右側の山はもう褐色に色づいて冬の準備も充分らしい。もうバスの中も寒くなり、人も少ない。俺はある面では由木のあちこちで行われている宅地造成に反感を持つ。この大地の下には歴史がこもっている。原始時代の遺物が埋もれている。それやこの静かな山、綺麗な空気、水、みな失われてしまう。その反面、この発展を喜ぶべきかもしれない。実質的には損はしない。でも自分はこの由木の伝統や精神をいつまでも持ち続けるべきだと思う。そのために、今の大人はもっと努力すべきではないか。

12月24日（土）クリスマスイブ

夜は家中でアイスクリームのケーキと、上の兄が買ってきたケーキを食べて過ごした。

昭和42年（1967）

1月12日（木）大雪で学校遅参

雪のためバスが野猿峠を通れなくなり、聖蹟桜ヶ丘を回って行ったので、一時間遅れた。雪のために遅れるなんて。

1月28日（土）総理大臣

八王子市内で、佐藤栄作総理大臣が候補者の小山省二の応援演説をしていた。やっぱり一国の首相だけあって風格があるように思えた。いつになったら本当の選挙ができるようになるのだろう。日本でも国のために尽くす、世界に誇れる偉大な政治家が出て欲しい。明日は衆議院議員の選挙だ。

2月12日（日）大雪

十三年以来の大雪だという。今日もまた雪は降り続いている。十日から降る。もう三〇センチくらいはらくに積もっている。山道を通って下柚木の床屋へ行ったら、歩くのがやっとだった。長靴はいつも雪の中である。午後からは竹でスキーをつくって、脇の坂で兄も入ってすべった。シロも一緒だった。シロもすごくうれしそうに小さい体をおもいきり雪にぶつけていた。

3月3日（金）由木郷土研究会

新聞に、由木に郷土研究会ができたとあった。自分の考えとぴったりだ。由木の文化財を残したい。それは由木の人ならだれでもある考えだと思う。それを由木中の社会科の先生が発案したそうだが、もっと早く俺が中学にいるころすれば、社会部でも作って協力した。今でも俺は十分協力したい。会員にもなりたい。成果が上がるように。

3月20日（月）手伝い

午後からは家の手伝いをした。父母が裏山の木を伐っていたので、木を家まで運んだ。

5月4日（木）猫の死

猫が親子とも死んでしまった。病気ならともかく、二匹とも事故で死んだ。何かこの世以外のものの存在を感じさせる。親は竹やぶで、子は蒲団の中で亡くなった。俺が小学校のときから飼っていた親は、とても可愛かった。動物とはいえ、何年も一緒に居たものがいなくなるのは寂しいものだ。

6月21日（水）水不足

映画を見て帰ったら、もう九時近かった。今は植田の時期なのに水不足で、色々な小さなトラブルが起きたりする。今日も我が家にある家の人が来て、喧嘩腰で父に水のことを話していた。水が農業にとってどんなに大切か分かる。

7月31日（月）耳鼻科に入院

今日から入院。兄に車で送ってもらい十時ころに家を出る。午後二時半ころから蓄膿症の手術をした。八月一日（火）一日中、母に顔の左半分を冷やしてもらいながら眠っていた。三日（木）今日から歩き回れるようになった。他に入院している人達とも親しくなってきて、本を交換したりした。四日（金）窓の外を見ると、やっぱり健康にしたことはないと思うよ。市民祭で人通りは多いし、余計だ。デバリのおばさんが見舞いに来てくれた。五日（土）今日はタカラのおじさんが来てくれた。六日（日）上柚木のおばさん、おけいさん、姉さん夫婦、憲坊とおばさん、みな来てくれた。九日右を手術。十二日（土）母が二晩泊って帰る。姉がまた来た。サブちゃんも来てくれた。十八日（金）退院。

8月26日（土）八幡神社の祭礼

今日は夏祭りで、親戚の人が子どもを連れて何人か来た。家の者も混ざり大勢でいろいろ食ったりした。昼間は太鼓の音くらいしたけど、夜は静かなものだった。年々さみしくなっていく。昔はそんなではなかった。年寄りみたいだけど。

10月29日（日）稲刈り

いつもより遅くまで寝た。稲刈りの最中なので、田んぼに出かけて手伝うことにした。修学旅行の疲れも少し残っていたけど。少し刈ってすぐに疲れてしまったので、稲をウシにかけるほうをやった。手伝うのは何年ぶりかな、なんて思った。年取った父母も多摩ニュータウンで土地を手放すので、もうすぐこのようなことはできなくなる。手伝うこともできなくなるのかと思うと寂しくなる。よく晴れた稲穂のなかで動いている人を見ると、平和だなと思う。のどかで、心も落ち着いて、俺はこんなときがすごく好きだ。

11月27日（月）学校の仲間

昼休みに、いつもの連中が俺の席の周りに集まって、パンを食べる者、弁当を食べる者、食べる合間に話すのではなく、話す合間に食べるくらいの調子で、新聞ネタなどをしゃべる。いつものことだけど、この連中が集まると、政治に話が行く。このごろは決まって沖縄のこと、安保のことなどである。阿部は理想的な日本の防衛を言う。新(あたらし)は現実的なことを言う。長澤も佐藤も色々と言う。俺は阿部の意見にはいつも否定的だ。阿部がいつも一人になる。今日は阿部も新も真っ赤な顔をして言い合っていた。みんな良く繋がっている。

12月3日（日）多摩ニュータウン計画

多摩ニュータウンの件で、最近家の近所の家も移転だという話が出ている。それは確実らしくなってきた。もし移転ならば、東京都の方からの移転補償が良くなければ、今でも苦しいこの家が土地も失ったし、金も減る一方だし、まず俺の進学もダメになってしまうかも。今までは多摩ニュウータウン建設計画の影響が、この地域に大きく及ぼしているのは知っていたが、直接自分にもふりかかってくるとは思っていなかった。農民が土地を失い、金を手にした。この事実は大きく人々の心までも変えてしまった。そして、おだやかだった生活に大きな波紋を与えた。同級生の父親は自殺し、また自然をも奪おうとしているのだ。

昭和43年（1968）

1月9日（火）円谷の自殺

東京オリンピックマラソン三位の円谷が自殺した。自殺について真剣に考えたことは無いわけではないが、考えさせられた。マラソンが下り坂になってしまい、ついには人生のマラソンを終えた。自殺、それは肯定できない。自らの手で自らの命を絶つ。そうするのがどうしようもない苦しみから救われる唯一の手段なのか。

1月28日（日）有線を引く

最近、家にもようやく有線が引けた。他の多くの家はもう何年か前に引いている。やはりなくても生活できるものだけれど、あればあるで便利なものだ。今のところ、母が一番重宝しているようだ。近所の奥様連中とも居ながらに話ができ、ちょっとの用も今までは出かけて行ったのだが、今はそうしなくても済む。母の用事が少なくなるのは大いに歓迎だ。

3月5日（火）カエルの声

夜中の一時、近くの田から産卵期を迎えたのか、カエルの声が絶え間なく聞こえる。ただカエルの声のみが私の耳に響く。それも妙に寂しくだ。

2月16日（金）大雪

雪は四五センチから五〇センチも積もっていた。バスは運行していない、学校に行くには八王子駅まで歩くよりほかに方法はない。雪の中、八キロ以上も歩くのは嫌だ。休むことにした。

5月18日（土）同級生の自殺

家に帰ってから、小学校時代の同級生が横浜線で自殺したということを聞いた。なにか信じられなかったし、変な感じだった。自殺について考えさせられた。頭も良かったし、しっかりした女生徒だったのになぜかなあ。自殺って肯定できるのか、否定されるべきものなのか。人間って死を隣にいつも隠し持っている。いつだって死を出せる。

5月19日（日）自殺の新聞報道

朝刊の都下版に大きく「女高生受験を苦に自殺」と掲載された。自分も同じ受験生として考えさせられた。自分について考えてみても、絶望まで行かずとも確かに苦しい。あまり深く考えたくないよ。今日は死について一日中頭の中にこびり付いていた。自殺って自分に負けるみたいに想う。今、外は雨……雨の音だけ。これから英語をやらなくては、もう十二時だぜ。

6月30日（日）家の解体

多摩ニュータウン計画の先がよく分からないので、迷いに迷ってわが家を新築することになり、今日から関東大震災後に建てた茅葺の家を取り壊す。朝から近所の人も何人か手伝いに来た。

7月14日（日）建てまえ

今日は建前なので、朝から槌の音も高く、家の骨組みが出来上がっていく。昔と違って今では柱材などは車で運んできて現場で組み立てる。夕方から酒宴が開かれた。

10月6日（日）引っ越し

新築した家へ引っ越し。大したものもない家だけれど、引っ越しとなると大変だ。兄弟それぞれの部屋の設定をする。古い家の三分の一くらいは、壊さずに残して住めるようにしてある。勉強部屋も。

12月30日（月）東大入試が中止

昨日、東京教育大学が入試中止となった。引き続いて東大も入試中止が決定された。朝のニュースに東大の受験生が出演していた。

(三) 大学生 ― 民俗学に出会う

昭和44年（1969）

3月14日（金）入学金

大学に入学金を納めに行った。一一万四八〇〇円、我が家の経済状態からいえば確かに大金だ。それだけにお金を出してくれて本当にありがたい。自分の好きな方向へ行かせてくれる。「入学金を持っていく」と言ったら、母が盗られないようにと心配した。心配は当たり前だ。帰りに、下駄を母に買って帰った。気持ちのほんの一部でも具体的に表せせば、お互いに気持ちの良いもの。

4月5日（土）日本武道館で入学式

京王線、総武線を七時半から八時半ころにかけてのラッシュの中、年取ったお袋と一緒に式場へ。お袋も年を取ったものだ。電車の中では可愛そうに思えた。だけど、入学式ぐらいは連れて行きたいし、見てもらいたかった。式はマスプロ化を象徴しているかのようだ。祝辞は法政の校風を表している。新たな感慨も入学式とて別に湧きあがらず。ただ、これからこの法政大学に誇りをもって勉励せよである。

4月8日（火）　ガイダンス

ガイダンスが一時からあった。校内に入るとキャンパスには大きな立て看板、安保とか沖縄とかの赤い大きな文字が目に入る。その中にサークルの看板も多くある。ビラを配っている人が多い。雑然としたキャンパス。風にビラが地を這っていた。ガイダンスは学校が説明を終わってから自治会が登場した。社会学部自治会委員長、書記長など、長く汚い髪、疲れがどこかに潜んでいるような格好、おまけに服装までが「私は学生運動の活動家です」と表現していた。しゃべっている本人も分かっていないような文学的でない記号のような言葉をどんどんはじき出す。高校のころの大学についての考え方が続いている。すぐに安保だ、沖縄だとかマルクスだとか言われたって分からない。ある程度は知っているが、それは深くもないし、まだ自分の態度を表現するところまでは無理だ。自治会も分かるが、全面賛成できない。バリケードストライキをここ法政でやるというが、それがどれだけの意味を成すのか疑問である。ともかく今日は隣の席の人が京都で一時反帝に加わって活動した人で、その時のことを聞き、自治会の報告も最後まで聞いた。席を立って振り返ったらほとんどが二年生。賛成じゃないから聞かないのではなく、大学へ入った以上、当面する問題は積極的に、一年生だって考えたほうが良い。

4月14日（月）大学最初の講義

今日から講義。一時間目は英語、休講。二時間目は二〇分くらい遅れて先生が来て、一〇分くらいしゃべって終わり。四時間目は休講。聞いてはいたが、いい加減さには怒るよりもびっくりだ。教授とはあんなものなのかと、いささかがっかり、マスプロ化に伴って、あのような講義だったら、学園闘争も起こるべくして起こったような感がする。教授もより良い教育者であって欲しい。

4月21日（月）大学の風景

休講。教科書を買うために学校へ行ってみた。図書館は全共闘のために封鎖されていた。屋上にはそれぞれのセクトの旗が閃く。4・28沖縄反戦デーに先駆けてのことだろう。知らない、それではもう通せない。沖縄のことを自分自身で考えて、自分なりの考えを持たなければならない。ヘルメットをかぶっている学生が目立つ。図書館の前では数人の学生がゲバ棒を持っている。民青や全共闘、色々なセクト。

4月25日（金）母の様子

学校から帰って茶の間に入る。仏壇の前に、幼い子どもが持つような人形とキャラメルが入ったビニール袋が下がっていた。孫が来たのと母に聞いたら「つまらないから買ってみたの……」と言う。ぶら下がっている人形をもう一度見つめてみた。胸が締め付けられるような思いがした。人形を買うに至る母の気持ちがよく分かる。いじらしいような、私が罪のような、宿命のような。母からすべての子どもが離れていく。孤独になっていく親は、うれしい気持ちと同時に寂しい気持ちとなる。精神的に子どもと分離した、老いた精神生活となるのか。

6月10日（火）ゲバルト

サークルが終わったので、本校へ先輩と行った。55年館前広場で何か騒然としている。色々なヘルメットの色と青い鉢巻とが衝突しそうだ。全共闘はヘルメットと角材、顔にタオル。角材も次から次へと運ばれ、次々に手渡している。後ろの方を石の詰まったバケツを、重そうに六角校舎の方に運んでいる。青い鉢巻はプラカードにカモフラージュしたゲバ棒を手にし、すでにプラカードのベニヤ板をはずしてすでにゲバ棒となっている。青鉢巻のアジ、全共闘のアジ、青鉢巻のスピーカーの方が性能良く、もう一方の演説は聞こえない。私は先輩と二階から広場を見下ろす。すぐにでもこの目の前で乱闘が始まりそうだ。教官らしき二、三人が両派の間に入っている。長いゲバ棒が小さく揺れ、小競り合い。緊張した状態が一時間以上続く。シュプレヒコール、アジ演説、突然事態が一変した。青い鉢巻の突進、全共闘の後退、六角校舎からの投石、ビンも飛んでくる。目の下では逃げ遅れたものがメッタ打ちだ。ベニヤ板を盾にして青鉢巻が進む。アスファルトの広場にビンが割れ飛び散る。私の隣からも怒声があがる。私が居たのは広場に突き出た二階のバルコニー、逃げ場もなくなり、割れた窓ガラスから授業中の教室を通り抜け、裏に逃げた。裏では門を封鎖していた。一般の落ち着いた学生風の演技で開けてもらった。帰りはもちろん、家に帰ってからも頭から離れなかった。

6月15日（日）反戦・反安保・沖縄解放集会のデモに参加

日本文化研究会の一年生四人、二年生一人で、サークルとしてではなく、個人として参加した。新宿駅で高校時代の同級生の原島君に会い、彼も一緒に日比谷に行った。有楽町駅を降りると、ずっと機動隊。日比谷公園に入ると、すでに各大学や全共闘、それに市民団体、外国人べ平連など。色とりどりの旗、旗、旗。ヘルメット、エネルギーが肌で感じられた。熱っぽい反戦の空気は快かった。野外音楽堂での集会、東大全共闘の山本らも顔をみせる。太陽がジリジリと照りつける。初めてのデモ。友だちと腕を組んでジグザグをやり、「安保粉砕、闘争勝利、沖縄解放」のシュプレヒコール。「機動隊帰れ、帰れ、帰れ」と叫び、汗が体中をおおう。機動隊の規制も厳しい。デモでは一橋大学のべ平連に加わった。サークルの女子と腕を組んで。

11月7日（金）民俗の原稿を書く

今日までの七日間、サークルの勉強をした。しなくてはならない立場に追い込まれた。八日締め切りの民俗調査報告書『木挽』の原稿を書いた。旧山梨県駒城村の講の考察、蓄積のない俺にとっては、できそうもないことだった。四年の松崎さんにも助けてもらい、今日どうにか不十分ながらできた。これからのサークル活動にやる気も取り戻した。

12月28日（火）母が倒れる

夜、お袋が風呂場の脱衣場で倒れた。これで母は死んでしまうのかと思った。それほど重かった。この日は、ただできることをしてやるだけ。お袋に頼り切っていた家族、親父も兄も俺もどうしようもない。早くよくなることを祈るだけ。

昭和45年（1970）

1月1日（木）母のうわごと

うわごとで「広は学校を卒業しろ、やめるな」と母は大きな声で言っている。意識は安定してないのに、俺のことが心配らしい。

1月4日（日）家の中

東中野診療所の先生が「半年は寝ているだろう」と姉さんに言ったという。姉さんが来てくれて、家の中のことやお袋のことをやってもらっている。でも姉さんは七月に出産予定だし、嫁に行った人で自分の家のこともある。明日から兄二人は会社に出る。親父には働きに行ってもらわなければならない。俺も明日から学校が始まる。何か月も、いや何年もかかるかもしれないお袋の病気。どうしたらいいんだ。

1月27日（火）家事

最近の毎日は、掃除したり食事の用意をしたり。我が家にとっては仕方がない。兄二人は会社、親父はお袋の世話。

学校へ行って時間的余裕のある俺が、早く帰って夕飯の支度などしなくてはならない。本当に台所仕事は疲れる。手を見るとヒビができている。

1月30日（金）学校を休む

学校を休む。ただ行きたくなかっただけ。パジャマのままで一日中家にいる。

4月3日（金）九段甫谷戸

雨が降り、絶好のチャンスと思い九段甫谷戸（くだんぼ）へ出かける。母から聞いたお宅を訪ねる。この谷戸は南大沢の一番奥に位置し、六戸の家がある。交通も不便な別の村のようだ。玄関を入ると二人が湯気を吐く鉄瓶を中心に、ヒジロで談笑していた。「おきぬさん」という名のお婆さんも来てくれ、話を聞いた。この谷戸の集落の成立など新しい事実が分かった。狭い谷戸にいくつもの地名が存在していた。強盗の話など二時間以上聞いた。この谷戸は田畑の猪の番として来たものが住み着いて、田も少なく陽当たりも良くなく、苦しい生活を続けたらしい。分家などをのぞけば、開墾当時のままで新しい家は入っていないという。

4月某日　隣家で聞書き

雨の降る日、隣のおじさんを訪ねた。近衛連隊にいた方。通過儀礼・産育・葬制などの話をしていただいた。自分の生まれ育ったこの土地、知っていると思っていたが、聞いて初めて知ったことが多い。自分の知識は偏っていると自覚した。

7月11日（土）赤不浄

お袋がこんなことを言った。「大黒様に願掛けはじめたけれど、姉があれだから今はやめるのだ」と、床の間の大黒様の前に神棚に供える蝋燭立てが一つ置いてある。姉が出産したばかりのため、チボク（赤不浄）のあるうちは願を掛けると罰が当たるから願掛けはしないという。お袋が神頼みをするのも無理のない話だ。「いつになったら、この痺れがとれるのかなあ」と、苦悩の表情で聞かれても、何と答えてよいか分からない。

10月4日（日）八王子の本屋を歩く

多摩地域の文化関係の本を探すのは、やっぱり八王子でないとだめだ。『八王子の石仏と野仏』を見つけたのはうれしかった。それに柳田國男集の一冊を買う。『多摩文化』という雑誌をみつけ、立ち読みをしていたら、由木の小泉栄一さんという方の文が載っていた。昆虫の民俗学というか、言語学のようにセミならセミの地方名を書いていた。由木の先輩として、こういう人が居ることはうれしい。いつか会ってみたい。

10月31日（土）稲刈り

今日ようやく、すべての稲を倒した。深い緑と澄んだ空気、田に立てば松木のほうまで見える。お茶のときに親父と話していると、死語になっているような言葉が出てくる。それを田に指で書いて家に帰りメモをとる。昔、竹は二軒くらいの家にしかなかった。そこから分けてもらい、崩れそうな屋敷の崖や山に植えたのだという。関東大震災でつぶれた我が家の大黒柱は、チョウナ削りであったという。

11月23日（月）多摩ニュータウン

最近、多摩ニュータウンについて関心を持つようになった。以前から関心はあったが、近所の親父さんの話を聞いてからなお興味がわいた。住民と住民の間に巨額の金が流れ、公団による住民分断と思われる策がみられ、住民の生活権が軽視されているような点がある。住民の中にも、国策だから仕方がない、でもこんな保障では困る、という声もある。土地の買い上げについての不満の声は大きい。新聞が多摩ニュータウンの問題点を取り上げることもあるが、それらはみな行政上の問題などで、住民の中に入り、住民の声を聴いて書いたものではない。

11月25日（水）三島事件

三島由紀夫自衛隊乱入、割腹自殺、盾の会。昼ごろテレビのニュースで知った。ショックではあったが、滑稽でもあった。アナクロニズムということもできる。みな批判的である。ジャーナリズムはこの事件を一面からだけしか取り上げていない。右翼と自衛隊との関係など、もっと問題がありそうだ。三島の思想について語った新聞が多い。バスの中も電車の中も、友だちと会ってもこの事件の話ばかり。

11月30日（月）秋山郷の民俗調査報告書『木挽』完成

南沢さんと夕方十月工房へ行く。十月工房は下町の雑然とした中にある小さな印刷所。活動家の学生だった夫婦がやっている。赤ん坊を抱いた主人、薬缶のなかにミルク、買い物かごを下げた若い奥さんが帰ってくる。帰りのタクシー代にと千円返してくれる。そこには人間が住んでいる。人情がある。肩の百部の『木挽』も重いが、気持ち良い。俺たちの手で作ったもの、内容はともかく、やっぱり何か胸に来るものがある。大学に帰り、みんなに配る。みんなの顔が違う。

12月4日（金）きだみのる

『にっぽん部落』を読み終わる。俺のやりたかったのはこれだと思った。スムーズに読めた。文学的な書き方といい、今までの社会学の欠点を補っている。これぞ真の住民、日本の社会学ではないか。今まで右だ左だ、やれマルクスだエンゲルスだ、闘争だ、なんていう戦う社会学にはどうもついていけない。この本を読んでいたら、俺の中には部落と都会が同居している。そして部落と都会は戦うものとしか思っていなかった。きだみのるの日本文化へのアプローチは、民俗学より強いものを感じる。

昭和46年（1971）

1月1日（金）初詣

午前一時、兄二人と俺の三人で高幡不動へ行く。雨の止んだ後だけに気持ちが良い。少し残った雲の間に冬の星座が冷たく輝いている。星が多すぎて星座が分からない。車は堀之内の芝原を入り、程久保に抜け、動物園を過ぎた。道路の両側はずーっと車である。道路わきに駐車して、不動様まで歩く。露店が並ぶ。若い人が多い。厄払いの炎の団扇を買う。長い急な階段を上り、鐘を突く。タイミングが合わないと妙な音がしたり音がしなかったり。そのたびごとに笑い声。兄弟みんなで願ったのは、お袋が元気になること。手を合わせると、おかしなもので、ひとまず安心はする。

1月23日（土）OBの鈴木さん

茅ケ崎のOBの鈴木さんの家へ行く。サークルの連中五人と。鈴木さんは茅ケ崎市社会教育課で民具の収集や青少年の教育活動を行っていて、サークル出身でサークルの勉強を今も生かしている唯一の人である。鈴木さんの学生時代のことは大いに参考となる。鈴木さんのような道を歩みたい。僕にも鈴木さんのような情熱はある。しかし鈴木さんのようなエネルギッシュな活動とそれを支える精神に自信はない。でも僕は決めた。土地のために土地に生きることを。私にとって郷土は母であり、父であり、師である。

2月25日（木）工場のアルバイト

今日から松木の化粧品工場でアルバイト。昨日工場長に頼まれてしまった。年寄りばかりで話し相手もなくて楽しくもないが、昼は自宅に帰れるし、都合が良い。また、おじさんたちの話を聞いていると、今の部落の話題が分かってよい。多摩ニュータウンの話などになると、黙って耳を傾ける。市議会議員の選挙が近い。部落推薦をやるらしい。

部落推薦の問題を床に入ってから考えてみた。もう昔からの伝統には限界が来ていると思う。いつまでも住民は昔の住民ではない。若い有権者のことも考えなければならない。部落推薦は、政策とか政治的な考えで推薦するのではなく、血縁や地縁などの他の要素で推薦するもので、まずそこに問題がある。部落で一人の人を選ぶのが区会（常会）であり、各家の世帯主、つまり家単位なのだ。有権者は各家に一人とは限らない、若い人も老人も、農業の人も工員も会社員もいる。まだまだ南大沢では個人というものがそれほど尊重されていない。それから、組、講、親分、有力者も、根本は保守である。新しい南大沢、それには組織の変更なくしてはつくられない。

3月13日（土）病気の母

お袋の病気は回復へと向かわない。右半身の痺（しび）れは消えない。痺れを無くすものがあれば、どんな代価を払っても構わない。家の中だけの生活、それも布団を離せない生活、その上に艱難な家族関係。お袋が病気なるのも無理がない。いつまでも確固としたお袋であって欲しかったが、十二月二十八日はそんなお袋を辞めさせた。今日は久しぶりに体を揉んであげた。背に向けて囁（ささや）く細い涙声、俺は何の言葉も返せない。ただ力強く手が痛くなっても揉むだけだ。母がこのまま死ぬのであったら何と悲運なのだろう。もう一度母が心から笑う姿をみたい。ジョウグチから、買い物袋を小脇に抱えて背を丸め、玄関を入りどっこいしょ、というお袋は別の世界に行ってしまった。今俺の手で揉まれている母は、何か別の母のような気がする。

3月18日（木）バイト先のおじさん

春の風が吹く。木々の芽が膨らんできた。一本の木、一本の草、変わる丘、よく見ておこう。工場に働きに来るおじさんが、「百姓やめようか、どうしようか」と言っていた。どうなっても春になると百姓したくなるという。おじさんの土地はほとんど東京都の土地となったが、畑では野菜をつくっている。多摩ニュータウンの下には種々の悩みが横たわっている。

4月25日（日）中国の人民外交

午後からオートバイで八王子へ。日中友好協会主催の中国展をみにいく。名古屋で行われた世界卓球大会に来日した中国卓球団の人民外交。そして米国卓球団の中国訪問。ニクソン大統領の中国政策の柔軟化。一躍中国は世界の中央に姿をあらわし、積極的外交を行おうとしているかに見える。日本でもアメリカでも民間交流。中国に対する新たな意識が生じている。

5月14日（金）内裏谷戸

私鉄スト、学校休む。オートバイで内裏谷戸へ行く。字図でも作ろうと思い、山の上に登った。初夏のような陽を浴びて、藁屋根が目につく。ニュータウンが完成すれば、この大地の歴史も人間もすべて忘れられてしまう。畑で働いていた人と話したら、この谷戸には昔、何十軒もの家があり、遠くまで出づくりに出ていたという。あそこもここも屋敷の跡だと教えてくれた。

6月9日（水）家事

学校を休み、家の仕事をする。仕事といっても洗濯と風呂焚きと炊事だけである。その合間に本を読んだり、好き勝手な生活だ。いつも親父は朝・昼・晩の食事の用意をして田に出る、母の世話をしながら。母はあの体で洗濯を始めたりする。そんな両親を見て気軽に学校などに行けない。オバンシ（炊事洗濯などの仕事）は俺がやることにした。

6月11日（金）民俗調査の課題

本多勝一の『殺される側の論理』を読み終える。自分の考えがはっきりしたように思う。俺自身が考えていたことを的確に書いてあった。自分の日記を振り返っても、地域研究のことが多く書かれているが、ここで、何のためにやるのか、自問しなければならないと思う。サークルで本多勝一の「調査されるものの眼」、その反論の山口論文をもとにして討論した。しかし、本多論文の解釈から相違し、問題をサークルとして捉えられない人も多く、また俺の討論の仕方もまずく、皆とかみ合わなかった。何のために民俗学を学んでいるのか。

7月3日（土）・4日（日）田の草取り

親父と田に立つ。苗は二〇センチくらいもあろうか。上の道路から見ると田は数学的、田の中から見ると文学的だ。曇っていて九段甫谷戸のほうはもやっている。俺は田の草取りははじめて。親父から教わりながら始める。田の表面を撫でまわす。引っ掻きまわすのだ。手は苗一本一本の根元も漏らさずに働かす。数分やると腰を伸ばしたくなる。足にブヨがとまる。ウジ虫にかまれる。あと田が何枚残っているのか気になる。親父が「これほど手を動かす仕事はないよ」と言う。本当にそうかもしれない。去年は稲刈り・脱穀と手伝ったが、今年は田植えを手伝わなかった。百姓は良いよ、なんていう人がいるが、そう軽くは言えない。なるべく、肌で多くのことを学びたい。

7月21日（水）田の草取り

もう苗が伸びて葉先が顔に当たる。一回目のときよりつらい。顔は腫れぼったく、腕には赤い斑点ができる。親父も年を取った。昔のような勢いもない。手伝えば嬉しいらしい。寝ているお袋も田のことには気を使っている。

7月31日（土）暑気か

ついに一週間寝てしまった。床を離れられなかった。頭痛と熱と吐き気で暮らす。何も食べないのに吐き気、吐き気。最初は何か吐いていたが、そのうち黄色いもの、それから黒い砂のようなものを吐く。体はだるくてものを言うのも辛かった。医者が日に二回来てリンゲル液を打ってくれた。吐いては眠り、吐いては眠りの繰り返し。そのころ眠りが変だったのか、意識が遠のいたのか、枕元でお袋が「ひろし、ひろし」と大声で呼んだ。二十六、二十七日は最悪だったようだ。でも二十七日から回復に向かった。病気のお袋が足を引きずりながら水といえば水、冷えたタオル、水枕を持ってきてくれて医者も呼んでくれた。

8月9日（月）小西先生宅へ

風間さんとサークル顧問の小西先生宅を訪問。僕にとって大学の先生宅にうかがうのは初めて。先生も多忙らしく、話したいこともあまり話せなかった。先生をさらに知ることができたかもしれない。調査の問題を話していただき、プラスであった。先生の部屋は、愛らしい奥さんにインド・インドだった。

8月12日（木）博物館実習

八王子市郷土資料館での博物館実習も残り少なくなってきた。資料館に来て、俺の勉強にとっては最高に得をした。郷土史家の知り合いができたこと。民具などの資料の知識を吸収できたこと。多くの資料をいただいたこと。

11月20日（土）学園祭の前夜祭

僕らが入学してから初めて学園祭らしい学園祭。今までのサークル内のごたごたで、友だちと思っていた人は友でなくなり、友だちと思っていなかった人が友になり、学祭を迎えた。55年館前の特設舞台で前衛劇団が演じている。七階から見ると、群衆の中央に肉色のものがうごめく。隣の一年生が「全裸だ！」と叫んだ。三人で階段を駆け降りる。総長の名を付けた「哲っちゃんおでん」は、午前四時ころに閉店し、酔った。オールナイトを見、ブルーフィルムを上映する教室に入った。一、二年生と机の上に明け方少し仮眠する。二十一日は顧問の小西先生、鍋島先生、他校の民俗学研究会の対応で終わる。学祭中、学校に二泊した。

12月20日（月）薬師様の石仏

東光寺の下の薬師様の石仏を調べに行った。ここはもう何度も足を運んだところだが、行くたびに何か新しいことが発見できるのではないかと思いつつ行く。近所のおじさんがゴミを捨てにやってきて、僕に話しかけてきた。内裏谷戸のことが少し分かった。どんどん外に出て聞いて歩くべきだ。もう三、四年すれば、この土地でも工事が始まる。

12月21日（火）目籠づくり

午後から滝の沢へ行ってメカゴのことを聞く。おばさんが丁度いたので都合よく聞けたが、どうも答えるほうが改まってしまって充分ではなかった。おばさんを固くさせてしまったのは、僕の質問のためか、近所の人に与えている僕のイメージかもしれない。おばさんは僕の小さいころのことや、同級生の信（まこ）ちゃんのことを話してくれた。近所での聞き書きは、自分との闘いのようなものだ。民俗資料を集めるより、そのほうが自分のためになっている。

12月29日（水）道上で聞書き

午後から道上に行く。八幡神社について聞きに行った。おじさんが色々な書類を持ち出して話してくれた。一番驚いたのが、このちっぽけな八幡神社も神社本庁のもとで宗教法人となっていることだ。民間信仰に興味がありながら、そんなことも知らなかったのかと言われれば、その通りだ。道上では二代続けて村会議員をやっていた。漢文の本などもたくさん持っているという。小説本をみせてもらった。僕には読めなかった。その時代の文字を理解できなくては駄目だと思った。屋敷神も見せていただいた。部落の人たちは、僕が特殊なものを捜し歩いていると思っている人もいる。一番知りたいことは、ごく一般的なことで、あそこにもここにもあるというものだ。

昭和47年（1972）

1月9日（月）谷戸を歩く

友だちの家から帰って、七日は親父と墓場山の杉の木を伐った。八日はカメラをさげて清水入谷戸の山中を歩く。そして今日は内裏谷戸の山中でメモ用紙を手に長靴で歩く。歩けば小祠があり、常盤木があり、それに注目する。

1月30日（日）ブルの音

裏山の方からブルドーザーの音が聞こえてくる。地方史関係の本や自分で集めた資料を手に、部屋の中で立ったり座ったり。昨晩も自分の勉強のことやニュータウンのことを考えていたら、どんどん思いは展開して午前三時になり、眠れなかった。なかなか自分の力がなく、世の中も変わらない。土地の人々を思うといじらしくなる。自分たちの歴史を検証する前に巨大な力に滅ぼされ、無歴史的存在とならされて、疑問の歴史や文化、本当は僕らのものでなかったものが、僕らの歴史・文化とさせられてしまいそうだ。ほんの何日かのブルドーザーの作業によって消えてしまう。物質だけでなく、精神性も消去される。歴史の無い人々の増加に対応して、やがて何が出てくるのだろうか。正月の初めだったか、ある方の奥さんが物置で亡くなられた。安心して行かれる家に、歳は若いけれど、若い娘さんを嫁にやった。お母さんは反対だったようだ。娘を出してから精神的に病んだようだ。最近親父から聞いた話で、モンペ姿の母親の霊が娘ばかりでなく、その家の人にはっきりと認められるというのだ。講中の人々は母親の霊が迷っているのだろうというわけで、近年は中止していた念仏をやるという。昨年、町田に嫁に行った姉が、長男が風邪をひいたので、医者に行った。それでもなかなか良くならないので、何かの祟りかと考えて信心者のところへ行ってみた。そしたら、死んだ兄さんが幸福な姉さんをうらやんでいる、と言われた。直接そういわれたのではなく、兄弟で亡くなった人はあるかと聞かれ、亡くなった兄の祟りではないかと姉が考えるようになったそうだ。その場で姉は供養し、長男の風邪も治ったという。姉さんは戦時中に亡くなった兄に対して、自分は子ども二人をもうけて過不足なく暮らしているという意識が潜在的にあるようだ。信心深いお袋の影響もある。信者に伺いをたてに行くという習慣がある。僕の大学入試のときも母は伺いに行っていた。正月に炬燵で姉さんに「ひろし、本当にこんなことってあるんだなー」と言った。僕は姉さんの気持ちを考えて、「そうなんだ……」と、否定したりしなかった。

3月15日（水）山火事

午後二時三十分ごろ、八王子市下柚木の雑木林＝同所、農業〇〇〇〇さん（五三）所有＝から出火。クリ林など約一万平方メートルを焼き、北風にあおられた火が多摩ニュータウン用の造成地をはさんだ南側の雑木林二万平方メートルに燃え移って、計三万平方メートルを焼き、同四時四十分ごろ鎮火した。八王子消防署からポンプ車七台、消防庁のヘリコプター一機が出動、近くの用水池からドラムカンで水をピストン輸送して消火に当たったほか、地元の消防団員約百人、多摩ニュータウン団地内で作業中のブルドーザー二台も木を倒すなどして消火作業に協力した。約二百メートル離れた風下には農家など十軒があり、藁葺き屋根に水をかけたり、家財道具を運び出すなど混乱した（「読売新聞」昭和47年3月16日）。

3月16日（木）近火見舞い

火事の後は必ず近火見舞いがある。一番に早かったのは議員で、国会議員と都会議員、八王子出身の議員さんが名刺を配って歩いた。我が家ではいちおう親戚に知らせることになり、山火事なので来てもらわないこととした。今回の火事は、民家は焼けなかったし、親戚はサラリーマン、商店経営など、いろいろな人がいるし、どの家の主人も頭を悩ませたらしい。親戚を呼び、近所を回った家もあった。もちろん家が焼ければ村中の人が見舞いに来て、物置ぐらいだったら講中の人で済ませる。家が焼けたら、組合の者がその家の親戚を呼ぶ。火元の下柚木からは、区会の者らしい人が七、八人で酒を持ってやってきた。一人一人が玄関で簡単な詫びを述べて帰った。

4月1日（土）ツギメ

組合の中の中学時代の同級生が結婚してから一か月近くになる。彼は高校を出ると八王子市内の会社に勤め、社内結婿をした。同級生の僕は、まだ学校に行き、一生何をするかも心に定めていない。それはそれとして、今日お嫁さんが中講を回るという。結婚式は昔と違って自宅ではやらないし、儀礼内容も変化している。でも、このツギメだけは、兄の嫁、つまり義姉さんも講中をあいさつに回った。婿さんは最近ないが、婿の場合は講中より広い南大沢中を男の人に連れられて回るのだという。同級生の嫁さんは、出張りのおミキさん（組合の年配の婦人）に連れられて我が家へ来て、半紙に「のし　進上　嫁の姓名」が書かれた名刺を置いて行った。義姉は嫁の家で組合の婦人たちが集まるので、出かけて行った。新たに講中の人となる訳で、日常顔を合わせる人々と顔合わせするのは、古くからの儀礼だが、合理的である。

4月21日（金）タケノコ掘り

昼から親父がタケノコを掘っている。俺も鍬を肩にして裏山に出かけて手伝った。近所の人に市場に持って行ってもらい、いくらかの金になる。今年のタケノコが出るのは早く、そして数も多い。ある家では一日一万円くらいになったとかの話も聞いた。掘っている親父の顔が明るく手も軽そうだ。「こっちの畑も竹やぶにしたら。来年、再来年はもっともっと出るよ」「そのころにはニュータウンで削られちゃうんじゃねえか」「そうすると、もっとタケノコは高くなるぞ。大沢には竹やぶが多いから」

5月2日（火）色川先生の『明治の精神』

佐藤昇之助！　最近の頭痛が一挙に吹っ飛んだ。大学生協で『明治の精神』を買い、家でパラパラと読むともなくめくっていると、佐藤昇之助の文字が目に入り、これだ、ユリイカ、ユリイカ、大声をあげたくなった。子どものころからその名は知っていた。どのような人かというと、横浜でいろいろあった、そんなことくらいしか聞いていない。少しの言い伝えの中に何か激しい運命を送った人ではないか、何かもっていたのではないだろうかとの思いが、いつも潜在していた。自由民権運動と関係していたのではないかと知ったのは最近のこと。そして今日、ようやく困民党と関わっていたのを知ることができた。もっと真実を深く知りたい。

5月5日（金）奇特な方

昼近くまで眠っていると、親父と誰かの声に起こされてしまった。地蔵様か何かの話をしている。パジャマのまま行き、一緒に話始めると、ニュータウンのことやら話が合った。ついに自分の部屋へ案内し、南大沢の写真や民俗資料の写真を見せた。すると、そんなことをどんどんやってほしいと言い、カメラや資金の都合をつけても良いと言ってくれた。驚いた。その人は清水入谷戸の田中喜作さんという七〇代の方で、八幡神社境内のオオツクバネガシが八王子市の天然記念物に指定された貢献者とのこと。就職やらサークルやらお袋の病気などで、南大沢のことは頭にありながら何もしていなかった。急にエネルギーが沸いた。

5月6日（土）佐藤昇之助の家へ

午前十時ごろ、佐藤昇之助のことを聞きたくて道下へ行ってみた。大沢には門のある家が二軒ある。いずれも江戸時代の名主宅で、そのうちの一軒がこの道下である。正面と側面をぐるりと囲っていた塀も最近取り壊されて、入り口の門を残すのみとなった。昇之助が色々な思いを胸にこの門を出入りしただろうと想像しながら門をくぐった。入って右側には蔵がある。この蔵の中も一度は見せていただきたい。子どものころ、この蔵の前で近所の仲間と遊んだ。お嫁さんが洗濯物を干している。おじさんは居ますか、と聞いてみた。最近は体調が悪く、山のほうへ行き、不在とのこと。「昼ごろもう一度来てください」と言われ、その時を待った。電話があり、おじさんは出かけてしまったという。会うことができず残念だった。

9月29日（金）日中国交正常化

今、部屋の中には北京放送が流れている。北京放送合唱団が中国語で「さくらさくら」を、日本語で木曽節・花笠踊り・相馬盆歌を歌い、やがて記者が国慶節を迎える北京の表情を伝えている。今日の正午、友だちと店頭のテレビの前に立っていた。テレビ画面は日中の国交正常化を伝えていた。

11月15日（水）機関誌『木挽』の製本

十月工房、荒川区。底辺委員会の連絡が耳に入る雑然とした小さな部屋で、皆でサークルの機関誌『木挽』の製本をする。一年間の活動の成果が具体化するのは手ごたえがある。釜ヶ崎で労働者が動いたり、昨日は三〇人近くも逮捕されたのに、新聞は何も書こうとしないとの声が耳に入る。十月工房の人たちも、マスコミから赤軍とみられ、追い詰められて来年はここには居ないかもしれないという。そんな緊張感も、僕らからは少し遠い。帰りに代金を渡そうとすると、受け取ることはできないと、作業服の若い男は真顔で突き返す。友だちは道理として支払うべきで、そっとポストにでも入れておいたほうが良いと言った。僕はそんなことしたら、余計十月工房の僕らに対する誠意に傷をつけてしまうと考えた。僕らは山谷や釜ヶ崎が存在する限り、思考の範囲から欠如させなければ良いのではないか。

二　村組の終焉——八王子市南大沢の講中の場合

はじめに

自分自身が経験した地域社会の変化とは何だったのか。聞き書きと地域に残る記録、それに私の日記を用いて、一九六〇年代から七〇年代の東京都八王子市南大沢での暮らしの変化に触れ、その意味を考えてみたい。

南大沢は、東京都心から西に約四〇キロに位置する八王子市の東南にある。多摩市・八王子市・町田市・稲城市にまたがる多摩ニュータウンの西部地区で、町田市に接する。

（一）南大沢 ── 村と講中

まず、村やムラ[1]の協同・共有を通史的に俯瞰し、昭和五十年（一九七五）前後の聞き書きなどと合わせて南大沢の概況を示す。

戦国時代末　「新編武蔵国風土記稿」の大澤村の項に、鎮守の八幡社には天正七年（一五七九）九月吉日と記された棟札があり、田中一族は小田原北条氏に仕えた後、ここに住みついたという。[2]北条氏照の八王子城が落城する直前の天正十八年五月、大澤村に近い大塚（八王子市大塚）清鏡寺の住持が小田原の陣に行き、秀吉から由木郷の禁制を受けて来た。これで清鏡寺裏山に近隣住民を受け入れて戦から守ったという。[3]大澤村はまだ成立していないが、戦国時代末には江戸時代の村組に通じるムラが存在していたと思われる。ムラに続くか不明であるが、十三世紀から十五世紀の板碑も複数南大沢で確認されている。[4]

江戸時代　武蔵国多摩郡大澤村となった江戸時代の慶安四年（一六五一）十月、小山村（町田市小山町）が鑓水村（八王子市鑓水）と大澤村を相手に、秣場（まぐさば）の利用をめぐり幕府評定所に訴訟を起こした。寛文五年（一六六五）に小山村は再び大澤村に対し訴訟を起こし、ようやく天和三年（一六八三）に境界・入会相論に決着がついた。[5]おそらく耕地の開発が進み、江戸幕府がつくった行政的な村、ムラ連合の村が共同して相互に対立した案件である。江戸時代末には大澤村に堰山が二か所あった。[6]堰山は用水堰の普請に用いる用材を得る山で、村の生産に直接係わるもので、村の共有山であろう。子どものころ、杭（くい）を川幅いっぱいに打ち込んだ堰が一か所残っていた。

また、村内に建立された石製の念仏供養塔は、銘文から念仏講の共有物である。この念仏講が講中と同じであれば、十七世紀後半にはじめて講中の共有物の記録が登場したことになる。

南大沢の念仏供養塔は四基確認できる。[7] ①薬師堂前のものは一六七八年建立で、正面尊像左に「于時延宝六歳午ノ八月吉日　本願佐藤仲右門　佐藤□□□」、右に「念仏供養大澤村男女二十七人」と刻まれている。②八幡神社下のものは一六八八年建立で、正面尊像の左に「于時貞享五戊辰年正月吉日　施主男女□□人」、右に「念仏供養地蔵菩薩　武州多摩柚木領大澤村」とある。①は公会堂の建設で薬師堂とともに東光寺下に移動したもの。建立位置と銘文から、①と②は中講中の念仏講のもので、一〇年の間隔がある。③清水入谷戸の日枝神社前のものは一六九七年建立で、正面尊像左に「元禄十丁丑十月日　施主大澤村　田中□□□」、右に「念仏供養道（同）行十人」とある。④もう一基の清水入谷戸のものは一七一七年建立で、正面尊像の左に「□保二丁酉年十一月十四日善女人　武州由木領大澤村同行十三人」、右に「奉修念仏供養塔」と刻まれている。建立場所と銘文から、③と④は清水入講中が建立したもので、二〇年の間隔がある。この四基の銘文の特徴は、男女〇〇人とか同行〇〇人などと刻まれ、信仰を同じくする個々人と女性の存在が明記されている点にある。

明治以降　大澤村は明治初年に品川県から神奈川県となる。明治十一年（一九七八）の郡区町村編成法では南多摩郡大澤村となり、その後に同村名が郡内にあるので、南大澤村となった。明治十二年編成の「皇国地誌」に秣場が二十五町五反一畝十一歩、水田の灌漑のための堀が二か所（清水堀と大谷堀）、橋が四か所（霜田橋・大谷橋・滝沢橋・榎戸橋）記されている。[8] 秣場・堀・橋は村の農耕や普段の生活で重要であり村共有であろう。堀は水田所有の有無や田の位置によって全村民共有とは言い難い点もあるが、関係者の共有であろう。明治二十二年の市制・町村制では江戸時代の一一か村で由木村となり、南大沢は大字となる。近代の村が成立した。明治二十六年には三多摩が東京府に移管され、東京府南多摩郡由木村南大沢となった。明治三十五年の「大字南大澤共有財産取調書」[9]には秣場と山林が合わせて五町三反九畝二歩、他に宅地、消防器具と消防器具置き場が記されている。秣場が二五町から五町に減じているのは、処分したか、秣場が本来村共有ではなく講中共有であって、統計を修正した可能性も考えられる。[10]村の財産に消防器具とその置き場が記された。同じ明治三十五年八月に、南大沢区会で休み日を決定している。それには地域の生業の一致がよく表現されている。[11]

なお、清水入谷戸の日枝神社境内に石祠がある。台石を含めて高さ一〇二センチで、右側面に「昭和十一年二月吉日」、左側面に「南大澤清水入講中」と刻まれている。[12]これは天神社で清水入講中共有の祠である。以上のように村の共有の記録は文書にわずかに残る。自治的な村組としてのムラ、講中の記録は金石文ぐらいで数少ない。昭和三十九年（一九六四）には由木村が八王子市に合併し、東京都八王子市南大沢となる。

戸数と人口は、文政五年（一八二二）五六戸、[13]明治十二年六〇戸で二九〇人、[14]昭和四十五年一〇九世帯で五五三人、昭和五十年一二八世帯で五七三人、平成二十五年（二〇一三）に七五四八世帯で一万八〇〇八人[15]となる。人口が急激に増加するのは、多摩ニュータウン事業によってである。

聞き書き　次に聞き書きで得た南大沢の講中のことを記す。[16]昭和五十年（一九七五）ころの南大沢の村組は、講中と呼び、一八軒の日向（ひなた）講中、二六軒の中（なか）講中、一七軒の大上（おおつかみ）講中、七軒の柏木（かしわぎ）講中、三二軒の清水入（しみずいり）講中の五つの講中に分かれていた。さらに日向講中は三つの組合、中講中と清水入講中は四つの組合、大上講中は二つの組合があった。柏木講中のみ講中と組合が一致する。各講中は同姓の家が地域的に集中し、清水入講中の田中姓は、先述したように小田原北条氏家臣の末裔で、江戸後期には一七軒となり、氏神として日枝神社を持ち、旦那寺は山田（八王子市山田町）の古刹広園寺塔頭の永明院で、トウモロコシを栽培しないという作物禁忌があった。

講中外から新たに家を設けて講中に入り、その講中の有力者から姓をもらうこともあり、同姓であっても同族ではない場合もある。原則として組合の構成は変えても、講中は昔から一緒にやってきたので変更は不可能であるともいう。つまり組合への新規加入を認めても、講中には加入できない。一九七〇年代の半ばまで、新しい家の増加もあったが、基本的には江戸時代からの家々を軸に講中が存在した。

人生儀礼では、生まれてから七日目のお七夜に組合の者を呼び、初節供やお誕生には組合の者からお祝いが届く。結婚式婚姻ではクチガタメに組合の総代が仲人と婿の親戚の者と嫁方の家に行く。ご祝儀には組合の者は出席する。結婚式の翌日にはツギメと言って、組合内の年配の婦人に連れられて、嫁は講中の家々をあいさつに回る。葬儀では組合の者が一切の段取りを行い、墓穴を掘るのは講中で順番に当たり、講中の者は焼香に行く。葬儀後の初七日、四十九日、三十三回忌の弔い上げまで組合の者は出席する。

講中や組合を単位としたものには家屋の建築、茅葺屋根の屋根替え、祭礼の当番、町会などの役員の選出などもある。主に農業に関する掘りさらいや道普請もある。信仰的なことでは、各家を順に宿として、お日待ちと念仏講が講中単位で行われた。他に信仰の講としては、古峰ヶ原講、御嶽講、榛名講、民栄講（半僧坊）などの代参講があった。それらは任意の参加であった。お囃子や粉屋踊りの芸能は、囃子連・粉屋連とも呼び、南大沢内の者が任意で参加する連であった。

(二) 講中意識

大正十四年（一九二五）生まれの田中武雄さんに、子どものころの講中についての意識を聞いてみた。[17]「三間道路の工事の際、工事が終わるとトロッコがレールから外されて、底を天に向けて置いてあった。そのトロッコを子どもたちでレールに戻し、四〇〇メートルの間ニシヤトまで走らせた。昭和二年〜三年の半ばころのことである。その時、清水入谷戸の子どもたちだけで乗って、カシャゴ（柏木谷戸＝柏木講中）の子どもたちは乗せなかった。そのように、子どもでも講中での仲間意識が強かった。（中略）子どものころは、カシャゴ（柏木谷戸）とシミズリ（清水入谷戸＝清水入講中）の者では、お互いに悪口を言い合ったりしたこともあった」という。田中さん宅は清水入谷戸にあり、柏木谷戸と清水入谷戸はそれぞれ一つの講中である。決して田中さんが意地悪な子どもだったわけではない。

田中さんよりも二五年も年下だが、私も小学校に入る前は講中の中に暮らしていた。他の講中は外の世界であった。親の生活が冠婚葬祭をはじめ協同労働は組合を主にしたもので、念仏講やお日待ちが講中の範囲であった。田畑へ行くときは他の講中を通ることはあるが、日々の暮らしは講中の中で完結していた。他の講中へは行ったことがない、というご年配の婦人に会ったこともある。

私には三歳上の兄がいたので、なんとか最後の子ども組の一番下に入って遊びまわった。この子ども組も近隣の四、五人くらいなので、講中の範囲内であった。テレビドラマの真似をして、仮面やマスクをつくり、風呂敷をマントにして、雑木林の中で遊んだ。神社の境内では相撲をとり、家の庭や田んぼで野球をした。公会堂（クラブとも言った）は、村の施設でヒジロ（囲炉裏）があり、鴨居には青年団の表彰状がいくつも額に入れて飾ってあった。囃子連の締め太鼓もあった。雨の日などに公会堂で卓球をするときは、他の講中の者が来ると何となく意識した。

幼稚園や保育園もなく、小学校に入学してはじめて同級生という仲間ができ、同じ部落（由木村の各大字のことを「部落」と言った）内の同級生のところ、つまり別の講中のお宅へ遊びに行くようになった。小学校に入学して、村内の他の部落の存在を具体的に知り、講中を超えた講中連合の「南大沢」という意識が生じた。自分が、近代に成立した「由木村」に属する身と自覚するのは、実質的には村内に一校の中学校に入学してからのことである。講中↓南大沢↓由木村↓八王子市と、活動範囲の拡大とともに意識も拡大していった。でも基底には講中の意識が存在してのことである。

(三) 一九六〇年代から七〇年代の経験

私が中学一年(一九六三年)の四月から書いた日記がある。特に地域社会の変化を書き留めようとしたものではなく、ごく一般的な日記である。これに、地域に関することを書いたこともある。そのいくつかを示し、個々に説明を付した。南大沢での私の経験である。なるべく原文のままとしたが、明らかな誤字や言い間違いなどを訂正し、同日の記載でも関係のない事項は削除した。

昭和三十八年(一九六三)

6月21日(金)

今日、家の田植えで、よその人が四人来た。そして夜、三人来て何かを食べたり、酒を飲んだりした。一人は、おばさんなので、途中で帰った。父ちゃんを混ぜて、三人でテレビを見ながら色々な話をしていた。父ちゃんは酒をいつも少ししかのまない。一人の人は真っ赤だった。九時半ちょっと前帰った。

田植えの手伝い 手伝いに来た人たちを饗応する。手伝いに来てもらい、こちらからも手伝いに行く。組合の中で主に行っていた。このころは動力の脱穀機・精米機などが導入され、機械を購入し、それを扱える者のいる家が重宝された。その家を軸に数軒がまとまって互いに手伝い合っていた。稲扱きは足踏み脱穀機から、動力に発動機を用いた脱穀機へ。発動機の力強い音と振動と燃料の匂いは、子ども心にも新しく力強い印象があった。このころは養蚕を行っていなかったので、近隣で相互に手伝うのは、田植えや稲の脱穀のときが一般的であった。水田は自家消費の分と多少農協を通して販売していた程度である。

12月24日（火）

夜、飯を食ってから、上の兄ちゃんがアイスクリームのケーキを買って来たので、菓子を食ったりして遊んだ。クリスマスイブに、こんなことをはじめたのは去年からだ。家も前進したなと思う。今夜はけっこう面白かった。今度は誕生日にもこんなことしたらなんてみんなで言っていたけど、できるか分からない。十一月なんか三人も誕生日があり、姉ちゃんと俺とつづく。

暮らしの変化　税金と給食や教科書代などの教育費、これは現金が必要であった。母は食肉用の豚を二、三頭飼育し、百合の栽培や莚(むしろ)織りもした。父は農閑期に野猿峠を越えて自転車で八王子駅近くの土木会社に通い、失業対策事業の道路工事現場などで働いた。八歳上の長男は中学校を出ると、夜間の高校に通いながら会社勤めをはじめた。兄が働くようになって自動車が入った。最初は会社の車で通勤し、やがてマイカーを持つ。往還から家までの通路である「ジョウグチ」を改修して、車が庭まで入れるようにする。収穫物や農具を収納し、雨天の際に籾摺(もみす)りなどの農作業を行ったコエー（納屋）が車庫に改造された。そんな折にクリスマスの行事がはじまった。

昭和三十九年（一九六四）

3月28日（土）

合併のことで、夜父は出かけて行った。そして、大人の人はみんな、焚火をたいて数か所で見張っていて、日野派が入って来ないようにしていた。八時ころ、父もいっしょに八王子派の人が来て、日野派が来ているから気を付けるように言いに来ていたところへ、日野派の人が現れて、多数で追いかけて行った。そしてどこかへかくれてしまい、分からなくなって、大人の人は元のところへ行った。なんだか家には、下の兄と俺と姉さんと母さんしかいないので、不安だった。八幡坂の方に誰かいるように思えたが、いなかった。そして、十時すぎに寝た。それから、兄ちゃんは会社の帰りに見張りのほうに行って、午前二時ころ帰ってきた。兄ちゃんは会社の四輪で来たので、日野派の人が自動車でPRに来たので、追っかけたそうだ。大部分の大人は焚火の周りで一夜を明かした。父は朝六時に帰ってきて、頑張って七時に仕事に行ったので、父の顔も見なかった。この一晩は戦争なみだった（おおげさ）。同じ由木村の人が追っかけっこをし、敵になって、後で会ったらどんな感じがするのかな。

合併問題　この日は、日野市か八王子市に合併を決める住民投票の前日であった。昭和二十八年（一九五三）に「町村合併促進法」が公布施行され、南多摩郡では八王子市を軸に周辺町村との合併問題が展開した。多摩村と由木村は「町村合併促法」の有効期間内には合併を果たせなかった。昭和三十一年の「新市町村建設促進法」後、東京オリンピックの開催された昭和三十九年に由木村は八王子市に合併する。この八王子市への合併は、村を二分した激しい運動が行われた。伝統的な近世村の部落をベースにした運動であった。

11月29日（日）

昼間はオリンピックの新聞切り抜き、テレビ。夜は家でお日待ちがあり、奥さん方が集まってきた。

人寄せ　お日待ちはカイコヒマチ（蚕日待ち）で、四月中旬と十月末に男日待ちと女日待ちがあった。男五升、女三升の米を出し合った。男日待ちを先にやった。私が記憶しているのは、婦人たちが集まるお日待ち。丹塗りの膳椀で、真っ白な御飯に豆腐の味噌汁、それに大きな染付の絵皿に乗ったたくさんの煮物、講中の子どもたちがお呼ばれした。こうした人寄せがあるので、関東大震災後に新築した茅葺の我が家は、ザシキ（座敷）とデエ（出居）の二間がぶち抜きとなり、合わせて一八畳前後の部屋ができた。お日待ちや念仏講のときに、母とリヤカーで講中倉に膳椀や座布団などを取りに行ったのを覚えている。

昭和四十年（一九六五）

3月31日（水）

昨日と同じように、今日も朝から山へ行った。弁当も持って行った。戦車道路（町田市との境）のほうで遠いから。今日は丸太を運んで、運び終わってからマキの束を作った。同級生の信ちゃんは、おじさんが機械で伐っているのをずっと手伝っていた。お茶のときは薪を燃して、そこでお茶を沸かしたり、その周りで食ったりした。昔の話が面白かった。今日はいつもより早く、母と帰った。

燃料のこと　マキヤマといって、町田市の山林地主から雑木山を買って燃料を得た。この時は二軒で行った。自家の山林の落ち葉などは堆肥とするが、燃料は自家の山だけでは賄えなかった。雑木山は大体一五年前後で伐採できた。ヒジロや風呂、竈などでマキやタキギを燃料とした。小学校低学年のときは、学校の石炭ストーブの焚き付けに、当番の二人がタキギの小さな束を持って登校した。焚き付けの枯れ枝は、どこの山でも採れた。

10月6日（水）

今日は姉の結婚式で、朝から近所の人たちが来た。それから俺は学校へ行った。帰ったら、近所の人が来ていて、まだ酒を飲んだりしていた。

結婚式場　姉の結婚式は、自宅ではなく八王子市の中心部の神社で行った。次第に自宅での結婚式は無くなってきた時期である。それでも組合の人は披露宴に出席してもらい、自宅に呼んで飲食のもてなしをした。隣家の姉の同級生が自宅で式を行ったのが、自家での結婚式の最後のほうと記憶している。風呂敷包み一つで、嫁入りした方もいた。

誰でもが式や披露宴を盛大に行ったわけではない。

昭和四十一年（一九六六）

8月26日（金）

今日は南大沢のお祭りで、上柚木でも根岸（町田市）でも、姉も来た。みんなで御馳走を食べておしゃべりする。もっと御神楽なんかやってほしい。太鼓の音一つも聞こえてこない。

親戚との付き合い　婚姻、重い病、死、火災などで親戚が関係する。定期的な親戚との関係は、祭礼の機会である。酒饅頭をたくさんつくり、酒と煮物、蕎麦などで迎える。集落により祭りの日が微妙にずれていて、相手方の親戚に祭りの日には招かれる。このような慣行も、父が元気なうちに廃れてきた。

昭和四十三年（一九六八）

6月30日（日）

家を新築することになり、今日、今の家を取りこわすことになっていた。朝から近所の人も何人か来た。

家の新築　多摩ニュータウンの事業計画が不透明で、何年に家の移転をしなければならないのかが分からなかった。築約四五年の農業向きの我が家は、建て替えの時期に来ていた。思い切って建て替えに踏み切った。玄関を入って右手にソファーを置いた応接間をつくり、まだ人寄せを考えて八畳のザシキと六畳のデエは、襖（ふすま）で仕切った。お勝手のナガシ、ヒジロや土間、外の手水場（便所）と湯殿（風呂場）がこのときに無くなった。お産や湯灌をした薄暗いヘヤ（納戸）も無くなった。

昭和四十四年（一九六九）

11月15日（土）

車の音、あわてて外へ出てみた。隣家の隆ちゃんが七五三でお祝いのお返しであった。背広を着てお父さんの側にキチンと立っている。モチや酒や飴を受け取った。あとでお祝いの言葉の足らなかったことを後悔する。

親分　隣家は私の両親の仲人で、我が家の親分であった。だから父母は、年齢が近いご夫妻を「お兄さん」「お姉さん」と呼んでいた。「お父さん」「お母さん」と呼ぶ例もあった。保証人とか様々なことで何かとお世話になった。

昭和四十五年（一九七〇）

10月10日（土）

消防団の草刈り。一日一六〇〇円になるというので出てみた。お金も確かに目当てだったけれど、俺にはそれ以上のものがあった。この土地についてよりよく知るためには、このような集まりに参加するのは有効だと思った。出る人はほとんど三〇歳以上、少しは農業をやっている人達だ。やっていなくとも、部落の会合には顔を出すべき人々だ。俺にはそういう人達とまったくと言ってよいくらいつながりはない。昔だったら、二〇歳といえば青年団や消防団に入り、働く時期であろう。まったく共同体は崩れ去り、俺たちが壮年となるころは、その共同体の影響の欠片すら消え去っていることだろう。以前、いわゆる農業を主に生業としていたときには、草刈りにお金を出して多数でやるということは、考えられなかったことだ。

消防団の草刈り　多摩ニュータウン事業で買い上げた土地が道路脇にあって雑草が繁茂し、火災の危険があるので、公団からの依頼で消防団が除草作業に当たった。消防は南大沢全体のことで、明治三十五年（一九〇二）の「大字南大澤共有財産取調書」に、消防器一個・玄番桶四個・鳶口一〇本・警鐘一個・小手桶一〇個・付属器一式・消防器具置場建物一棟が記載されている。

昭和四十六年（一九七一）

2月25日（木）

市議会議員の選挙が近い。部落推薦をやるらしい。部落推薦の問題を床に入ってから考えてみた。もう昔からの伝統には限界が来ていると思う。いつまでも住民は昔の住民ではない。若い有権者のことも考えなければならない。部落推薦は、政策とか政治的なもので推薦するのではなく、他の要素（例えば血縁・地縁）関係からするもので、まずそこに問題がある。また部落で一人の人を選ぶのに、それは常会（今の区会）であり、その構成は各家の世帯主、つまり家単位なのだ。有権者は各家に一人の場合も、多数の場合もある。若い者も老人も、農業の人も工員も会社員もいるのだ。まだまだ南大沢では個人というものがそれほど尊重されていない。それから、各組、各講の親分、有力者も、進歩的発言をする人もいるが、根本は保守的である。区会も問題である。新しい南大沢、それには組織の変更なくしてはつくられない。

選挙　南大沢の住民は、選挙は隣接する松木の公会堂まで投票に行った。村のときは、部落で推薦した議員が当選した。町村合併が行われて大字の部落という呼称も次第に使われなくなる。選挙もより広域な範囲から選出する市議会議員の選挙にのぞむようになり、政党化も加わって政治も行政も地域住民とは遠いものとなった。また、村時代の部落ではなく、広域な八王子市の中での旧町・旧村に結束する政治・行政のパワーとなる。

昭和四十七年（一九七二）

3月16日（木）

火事の後は必ず近火見舞いがある。一番に早かったのは議員で、国会議員と都会議員、八王子出身の議員さんが名刺を配って歩いた。我が家ではいちおう親戚に知らせることになり、山火事なので来てもらわないこととした。今回の火事は、民家は焼けなかったし、親戚はサラリーマン、商店経営など、いろいろな人がいるし、どの家の主人も頭を悩ませたらしい。親戚を呼び、近所を回った家もあった。もちろん家が焼ければ村中の人が見舞いに来て、物置ぐらいだったら講中の人で済ませる。家が焼けたら、組合の者がその家の親戚を呼ぶ。火元の下柚木からは、区会の者らしい人が七、八人で酒を持ってやってきた。一人一人が玄関で簡単な詫びを述べて帰った。

火事見舞い　三月十五日の午後二時三十分ころ、八王子市下柚木の雑木林から出火、北風にあおられ、多摩ニュータウン造成地を挟んだ南側の南大沢の雑木林に燃え移り三万㎡を焼いた。四時四十分ころ鎮火。八王子消防署からポンプ車七台、消防庁のヘリコプター一機、地元の消防団員約一〇〇名が出動した。山際にあった我が家では、焼けた草木の灰が降り、煙に包まれ、母や姉さんは避難した。火災対応は、基本的には大字をベースにした出来事で、親戚にも及ぶ。ただ被災の規模で段階的に対応する。地域変化の過渡期であり、対応の判断は難しく、戸々の家の対応はまちまちとなった。

4月1日（土）

中学生時代に同級生であったSさんが、結婚してから一か月くらいになる。彼は高校を出るとすぐに八王子市内の会社に勤め、そこで嫁さんと知り合ったという。今日お嫁さんが、組合の年配の婦人に連れられて中講中を回るという。今日は午後、Sさん宅で、組合の婦人たちの集まりがある。

ツギメ　このころ結婚式の多くは式場で済ませたが、この嫁を紹介するツギメという行事は主に長男に限って行われた。昭和四十五年（一九七〇）に結婚した兄も、八王子市内の結婚式場で式と披露宴を行い、嫁さんは名刺を持って講中を歩いた。古くは婿さんの場合には、南大沢全域を回ったと聞く。

昭和四十九年（一九七四）

7月15日（月）

午前中、盆棚を写真に撮ろうと思い、隣家へ行く。豚小屋と車の狭い間をカメラ片手に。こんな気分とこんな目的でもって近所へ行くのは何年ぶりのことだろうか。座敷でもって、眼鏡をかけて頭を外に向けて、横になっておじさんが新聞を読んでいる。多くの知識を持ち、色々な歴史の刻まれている村の世話役的な人だ。過去に僕も色々お世話になった方。もう何年も前から盆なのに寺から僧は来なくなっている。このことも大きな原因となって、どの家も盆の飾りは簡略化されている。隣家では昔通りやっているだろうと思ったのだが、例外ではなかった。仏壇の両側に竹が立てかけてあって、盆の供え物が仏壇にあり、十三仏の軸が一つ掛けてあった。昨年から七月の盆となったので、供える花もないという話であった。やっぱり年中行事は自然と切り離せないものだろう。僕だって山百合の花と盆は強く結ばれている。

お盆の日程変更　昭和四十八年（一九七三）から、八月の盆が七月の盆になった。これは大方の家々が、農業から離れた結果である。

昭和五十年（一九七五）

6月16日（月）

植田。朝から夕方六時ごろまで、苗とりをしたり植田をしたり。もう稲作もこの谷戸から消える。今年が最後。単に稲作が無くなり、稲穂が見られなくなるだけでなく、その技術、それを介しての共同労働、考え方なども同様の道を歩む。私は決して頭の固い保守主義者でもないが、これから先、尾根から眺める谷戸の風景に、稲田が見えなくなると、一つの感慨をもよおす。今日は土地から勉強させてもらった。

水田稲作の終焉　多摩ニュータウンの造成工事で稲作の終了となった。南大沢では、江戸時代には堰山という用水堰のための山林を共有し、用水管理を行っていた。また、溜池もあったが、多くの水田は谷戸の冷たい湧水を用いたドブッタ田で、摘田という直播の栽培法で、収穫量は少なかった。腰まで沈むような深田であったため、稲刈りは「渡り木」と呼ぶ松丸太を埋めて、その上に乗って行ったと聞いた。戦後、耕地整理を行い、ようやく裏作ができるような水田に整備された。

10月10日（金）

多摩ニュータウン事業のため、民家の移転に先立って墓地の移転がなされる。南大沢でも、すでに数軒の家で墓が掘られ、寺に墓が移転している。前もって都からアンケートが配布され、都で新たに作る墓地か、各家の旦那寺へ移すかにされる。墓地の移転だけでも何百万円もかかるらしい。我が家では長兄がこれを進めている。まず僧が墓地で先祖の霊を抜く。次に墓を掘り、掘った遺骨を火葬場で焼き、寺の墓地に収める。最後に身内を呼んで法事をする。以上の過程を経るわけだが、もっと細かな手続きがあり、寺に払う金額、新たに墓石を建てる費用は大きい。古い石塔は寺に納め、寺で各家の古き石塔を集め塚にするらしい。

先祖観の変遷　どこの家も、家の背後の山林内などに自家の墓地を持っていた。我が家も、尾根道に近いところにハカバヤマ（墓場山）という山に墓地があった。東西に長く伸びる敷地内に、正面と北側には墓石が並び、南側には墓石のない、わずかに土の盛り上がった墓がいくつも並んでいた。墓石の無いものは、所帯を持たないで亡くなった人たちの墓で餓鬼という。お盆にはその餓鬼たちに、盆棚の下に里芋の葉に乗せた供物を供えた。彼岸などの墓参りには、一升瓶に水を入れ、野山で摘んだ花と米と線香などを持って家族でお参りした。お盆には墓地へと続く道とジョウグチと庭の三か所、墓地に近いところから順にムイカラ（麦殻）で火を焚き、茄子に苧殻の足をつけたウマを置き、線香に火をつけ、ウマと線香を盆棚まで移動させて、お盆様を家の中に迎えた。裏山の墓から祖先たちが、実際に下りてくるように思えた。暮らしの家と生産の田畑と祖先を祀る場が、一定の暮らしの空間内に意味を持ってまとまりがあった。墓地移転に伴い、旦那寺に新たに区画墓地を購入して墓石を建立した。墓石は「佐藤家の墓」と一つとなったので、かつての墓地ではこれはお祖父さんの墓とか幼くして亡くなった兄弟の墓などと、個別の墓石や土盛りに個性があった。しかし、新しい墓地では死者たちは一つにまとめられ、個性を失い、意識としても実際の距離でも遠い存在となった。

昭和五十三年（一九七八）

1月29日（金）

午後七時ころ、姉から「父が……、救急車が……」という電話。すぐ車で実家に駆け付けた。何だか妙に落ち着いていたが、野猿峠の切通しを超えて旧由木村に入り、さらに松木の道祖神の所を過ぎて南大沢に入ると、風景が父の姿を思い出させ、落ち着かなくなる。家に着くと、救急隊員から救命措置を受け、意識のない父の姿があった。三十日通夜、三十一日告別式を自宅で執り行った。二月四日初七日。父は我が家で最初の火葬であった。

境界意識　父の急な知らせを聞いて、自宅から車で実家に向かった。旧由木村に入る、南大沢に入る、我が家の屋敷に入る、はっきりと境界を意識した。父の死は、多摩ニュータウンの移転先に家を新築していた建前の日のことであった。

7月30日（日）

南大沢の実家、鍛治屋や農業をやり、江戸時代から続いていた屋敷から、多摩ニュータウンの優先分譲地に引っ越しをする。

新たな住地　優先分譲地は、南大沢の家々が集住するかたちとなった。かつてはそれぞれの家々が適当に遠かったり近かったりしたのだが、ほぼ同じ平面の家々の距離が接近した団地風となった。氏神社の八幡神社はほぼ旧地に残り、墓は寺に移転した。薬師と半僧坊のお堂は、目につかないところに遷座した。石仏は、神社の境内などに集められた。

昭和五十四年（一九七九）

2月8日（木）

父の一周忌ころに容態が悪化した母は、明け方他界した。

地域社会の変化　明治末年生まれの父母は、多摩ニュータウン事業地内に居を移す時期に、七〇歳で早々と他界してしまった。一〇年間病の床に伏していた母から、折を見て昔のことを聞いた。一時枕元に一冊のノートを置いて、若い者に教えるために念仏講で唱える念仏を記していた。しかし「新興宗教に入る家が多くなり、念仏も続かなくなった」と母は言っていた。つくづく時代が変わるということは、過去の考え方や生活慣行を持つ人が亡くなり、新たな考え方を持った人々が地域を動かしていくこと、つまり人が入れ替わることであると、両親の死で実感した。

（四）講中の終焉 ── 念仏講

地域に残された記録や私の日記で、生まれ育った一九六〇年代から七〇年代の地域の変化をみてみた。まずは貧しかった子どものころから豊かな暮らしになったことは確かである。そして身辺の多くのコト・モノが変化した。

一九六〇年代は、村組としての講中や近隣組の組合での付き合いは変形してもまだ行われていた。田畑も小規模になったが、耕作し、燃料にはマキやタキギが使われた。農業の位置は次第に低下していった。婚礼の付き合いの一部分は行われていたが、八王子市の中心部などに結婚式場ができ、講中共有の膳椀を利用しての自家での儀礼や饗応も必要なくなった。居宅の新築の際には間取りや設備も変更された。

一九七〇年代は、多摩ニュータウン事業の進展[18]で地域が具体的に変化した。離農、造成による地形の変更、墓地や住居の移転が行われた。この時期に、各講中で所有していた講中倉の収蔵物を、各家で分けるなどした。両親の葬儀は近隣組の組合が主導して自宅で行ったが、土葬から火葬へ変わり、講中内で順番に墓穴を掘る必要もなくなった。かつて穴掘りは座棺では二人、寝棺では四人が出た。

このような地域社会の変化を経験し、地域の記録なども合わせて通観してみると、村組の講中という呼称にも関係する念仏講[19]の存在は大きかった。南大沢での念仏は、寺院とはかかわりなく講中単位で行われた。各戸から一名の婦人が参加する。家族に嫁と姑がいる場合は年配の姑が出る。宿は各戸順となるので廻り念仏とも、月並み念仏ともいう。廻り念仏は、正月、三月と九月の彼岸、四月八日のお釈迦様、七月のお盆、十一月のオフタ（お蓋）という仕舞い念仏が行われる。お弔い（葬儀）や年忌での法事など臨時で行うのを、頼まれ念仏という。女性の念仏ばかりでなく、葬儀の時には「男念仏」といって、各戸から男性が出て行う念仏もあった。念仏のときは、夜に決められた宿の家に集まる。正座して円を描くように丸く座る。年長の一人が鉦を打ち、念仏を唱えながら大きな輪になった数珠を全員が手にして繰る。

念仏というと、葬儀や供養と考えるが、それは講中の終末期の姿ではないだろうか。八王子市恩方地区の念仏に、機織姫・一七歳の田植え・七福神・鶴と亀・正月の夢・お家の繁盛・二十三夜の月など、言祝（ことほ）ぐような念仏がいくつも認められる。[20] 母のノートを見ると、南大沢でも田植え念仏や家褒めの家見念仏などがある。念仏講は単なる信仰行事ではなく、生産も含めた講員の生涯、暮らし全般にかかわる存在であったのではないだろうか。死者や先祖を協同で供養する、暮らしの一場面をみなで言祝ぐ、多人数の力、それも講中の主要な構成員で念仏を唱和する力は大きな意味を持っていた。とりわけ家の火の神をつかさどり、食や出産などの生命にかかわる女性たち[21]が念仏講を行うことに講中での意義があったのではないか。

十七世紀後半に南大沢で念仏講が行われていた。そして、念仏講は一九七〇年代に終える。南大沢の大上講中の文化元年（一八〇四）の鉦（かね）と数珠などは、関係者相談のうえ、平成十九年（二〇〇七）に八王子市郷土資料館に寄贈している。

念仏講の終わりは、村組としての講中の終焉である。そして地域の慣行を保持し、地域を主導していた方々が漸次亡くなる。人が入れ替わって時代が変化していく。法や条例で定めた組織ではない講中は、何年何月何日に終わるというわけではない。村組としての講中は、内発的・自治的組織であるがゆえに、二〇年、三〇年と経過して消滅するのである。

おわりに

私は南大沢で一九六〇年代から七〇年代を過ごした。地域における変化の経験を軸に振り返ってみた。最も重要と考えたのは、村組としての講中の終焉であった。

町会と講中の範囲が一致していたり、講中で行っていた小正月の火祭りを町会や子供会で引き継いだり、復活させたりしている地域がある。近世からの都市部以外の地域では、歴史やこれからの地域コミュニティを考えるうえで、村組の検討は欠かせない課題であると思う。

註

（1）ここでは漢字で表す「村」とは、近世に主に村組を複数含んで一村とした支配のための行政的な村と、近代に近世の村を統合して一村とした行政的な村をいう。近世の村は近代の行政村で大字となる。片仮名で表した「ムラ」は、坪、庭場、講中などと呼ばれる村組のこと。多摩地域における村組の呼称は、八王子市などの南多摩地域が講中、青梅市などの西多摩地域が庭場、小平市などの北多摩地域はチョウバ・サシバという。近隣組の呼称は地域的な変化はなく、組合という。

（2）一九九五　間宮士信等編　白井哲哉解説『新編武蔵国風土記稿　多摩郡三巻』文献出版　二六五～二七〇頁。

（3）二〇一四　八王子市市史編集委員会『新八王子市史　資料編2　中世』八王子市　五五一頁。

（4）同右　一〇一一頁。

（5）二〇一七　八王子市市史編集委員会『新八王子市史　通史編3　近世（上）』八王子市　五八五～五九〇頁。

（6）一九九五　間宮士信等編　白井哲哉解説『新編武蔵国風土記稿　多摩郡三巻』前掲書　二六五頁。

（7）昭和四十八年に筆者が調査し、令和三年に再調査した。

（8）一九六五「皇国地誌　武蔵国多摩郡南大沢村（明治十二年四月編成）」『多摩文化』一六・一七合併号　多摩文化研究会　三〇九～三一〇頁。

（9）南大沢の佐藤一三氏所有の文書で、主に明治末年の南大沢区会のもの。筆者が昭和四十年代後半に許可を得て一部コピーしたものを所有している。

（10）（9）の前掲の文書の中に、下書きのような「共有財産調書」がある。その冒頭に縦一行で、本文とは異なる墨の濃さで「清水入組、下組、柏子組、中組、中組の上分」と書かれている。これは、かつて講中が四つであった可能性があり、共有地の秣場が元々は講中の共有であったとも考えられる。

（11）一九九五　佐藤広『八王子の民俗』揺籃社　二五～二六頁。「告示」では、新年祝賀会・雹祭・雹祭休暇・摘田上り休暇・八坂神社祭・養蚕上り　摘田上り休暇・皆作上り　風祭休暇・常例祭典が示され、新年祝賀会と常例祭典は一日、養蚕上り摘田上り休暇が二日、他は三日間の休暇となっている。

(12) 筆者調査。昭和四十四年十一月に訪問した時に祠はなかった。昭和四十八年二月の調査で確認した。おそらく多摩ニュータウン事業で移転したものと思われる。
(13) 一九九五『新編武蔵国風土記稿　多摩郡三巻』前掲書　二六二頁。
(14) 一九六五「皇国地誌　武蔵国多摩郡南大沢村」前掲書　三〇九頁。
(15) 『統計八王子　平成二五年版』による。
(16) 一九九五　佐藤広『八王子の民俗』前掲書　二〜三六頁。
(17) 二〇一六　佐藤広「八王子市南大沢・田中武雄氏聞書き」『八王子の民俗ノート』№8　八王子市市史編さん室
(18) 多摩ニュータウンは、住宅供給と乱開発の防止などを目的に東京都稲城市・多摩市・八王子市・町田市の多摩丘陵一帯に事業が展開された。昭和四十年一二月に都市計画決定、昭和四十二年九月に生活再建措置として三百坪までの等積等価の宅地を優先分譲する措置を決定、昭和五十年一一月に南多摩斎場が開設、以上は独立行政法人都市再生機構二〇〇六『多摩ニュータウン事業誌――通史編』による。昭和五十七年一一月一日から南大沢二・三・四丁目が誕生、「南大沢は多摩ニュータウン八王子地区の南端にあり、（中略）現在、約九十戸が地元優先分譲地に入居済みで、来年春には約千戸の住宅が完成、入居する見込みですが、最終的には三千二百戸、一万二千人分の住宅建設が計画」（『広報はちおうじ』昭和五十七年一〇月一五日）とある。
(19) 「多摩市域において、村落そのものとも村落の下部組織とも考えられる地縁組織をなぜコウジュウと呼ぶようになったのか、必ずしも定かではないが、葬儀に係わる組織、葬儀に際して念仏を唱和する念仏講がほとんどのコウジュウに組織されていたことから推測して、コウジュウとは元来念仏講中だったのではないかと思われる」（一九九七　多摩市史編集委員会『多摩市史　民俗編』多摩市）四六頁。
(20) 一九五二　蓮沼良湛『お念仏』私家版。門倉軍治氏が収集したものを、興慶寺住職がまとめたもの。
(21) 一九八九　佐藤広「多摩地域周辺の竈神――大晦日の荒神祭祀を中心として」『多摩の年中行事』町田市立博物館

参考文献

一九九〇　竹内利美『竹内利美著作集1　村落社会と協同慣行』名著出版

第四章　八王子の民俗研究史

――八王子の地域文化活動の軌跡

昭和42年４月１日に開館した八王子市郷土資料館
開館式（椚國男氏撮影、八王子市郷土資料館所蔵）

はじめに

ここでは、八王子市域の民俗についての調査・研究がどのようになされてきたのか概観する。地域の歴史や民俗に関心を持ち、調査や研究を行う人々は、最初から学問としての民俗学に取り組んできたわけではなく、地域の課題に対処する過程で民俗にかかわる。したがって、ここでの研究史の叙述は民俗研究という分野より広いところから、民俗学的なもの、つまり市民の伝承的な生活文化解明への行為の足跡を取り上げる。なるべく、各時代や地域特有の課題との関係に配慮しながら記してみたい。

一　民俗学以前 ── 江戸・明治の記録

江戸・明治時代の地域への関心　江戸時代には検地や刀狩りで兵農分離がすすめられ、武士が農村から離れて城下に住み、農村では自治的なコミュニティが成立し、持続的な村を形成し、生産も次第に高まっていった。都市には武士や町人が住み、農民は農山漁村に住む。景観や暮らしぶりに地域的な違いがみられた。身分や地域の差異から、武士や町人などの知識人が農山漁民の暮らしぶりに古風を求めるなど、民俗的なことに関心を持ち、記録するようになる。また、欧米諸国の開国要求による対外的危機に遭遇し、歴史や伝統文化への関心が高まった。幕府は地誌の編さんを行い、発展した都市では名所図会の刊行、農村では日記や社寺参詣の記録などがまとめられた。

明治時代は欧米から諸制度や技術を学ぶなどして、地租改正、殖産興業、徴兵令や学制の施行などが行われ、明治二十二年（一八八九）には天皇主権の大日本帝国憲法が発布されて近代国家のかたちを整えた。暮らしは欧化が進められ、明治二十一年に市制・町村制が公布、翌年施行され、江戸時代以来の村が再編統合され、新たな行政区画が成立した。市町村単位で学校が経営され、近代的な行政区分による村を枠とする地域意識が次第に形成されていく。日清・日露戦争で、地域から兵士が出征して戦地に赴いた経験は、地域でも国家や諸外国を自覚するようになった。

明治時代は、国の形成過程の記録や統治のための記録作成が、国によって行われた。地域では外部で地域間競争があると同時に、内部には大字間の対抗意識を持った市町村を基盤とする地域意識が高まり、その市町村の範囲における歴史や民俗的な事項に関心が寄せられる。

（一）　風土記と名所記――八王子千人同心の地誌編さん

幕府の風土記編さんと八王子　十八世紀末から、ロシアや欧米の船がわが国近海に通商を求めて渡来し、対外的危機が高まった。国内的にも飢饉や頻発する一揆、村や町の社会・経済的変化による多様な課題に直面し、幕府は統治の根本施策を練り直す必要に迫られた。そうした背景のなか、寛政改革で松平定信が示した地誌調査が、享和三年（一八〇三）に昌平坂学問所に地誌調所を設置し、具体的なものとなった。そこで、「新編武蔵風土記稿」や「御府内備考」などの幕府の地誌編さんが行われる。

「新編武蔵風土記稿」の編さんは、文化七年（一八一〇）に作業を開始し、文化十一年には千人頭の原胤敦（一七四七〜一八二七）が多摩郡の地誌捜索の命を受け、八王子千人同心の組頭数人が編さんに加わった。後に千人同心は高麗・秩父郡の編さんも担当する。主に八王子宿の西に接する千人町に住む千人同心の公務は、日光東照宮の火の番であるが、これ以外に、蝦夷地の警備・開拓と地誌捜索という幕府の新たな事業にも取り組んだ。「新編武蔵風土記稿」は武蔵国全域の風土記で、八王子市域の個々の村々も記録され、多摩郡の稿は文政五年（一八二二）に幕府に献上され、全巻は文政十一年に草稿の完成をみている。挿絵には八王子十五宿や高尾山、大善寺などの主な名刹、旧蹟などが描かれ、本文とともに村々の様子がうかがわれる。

この幕府による「新編武蔵風土記稿」や「新編相模国風土記」の編さん過程で作成された調査記録は、津久井の「津久井県地誌捜索筆記」、青梅の「杣保志」などのかたちで関係者宅などに残され、書き写されて利用されてきた。八王子では、「武州八王子横山十五宿地誌捜索」（「八王子十五組地誌」）がまとめられ活用された。

八王子の風土記と名所記の誕生　「新編武蔵風土記稿」の多摩・秩父郡編さんの中心人物であった植田孟縉（一七五七～一八四三）は、「武蔵名勝図会」、「日光山志」、「鎌倉攬勝考」などの著作がある。八王子市域が含まれる「武蔵名勝図会」は、著者が凡例でいうように「邑里の名は古蹟ある地のみ」で、「大刹というとも、旧蹟ならぬはあらわさず」とあり、古蹟のある村のみで、大寺院でも旧蹟がなければ取り上げないという編集方針である。また、「神社、仏刹もしくは里老の唱え来たれること、妄誕の説なりとも、そのつたうるままをあらわして、下にその可否を附せり」といい、著者の意思を明確に表現したものとなっており、官撰の「新編武蔵風土記稿」とは違った内容の名所記となっている。「武蔵名勝図会」は、文政三年（一八二〇）に脱稿し、文政六年に幕府に献上された。表題は「武蔵」とあるが、対象地域は八王子地域を含む多摩郡の範囲でまとめられている。これは「江戸名所図会」に配慮したといわれている。

幕府の風土記編さんの過程で作成された資料である「武州八王子横山十五宿地誌捜索」をもとに、「八王子郷風土記」と「八王子郷名蹟拾遺」が誕生する。「八王子郷風土記」は八王子十五宿と千人町の風土記で、編著は千人同心の原胤明（一七五八?～一八二六）である。原胤明も多摩・高麗・秩父郡の「新編武蔵風土記稿」の編さんに加わった人物である。

「八王子郷名蹟拾遺」は、八王子宿と関係の深い元横山村と子安村を中心とした八王子郷の社寺や遺蹟を中心にまとめた名所記で、著者は植田孟縉、校訂者は原胤明である。書名にある〝拾遺〟とは、「武蔵名勝図会」あるいは「八王子郷風土記」を補うという意味であろうか。幕府の地誌編さんを契機に、文政六年前後に八王子に関する風土記と名所記が誕生したことは特筆される。

幕藩体制が動揺するなかで、江戸から離れた農村部に住み、身分的不安定さもあった千人同心は、江戸に住む武士とは異なり、強い地域意識をもっていたものと思われる。武田家家臣といった由緒を持ち、戦国末期からの八王子宿の成立と密接に関係した歴史を歩んで千人町に居住し、官撰の地誌編さんに加わったところから、「八王子郷風土記」と「八王子名蹟拾遺」が成立した。このことは、千人同心組頭の塩野適斎の「桑都日記」が、天正年間（一五七三〜九二）以来の千人同心の歴史を叙述し、八王子周辺の地誌も合わせて記していることからも明らかである。時代の転換期に、内外と自らの危機に出会い、地域意識を強くもった知識人たちによって八王子の歴史が描かれ、民俗的なことも合わせて記録された。「新編武蔵風土記稿」や「武蔵名勝図会」などの風土記や名所記の地誌には民俗的な事項が記録され、民俗学が展開する時期の柳田國男（一八七五〜一九六二）の著作でも活用される。

（二）由緒と日記と道中記 —— 村人と旅人の記録

村人の記録　八王子宿についての記録に、享保十五年（一七三〇）の「横山根元記」がある。八王子城落城後の八王子のまちづくりのことなどが書かれている。これまでの地域史研究では議論のあった史料であるが、「鎮守の事」、「御師の事」をはじめとして、民俗資料として活かすことが可能な部分もある。また、古刹の廣園寺がある山田（やまた）村に隣接する散田村には、村の開発伝承などを書きとめた天保十三年（一八四二）の「散田村初り之事を記」がある。この記録に記述のある幸助という者は、山田の廣園寺や相模原市緑区相原の正泉寺に作例を残す仏師の幸助と同一人物と思われ、民俗的な記述も検討に値する。いずれの記録も村人自身が伝承にも留意して、わが村の由緒を文字で記録したものである。

　農民の生活が長期に渡って書き記されたものに、上椚田村（東浅川町）の石川家で享保五年から書き継がれた「石川日記（諸色覚日記）」がある。昭和五十年代から、鈴木利信、光石知恵子ら古文書を探る会の解読で、明治までの約一九〇年間にわたる記録『石川日記』が、八王子市郷土資料館から発行され、広く利用されるようになった。

　村人が、社寺参詣などで遠方に出かけたときの記録がある。「道中日記帳」は下椚田村の鈴木佐平次が、文政十二年（一八二九）の二月二十五日から四月三日までの三八日間にわたって、伊勢参りをし、京・大坂・善光寺などを巡った道中記である。「伊勢参宮出立、若者、供養塚迄送り有之」（二月二十五日）、「此辺は井戸水にて広き田を仕付ける也」（小俣宿〈三重県伊勢市〉三月九日）、「此辺桑の木沢山あり。蚕も少しずつ致し候と承る」（柏原宿〈滋賀県米原市〉の手前　三月二十日）、「桑の木沢山。其通蚕も十分致す也」（安中宿〈群馬県安中市〉四月一日）、「当所悪病有之迚、年祭買改家並に門松を立る也」（松山宿〈埼玉県東松山市〉四月二日）など、農民の目による他所の民俗的な記録が豊富である。

　江戸時代後期、村人は、村の中に閉ざされていた訳ではなく、信仰、武術、俳諧、短歌、絵画、芸能などを通して、自分の暮らしを相対化する、村を越えた広い視野を持っていた。また、村には読み書きができ、文字を自由に使用できる人々がいた。

旅人の記録　八王子には甲州道中、大山道などがあり、甲州の富士詣、身延詣、相模の大山詣や、さまざまな信仰・経済活動などで多くの人々が行き交った。旅人の見聞録や、旅人のために作成された案内書に八王子の記録があり、民俗的な事項もみられる。

「八王子名勝志」は全四巻で、嘉永二年（一八四九）～万延元年（一八六〇）ころに百枝翁なる人物が著した。甲州道中を軸に、日本橋から大月を過ぎ、田野倉村までを記している。挿絵は、八王子駅入口新町竹ヶ鼻（竹の鼻）、舟森子安明神、八日市宿、八王子駅横町観池山大善寺、八王子大明神、真覚寺、椚田村菌茶屋、高尾山などの諸図があり、「新編武蔵風土記稿」や「武蔵名勝図会」より視点が低く、対象に接近して描かれている。この書は、幕府の地誌編さんで作成された「武州八王子横山十五宿地誌捜索」をもとに書き加え、挿絵も多くしてまとめたものである。こうしたものには、文政十年（一八二七）、竹村立義の「高尾山石老山記」がある。八王子出身の麻川眉山の「道草日記腕枕」、十返舎一九の「金草鞋十二編　身延道中之記」、鈍亭魯文の「八王子三太郎婆ア」などの文学作品も、江戸時代の庶民生活をうかがう好資料である。

青梅出身で江戸の商家の主人であった山田早苗（一七七三～一八五五）が記した「玉川泝源日記」には、今熊山や高尾山、お十夜などについて書かれている。興味深いのは、山田早苗が天保十二年（一八四一）八月十八日に、千人町の塩野適斎宅を訪れ、適斎に「地誌の御調べの時（「新編武蔵風土記稿」の地誌捜索のとき）、玉川筋の事いかが書上げられしにや」と問うている。早苗が源流を自ら探査し、確認したうえでの問いに対して、適斎の回答は誤っていた。このことは、文人である山田早苗の、千人同心による地誌捜索への一つの対抗意識ともみえる。八王子ではなく青梅から、武士ではなく町人からの思いである。

幕末に横浜が開港されると、外国人の遊歩範囲にあった八王子をアメリカの地質学者R・パンペリー、ドイツ出身の考古学者H・シュリーマン、イギリスの写真家F・ベアトなどが八王子市域を通過した際に、紀行文や写真などで八王子の様子を記録している。

（三）統治と地方振興 ── 明治国家による記録

皇国地誌と府県史料　明治政府は維新後に急激な制度変更を行ったので、その経過を記述して残すことにつとめた。行政の業務の記録の他に、府県に命じて「皇国地誌」と「府県史料」の編さんを試みた。

明治政府が各府県に提出させた郡誌・村誌の総称を「皇国地誌」という。明治五年（一八七二）に各府県に編さんを命じた。村の境界、歴史、地勢、税地、戸数、山川、社寺、民業などを記録したもので、近代国家としての全国的把握が目的であった。しかし、編さんは完結せずに終えた。各府県から提出された郡・村誌の大部分は関東大震災で焼失したが、その写しが村役場などに残され、八王子市域の「皇国地誌」は、多くが『多摩文化』に掲載されている。

「府県史料」は、明治七年に府県に命じられた。維新以来の地方制度の沿革をまとめたもので、明治十八年の事業中止まで各府県で作成された。当時、八王子の属した神奈川県には、「神奈川県史料」がある。その原本は関東大震災で焼失したが、政府に提出したものが内閣文庫に残され、政治、工業、貿易、居留地、学校、民俗などが記録されている。「神奈川県史料」の制度の部禁令規則では、門松など正月のこと、男女の混浴、若者風儀、鶏闘、伊勢参宮、盆の門火、盆踊りなどが民俗的事項として取り上げられている。「民俗」という言葉が使われているが、これは民情や風俗という意味で、民俗学でいう民俗ではない。欧化政策のなか、わが国の伝統的な暮らしぶりに対する明治政府の態度がうかがえる。

「府県史料」は、神奈川県立図書館が昭和四十年（一九六五）から『神奈川県史料』として全十巻を刊行している。

地方改良運動　地方改良運動は、明治三十七年（一九〇四）から三十八年の日露戦争後に、内務省主導で行われた官製の町村改革運動である。欧米に対抗する国の体制整備を図るため、町村財政の基盤強化や生活や風俗の改良（欧化)、国民教化政策などが推進され、生活慣行を改めるなど民俗的な事項とかかわる。

明治二十年代から大正にかけて、農商務省次官の前田正名がその職を辞め、在来・地方産業の振興を目的に地域から郡是・町是・村是を作成する運動を提唱し、各地で郡是や村是がつくられた。現在の八王子市域では、東京府農会が明治三十六年に加住村農会に委嘱して調査し、明治三十九年七月に刊行した「南多摩郡加住村農事調査附村是」が唯一である。この村是は、総論の部・経済の部・参考の部・将来の部で構成され、将来が是、つまり良いと認めた方針にあたる。

これによって、明治時代の農業や副業、農家経済などの様子を知ることができる。また、旧来の慣習の廃止をすすめているが、伝統的な年中行事が行われる一方で、明治政府の定めた祝日や祭日は一般化していないことが記されている。こうした町村是の制定も、官製のいわゆる地方改良運動に次第に重なっていった。

二　民俗学の展開と地域

都市の発展と農村不況　日本は明治三十～四十年代にかけて、次第に農業中心から鉱工業、商業・サービス業中心へと産業構造が変化する。東京や大阪の大都市だけでなく、地方都市へも株式会社の制度が普及し、工業化が進展していく。こうして明治三十年代には都市化が進行し、日露戦争後は中小都市も拡大。在来産業の旧中間層、知的・管理的な職業の新中間層、都市下層民が誕生した。

この時期には労働運動、農民運動、普選運動などの社会運動が広がりをみせ、知識人は国家ではなく、社会を意識するようになる。都市では大衆文化が花開き、地域でもいわゆる大正デモクラシーで、教員や青年を主体とした文化運動が展開し、従来の制度や思想の改革が試みられる。大正三年（一九一四）から七年の第一次世界大戦後から昭和十年（一九三五）代にかけては、農村問題が大きな社会問題となった。

この明治末年から大正・昭和はじめにかけて、日本民俗学の父といわれる柳田國男、演劇研究の坪内逍遥（一八五九〜一九三五）、民具研究を進めた渋沢敬三（一八九六〜一九六三）、民芸の柳宗悦（一八八九〜一九六一）、農民美術の山本鼎（一八八二〜一九四六）などは、地方の生活文化に着目して活動し、地域に影響を及ぼした。

（二）都市と地域の知識人 ── 民俗学の登場

柳田國男と八王子　民俗学を理解するため、ここでは柳田國男の民俗学に関する活動に沿って記す。

柳田國男は兵庫県に生まれ、学生のころは国木田独歩や島崎藤村らと親交のある文学青年であった。大学を出ると農商務省に勤務し、農業政策を専門とする。視察の旅で明治四十一年（一九〇八）に宮崎県椎葉村を訪れ、翌年に柳田が最初にまとめた民俗学の書である『後狩詞記』を出版する。明治四十三年には、民俗学の古典といわれる岩手県遠野地方の話をまとめた『遠野物語』を刊行する。同年に新渡戸稲造らと郷土会を創設した。小野武夫、小田内通敏、牧口常三郎らが会員で、大正八年（一九一九）まで続けた。この会においては、大正七年、日本で最初の総合的村落調査である内郷村（相模原市緑区）の調査が、今和次郎、小田内通敏、小野武夫らが参加して行われた。調査の地元対応をしたのは内郷小学校長の長谷川一郎と青年会長の鈴木重光であった。鈴木は八王子の人々とも交流があり、特に恩方村の菱山栄一とは府立第二中学校（現在の東京都立立川高等学校）の同級生であった。内郷村の調査は新聞紙上でも取り上げられていることから、八王子の知識人は柳田らの調査を認識していたと思われる。

大正二年に、ドイツ文学の高木敏雄と『郷土研究』（大正六年休刊）を創刊し、ここに民俗学が本格的に展開し始めた。柳田や新渡戸の動き、ドイツの教育界からの影響での学校教育における郷土教育の発展などから、次第に「郷土」という用語が各地域に定着していく。

大正三年四月発行の『郷土研究』二巻二号に、柳田は「念仏団体の変遷（毛坊主考の二）」で、江戸時代の風土記である「新編武蔵風土記稿」を引用して八王子市内の子安の鉦打塚の伝承を取り上げた。それに応じて八王子の中村成文は同年九月発行の「鉦打塚一覧の記」（『郷土研究』二‐七）を投稿している。この伝承は、もともとは八王子千人同心組頭の植田孟縉が「八王子郷名蹟拾遺」や「武州八王子横山十五宿地誌捜索」、「武蔵名勝図会」で子安の一里塚としたものである。幕府編さんの「新編武蔵風土記稿」では植田の一里塚説を排除し、伝承のみを記している。また、柳田は「ダイダラ坊の足跡」『定本柳田國男集』五）で、「八王子の中村成文君が、特に我々のために調べてくれた」といっているように、柳田の動きに中村は即応している。

柳田は大正八年には貴族院書記官長を辞し、翌年朝日新聞社に入り、沖縄を旅する。大正十年から十一年には、国際連盟委任統治委員としてスイスに駐在し、欧州の民俗学を学ぶ。昭和五年（一九三〇）に朝日新聞社を退社し、それ以降は民俗学に専念する。昭和九年に『民間伝承論』、翌年の昭和十年に『郷土生活の研究法』を刊行する。

昭和十年四月に、新渡戸稲造没後に開かれた郷土会で、恩方村の尾崎美代次が調査成果を報告している。これは柳田の指導によるものではなく、郷土研究の小田内通敏によるものであった。この時期は、文部省が農村振興のために郷土教育を推進し、小田内も推進者であった。柳田は民俗学を深化させ、小田内の郷土教育を批判する。

柳田の民俗学は、農村の現状を踏まえた日本社会に対する危機意識を背景に、民間伝承を軸とした一つの歴史学として行われた。そして、柳田は東京近郊にしばしば出かけ、昭和十三年四月と翌十四年の五月には、高尾山の探鳥会にも出かけている。しかし、中村成文との関係のように、柳田の研究法は「新編武蔵風土記稿」などの文献記録を用いるとともに、地方からの投稿による民俗資料を利用した。武蔵野会を主宰した人類学の鳥居龍蔵のように、直接的に八王子の人たちと交流し影響を与えたわけではない。

坪内逍遥・三田村鳶魚・平音次郎と車人形・説経節　八王子の機業家で車人形を積極的に支援した平音次郎（一八六〇～一九三四）は、八王子出身で江戸研究家の三田村鳶魚（一八七〇～一九五二）と親交があった。鳶魚は、八王子の国学者奥津雁江（?～一九一八）とも会い、手紙のやり取りをしている。民俗学では山中共古と行き来し、柳田國男とも交流し、大正六年（一九一七）十月二十八日に坪内逍遥と会っている。

車人形や説経節は、平音次郎と三田村鳶魚、坪内逍遥の三人の関係で再興される。鳶魚の日記から三者の関係をみてみる。大正六年七月十七日の夜、神楽坂倶楽部で若松若太夫の説経節を聞く。大正十年九月五日に八王子に行き、平宅に泊まり、翌日の六日に浜尾太夫と福寿太夫の説経節を聞く。大正十三年四月十一日に八王子で車人形をみる。同年五月二十一日に平音次郎宅で翌日の公演の準備をし、五月二十二日に、坪内逍遥や河竹繁俊を招いての車人形公演となる。その公演は平邸で行われ、小泉信久（雀屋妻三郎）率いるすずめや一団の車人形を鑑賞する。のちに河竹繁俊の支援もあって増上寺や神楽坂演芸場など都内での公演も行われる。鳶魚は「車人形と説経節」（『三田村鳶魚全集』二二）を執筆し、このことで車人形が、研究者の目に留まることとなる。坪内は国民新聞に、「人形芝居を現代化すべき資料としての車人形」を執筆し、今日の八王子車人形を予見するような意見を述べている。早稲田大学の坪内逍遥博士記念演劇博物館が昭和七年（一九三二）に発行した『国劇要覧』には、先に述べた小田内通敏の息子である小田内通久が、「車人形」について記述している。三番叟の人形は同演劇博物館に寄贈された。

（二）地域での繋がり

村田光彦と村上清文　昭和のはじめ、八王子の村田光彦（一八八二〜一九六七）や村上清文（一九〇六〜七六）が、『郷土研究』、『民俗藝術』、『郷土』、『民俗学』などの中央の雑誌に投稿している。

元八王子の村田光彦は、鈴城（すずしろ）の俳号で投稿している。村田は、元八王子村役場を五二歳のときに辞め、民俗・俳諧・方言・地方史・金石文の研究に打ち込み、書物・古銭・切手・千社札・盆栽などの収集を行った。戦後の郷土史界では「横山根元記」や八王子の開祖とされた長田作左衛門の再考、横山・八日・八幡宿の宿越などの当時の郷土史の定説への批判を独自の見解で示した。民俗学では、昭和五年（一九三〇）から栃木県の高橋勝利が発行した「芳賀郡土俗研究会報」に、村田は「馬鹿婿猥談」、「八王子付近の義家に関する伝説」、「尻馬の尻へ乗る」などを投稿している。高橋の会報は地方にありながら、柳田國男、南方熊楠、佐々木喜善などの著名な民俗学者、八王子の近くでは鈴木重光（相模原市緑区）など、全国からの投稿が寄せられた。

村田光彦は柳田國男とほぼ同時代に生き、柳田や山中共古の著書を読み古典籍にも通じ、多くの研究会に所属していた。八王子で早くに民俗学を受け入れた人物の一人で、昭和二十九年に書いた「村落史話」のはしがきで「農村の記録は農村人の手で録すべきで、決して都市の文化人の手にゆだねるべきではない。下手でも良い。上手ならなお良い。冷静虚心、余り卑下したり、利口張ったりしないで、平凡な雰囲気につつまれているから、平凡に書けばそれで良いと筆者はこう考える。われら庶民の偽らざる生活の記録は、何時かは何かの役に立つ時期が必ず来るであろう。決して他人に読ませて褒められるのを目的とするような、さもしい考えを持ってはいけない。神聖な記録は無我の三昧に境に這入ったときに出来るものなることを思え」と研究態度を記している。村田の存在は、戦後の橋本義夫に影響を与えている。

三重県出身の村上清文は、大学卒業後に雑誌『民俗学』の編集委員となり、昭和六年に、渋沢栄一の孫で、後に日銀総裁や大蔵大臣を歴任する渋沢敬三が主宰したアチックミューゼアム（現在の神奈川大学日本常民文化研究所）同人となり、『民具問答集』の刊行にかかわる。アチックミューゼアムとは、渋沢敬三が大正十年（一九二一）に、渋沢家の物置小屋の屋根裏に設けた博物館のことで、昭和十七年には軍国化のなかで日本常民文化研究所と改称する。村上は昭和五年に「元八王子獅子舞所見」、「玉川文蝶の看板絵」などを『民俗芸術』に投稿し、昭和八年には金田一京助に指導を受けた「東京府に於けるオシラ様」を発表している。昭和十年には日本青年館に勤務する。昭和十一年四月に東京人類学会・日本民族学会第一回聯合大会で「越後三面村三面の映画」を発表、同年八月には渋沢敬三、高橋文太郎、櫻田勝徳、磯貝勇、宮本馨太郎らと朝鮮半島の蔚山邑達里と多島海を巡っている。

昭和十二年に、アチックミューゼアムの民具を日本民族学会に寄贈したとき、その資料整理は村上が行った。そして渋沢は、保谷村（西東京市）の武蔵野鉄道の取締役で民俗学者の高橋文太郎（一九〇三〜四八）の協力を得て、日本民族学会に土地と施設と資料を寄贈し、保谷に民族学博物館が昭和十四年に開館（昭和三十七年ころ閉館）する。村上は、渋沢敬三・高橋文太郎・今和次郎・宮本馨太郎らと博物館の設立から運営にかかわる。

昭和十六年には、作家の瀧井孝作、洋画家の小島善太郎、恩方の菱山栄一、松井翠次郎らと、八王子文化連盟の結成に加わっている。村上清文は、当時の民族学や民具研究の最先端で活動し、地域の文化運動にもかかわっていた。

多様な研究会の創設　中央での民俗学などの学術研究の進展に応じて、国内各地の活動もあり、地域は受動的な存在ではなかった。

八王子においては、織物産業を中心とした八王子の経済的発展と、そこでの文化運動の展開が存在した。大正のはじめから昭和にかけて、演劇・児童文化・音楽・美術・短歌・俳句・郷土史・社会問題など、さまざまな分野で新しい動きが出てくる。洋画家の鈴木信太郎・小島善太郎、歌人の若林牧春・大熊長次郎、民俗学の村上清文らが活躍する。

多摩地域に関する歴史・民俗・民族関係の団体では、明治二十六年（一八九三）に人類学の鳥居龍蔵は「土俗会」を結成し、さらに大正七年（一九一八）には鳥居らが武蔵野会を結成し、しばしば八王子方面を訪れる。坪井正五郎や鳥居の人類学は、各地の暮らしぶりの比較研究を行う学問として、地方の民俗にも関心が及んだ。考古学や民俗学の分野を、大正・昭和になっても地域では「土俗」と呼んだ。

大正十一年に天野佐一郎（一八七六～一九六〇）らが八王子史談会を結成、会誌『多麻』を発行する。神官の小松茂盛は、謄写印刷で会誌の発行や「武蔵名勝図会」の復刻なども行っている。大正十三年には浅川村（浅川地区）で、「大菩薩峠」の作品で名高い小説家の中里介山が「隣人学園」を開校した。八王子では昭和二年（一九二七）に考古学を主にした「陵東土俗研究会」が結成される。昭和八年には、府中町（府中市）の菊地山哉主宰の多麻史談会が会誌『多麻史談』（昭和二十一年以降は『東京史談』）を創刊する。昭和十七年には天野佐一郎、佐藤孝太郎らが「知新会」を結成する。

多摩地域では、青梅・府中・立川・八王子・町田などの都市的なまちを拠点に、各種団体がつくられて文化運動が高まり、農山村部も連携した動きのなかに民俗的な研究や活動がみられた。

(三) 地域を科学する

郷土教育　明治・大正年間から、府、郡、村の教育会などによって郷土教育が進められ、昭和はじめには国家的事業として奨励され、昭和十年代に入ると次第に国家主義の愛国教育となっていった。この郷土教育は、教育会を軸に行政や教師たちが推進し、青年たちの活動とも結びついた。

昭和六年（一九三一）に東京府教育会が郷土教育調査要綱を定め、八王子市教育会では昭和七年に『八王子教育』の特輯号として「八王子郷土資料」を、同年に加住尋常小学校で「加住村教育資料」、同年に川口村の四校の代表者が共同で『川口村郷土教育資料』を、浅川町では浅川尋常高等小学校が「郷土調査書」を作成した。また、そのころ「元八王子村郷土誌」も刊行される。「八王子郷土読本」は、市制施行二〇周年記念として、八王子市教育会編で昭和十二年に尋常科第五学年用の前編と尋常科第六学年用の後編とを発行した。また、八王子第三尋常小学校では、昭和十一年に「織物に関する教材と八王子織物」を作成し、父母に織物標本の収集を呼びかけたところ、千点の織物標本が集まった。

由木村役場では昭和十二年に、明治初年にまとめられた大字ごとの「皇国地誌」をまとめた簡易な「由木村誌」がつくられた。青年団報などにも、郷土の歴史・民俗に関する報告などが掲載される。こうして刊行された郷土教育資料は、戦後になってその多くが活用されていく。

村を基盤とした菱山・松井・橋本の活動　恩方村に生まれ、立川にあった府立第二中学校から駒場の農科大学（のちの東京帝国大学農学部）で学んだ菱山栄一（一八八八〜一九七五）は、松井翠次郎（一九〇二〜八八）、尾崎美代次（一九〇一〜九四）らと村の青年団運動にかかわる。明治から大正時代に青年会が組織され、大正時代に行政によって全国的に青年団が組織された。恩方村では村役場の二階に青年たちが集い、青年団報『緑土』を大正十年（一九二一）から発行し、その紙上に菱山、塩田、坂本らの民俗的な論考が掲載される。菱山や松井と青年団運動を行った塩田真八（一八九五〜一九六八）は、俳句や短歌を詠み、戦後その成果が、昭和二十九年（一九五四）に『恩方村の伝説』、昭和三十一年に『恩方の民謡　童謡と童詞』、昭和四十年に『八王子の方言』として刊行された。

村外の民俗研究者との関係では、瀬川清子は昭和七年に、小田内通敏を介して恩方村を訪問した。民俗調査に訪れる洋装で帽子をかぶった若い女性の瀬川の姿は、青年たちの目にも印象的であったという。彼女が尾崎美代次宅に宿泊し、青年たちの協力を得て行った民俗調査は『女のはたらき』、『婚姻覚書』などの著作に活かされている。『日本の村~須恵村』をまとめたアメリカの文化人類学者ジョン・F・エンブリー（一九〇八~五〇）が、昭和十年九月に恩方村を訪問した際には、菱山、尾崎、松井らが対応している。民家研究の今和次郎は、『民族学研究』に掲載した竹内芳太郎との共著「養蚕技術の変遷に伴う家屋の変化~八王子付近（恩方村）に於ける調査報告~」で、昭和十一年に「かつて八王子の西方にあたる山間地恩方村に、菱山栄一氏を訪ねたとき、同氏所有の家屋及付近の二三の家屋を見せてもらったきっかけに頼って、同村に再調査を試みる事にしたのである。調査家屋には一々菱山氏が案内してくれ、また夫々適応した説明を聴き得た事を記して感謝しておきたい」と謝辞を述べている。

昭和三年から松井は、南多摩郡の青年団と教育会の書記となる。そして、昭和七年に恩方村で「郷土教育講習会」が開催された。南多摩郡の青年たちの活動の進展により、郷土教育をすすめる地理学の小田内通敏との接点ができ、これ以降八王子市や南多摩、文部省、日本青年館などとの村を越えたレベルでの活動が展開される。また、松井は昭和十二年に、横山村館（館町）の農家を調査し、その成果を展示し、それをまとめた『農村の生活調査』を発行した。この書を橋本義夫が、雑誌『教育』の編集にかかわっていた留岡清男に送った。これを機に、留岡清男、城戸幡太郎らの教育科学研究会と結ばれ、昭和十四年に教育科学研究会南多摩支部を結成し、菱山の住む恩方村で農繁期託児所の設置や共同炊事などをはじめた。それは「生活の基盤を科学的にみつめながら、地域の文化や経済の改革発展をめざすものであった」（秋間健郎「恩方の文化活動を進めた人々~菱山栄一、塩田真八、坂本権八のお三人を偲ぶ」『多摩考古』一三）。

菱山栄一は明治二十二年（一八八九）に、江戸時代の四か村を統合してつくられた近代行政村としての恩方村を主な活動の場とした。松井翠次郎や橋本義夫はその村をベースに活動を広げていった。この運動はいわゆる政治性は帯びずに、真摯に地域の生活課題と向き合うものであった。

三　市民活動と暮らしの記録

主体としての市民の登場　昭和二十年（一九四五）八月十五日、太平洋戦争は日本の敗戦で終結した。連合国最高司令官総司令部（ＧＨＱ）の占領下、非軍事化・民主化の方向で教育・労働・農地・経済などの諸改革が行われ、昭和二十一年には日本国憲法が公布、翌年に施行された。昭和二十七年のサンフランシスコ講和条約と日米安保条約の発効で、連合国軍による占領は終わりを迎えた。

経済的には昭和二十五年の朝鮮戦争の特需で不況を脱し、一九五〇年代半ばから一九七〇年代までは、いわゆる高度成長の時期で、かってない経済成長と大きな社会的変化を経験した。高度成長のはじめは農業社会であったが、次第に日本の産業構造は農林水産業から鉱工業、サービス・金融業への大規模な労働力の移動が生じた。地域的には太平洋岸の都市が拡大し、産業では石炭や繊維・農業が後退、地方都市や農山村が次第に衰退した。

農山漁村からは、大規模な都市への人口移動が引きおこされた。大都市郊外では規模の大きな団地などがつくられ、農地や山林の宅地化がすすんだ。地域から急速に伝統的な景観と暮らしぶりが失われていくとき、新旧住民の出会いがあり、民俗に関心をよせる市民が登場する。

昭和五十年代以降は、経済の安定成長から低成長へと移る。グローバル化、高度情報化、高齢化社会の進展となる。

（二）戦前から戦後へ――連続と非連続の活動

恩方の文化活動　戦前の恩方村の青年団運動を担った菱山らと、その後継者らは、戦後は恩方中学校の秋間健郎を軸に、文化活動を展開させる。昭和二十四年（一九四九）、恩方中学校の社会科教師の秋間健郎が、同僚の鈴木樹造と地元の菱山栄一、塩田真八、坂本権八らと恩方地方史研究会をスタートさせた。同会は菱山の提案で、恩方村の歴史年表の作成を試みた。また、昭和三十五年から昭和四十六年までは、菱山栄一の主催で案下路をあるく会が村内の歴史・民俗を訪ね歩いた。その資料は、菱山没後の昭和五十一年に、『案下路をあるく』にまとめられた。

昭和四十三年～五十四年までの十二年間、「眼でみる恩方の歴史展」が、恩方中学校PTAの主催のもと恩方中学校で開かれ、膨大な歴史・民俗資料をはじめとする地域資料が展観された。昭和六十三年には、坂本権八の子である坂本昭二を中心に恩方の歴史を知る会が発足し、歴史・民俗散策や生活史年表の作成が行われた。

大正から昭和の恩方の青年たちによる文化運動は、確実に戦後にも引き継がれた。恩方地区からは質の高い地域史に関する文献が発行され、旧恩方村役場の行政文書が良好な状態で残されたのも、文化運動の具体的な面での現れであろう。

橋本義夫のふだん記運動　戦前に先駆的な文化活動を行った橋本義夫は、戦後も文化運動を展開した。昭和三十年代に地方文化研究会を設け、地域で自らの考えを行動に移した。文字が刻まれた石の碑と、新聞やパンフレットに文字が印刷された紙の碑との二種の碑を発想し、その実現に向けての取り組みを実践した。石の碑では、地域振興や文化向上を意図して、宗兵衛麦の碑、万葉歌碑、困民党首領塩野倉之助碑、多氷屯倉碑、絹の道碑などを建てた。この建碑運動は、独自の歴史認識で地域の歴史を発見し、埋もれた歴史への窓を開けた。

昭和四十三年（一九六八）には、ふだん記運動がスタートした。ふだん記運動について橋本は、「〈万人に文章を書かせ、万人が本までも出せる〉。これが私の長い夢であった。十年間は自分に試み、それからほぼ十年間は若干の人々と実験し、その後約十年間は、〈ふだん記〉と称し、文友と共に、各地、各職業、各階層で試みた。困難は少なくなかったが、多くの文友の協力で、実験は〈可能〉という答えが出て、世に多少普及し、国内に知られるようになった」(『だれもが書ける文章』)と述べている。昭和四十九年八月、色川大吉が「昭和精神史序説　現代の常民──橋本義夫論」を『中央公論』に発表した。従来の民俗学における英語のcommonsにならった文化概念としての「常民」という用語を民衆史の観点から見直したもので、橋本義夫が広く知られるきっかけとなった。

全国的に展開した「ふだん記運動」では、小泉栄一『多摩の丘かげ』、橋本義夫『庶民の記録』、小俣惣司『ある鳶職の記録』、設楽政治『高尾山麓夜話』、瀬沼和重『高尾──山と麓の地誌』、澤田鶴吉『寺田の百姓』、橋本義夫『村の母』、神田貞子『和裁六十年』、など、民俗的にも注目されるものが刊行された。

説経節・車人形の保存伝承　車人形へは、昭和二十年代の後半から市内に住む歴史家の高橋磌一（一九一三〜一九八五）の支援があった。後に歴史教育者協議会委員長をつとめた高橋の縁で、瀬沼周助率いる西川古柳座は、勤労者の音楽鑑賞団体である労音の全国公演に参加した。そこで、後継者育成活動を行い、『山椒大夫』や『佐倉義民伝』が上演された。戦前には見られなかった戦後の新たな活動である。政治性のある活動も見られた。こうした政治的動きに対して、車人形資料の収集や保存活動で尽力していた久米井亮江（一九〇一〜八三）が、「武蔵野に咲かせばや車人形」(『多摩文化』二十）で批判している。久米井は、説経節と車人形資料の収集を積極的に行い、八王子周辺で収集した多数の車人形関係資料を一旦故郷の香川県に持ち帰ったが、後に遺族の手で八王子市郷土資料館に納められている。

高橋の支援があった時期の瀬沼周助とその子の時雄は、多様な芸能に直接触れ、全国を巡る活動から新たな認識を得て、今日の八王子車人形の基盤をつくったといってよい。瀬沼時雄は、車人形を生み出した山岸柳吉を初代西川古柳とする人形遣いの系譜化を試み、祖父瀬沼時太郎を二代目、父の周助を三代目、自らを四代目西川古柳と称した。昭和五十年代には、常設の稽古場を設け、文楽の吉田文昇の直接指導を受け、子息である瀬沼亨を国立劇場文楽研修生とするなど、芸の質的向上を図り、座の基盤整備を行った。ちょうど語りの説経節が途絶えようとしている時期で、語りを義太夫節に転換するとともに、琵琶、新内、洋楽などとも演じるようになった。昭和五十六年（一九八一）の中南米公演を機会に、民俗芸能研究家の西角井正大の発想から、乙女文楽の操法を取り入れ、新車人形と呼ぶ新しい操法を採用した。これは人形遣いの頭・手・足の各部位が、人形の首・手・足それぞれに対応して遣え、リズミカルで動きの速い洋舞などにも対応できるようになった。瀬沼時雄と瀬沼亨は、プロの八王子車人形の人形遣いとして歩んでいった。

多摩文化研究会の鈴木龍二（一九〇七〜七〇）も、車人形の保存伝承では忘れてはならない人物である。昭和四十三年（一九六八）、「車人形は如何に保存すべきか」（『多摩文化』二〇）を発表し、八王子市郷土資料館が開催する「郷土の歴史を探る会」で定期的な公演を始める。この公演は、今日の「八王子車人形と民俗芸能の公演」につながり、八王子車人形の保存・普及に大きな貢献を果たしている。

昭和六十年、説経節の支援者で写真家の宮川孝之は、八王子車人形の瀬沼時雄と松井翠次郎のアドバイスも受け、八王子商工会議所の支援もあって八王子車人形後援会を組織する。支援者の輪を経済界にも広げた後援会の結成は、八王子車人形の活動の裾野を広げた。説経節の会は、昭和六十一年に宮川孝之らが結成、内田総淑（十代薩摩若太夫）の芸の継承を軸に活動し、平成五年（一九九三）には東京都指定無形文化財保持団体となった。なお、昭和五十年代まで八王子市内には、八王子車人形の西川古柳座と十代薩摩若太夫を中心とする西川車人形の秋間一昇座とがあった。

(二) 都市化の中の民俗

多摩文化研究会　昭和三十四年（一九五九）、多摩文化研究会は、振興信用組合専務理事の鈴木龍二を中心に結成され、会誌『多摩文化』を二四号まで刊行する。この会では、八王子千人同心や自由民権運動などの歴史研究が主であったが、ここでは民俗的な部分を紹介する。

『多摩文化』創刊号で楢原次雄（橋本義夫）は、「お日待～亡びゆく部落の行事～」を記し、「田舎には、過去のいろいろな伝統が残っているが、それが近頃急速に亡びてゆくようだ。なかでも生産に関係の深い［十五日正月］の諸行事が、急テンポで簡易化し、消失の傾向にある。（中略）農村に発達し、広まり、年中行事として残っていることも、社会生活の変革で、やがて変わり消滅すべき運命にあるのだから、此際現実あったこと、あること等を記録し、写真にとり、絵にかいておくことが必要であると思う」と、生活の変化のなかで失われていく民俗の記録の必要性を述べている。

多摩文化研究会の会誌『多摩文化』の特集は、「車人形」や「高尾山」があり、民俗に関する論文や報告も掲載された。特に村田光彦の「村落史話」、「城東俚談」、「続城東俚談」が元八王子の研究を特集した『多摩文化』一四号に掲載された。

鑓水の小泉栄一（一九一七～九九）は、『多摩文化』に「地名発生由来考」、「わりいことば」、「蝉」などを投稿している。小泉は、橋本義夫の絹の道碑の建立に貢献し、後の「絹の道」の名称だけでなく内容についても、その普及には大きな役割を果たしている。さらに、多摩ニュータウンの開発で失われていく農家を保存しようと、自ら住んでいる民家（屋敷）を東京都指定有形民俗文化財〈小泉家屋敷〉とする。鑓水で、開発に際して住民と詳細な記録を『ふるさと板木』にまとめ、橋本義夫のふだん記でも自著を刊行し、後に桑都民俗の会でも活躍する。

多摩石仏の会　八王子市郷土資料館が開館した昭和四十二年（一九六七）の七月に、庚申懇話会に属していた青梅の石川博司の提案で「石仏愛好者のつどい」が開かれた。その会で、①会の名を「多摩石仏の会」とする　②会合の場所を八王子市郷土資料館とする　③毎月第二日曜日午後一時から定期会合を開く　④会合では、石仏の調査方法の研究・資料交換・共同調査・研究発表・講師を招いての研修などを行うことが決められた。八月二十日の会合は、第二回多摩石仏の会となっている。調査票の検討、碑型の分類、都の調査員であった山上茂樹の種子（梵字）の解説が行われた。第三回に会則が決まり、のち会誌『野仏』を発行する。石川の他に縣敏夫、犬飼康祐、川端信一、島田實、瀬沼和重、八代恒次らが参加する。

昭和四十四年に八王子市郷土資料館から、多摩石仏の会会員が中心となって『八王子市石造遺物総合調査報告書』を刊行する。当時の八王子市教育委員会教育長の後藤總一は、その書の「はじめに」で、「最近の都市化の傾向はこのような地域を激しく浸食し、それらの石造文化財はまことに憂慮すべき事態にさらされるようになった。そこで、それらの管理と保護を検討するための石造遺物総合調査を企画したわけである」と述べ、開発に対しての保存に向けた調査であることを述べている。そして、会員は全国的な石仏研究に寄与する。たとえば縣敏夫は板碑研究をリードし、市内の詳細な板碑調査を行い、『八王子の板碑』にまとめた。また、広大な高尾山境内の石造遺物の調査を、補足調査を含めて足掛け一〇年かけて行い、『高尾山の記念碑・石仏』を刊行している。

(三) 市民の台頭 ── 地域を記録する

社会教育と市民グループ　昭和三十年代から四十年代前半に、「多摩」の名を冠する多摩文化研究会、多摩考古学研究会、多摩石仏の会などの団体が結成される。それらは、宅地開発等に対する文化財保護運動と地域史研究とが一体となった市民運動の性格を持っていた。そうした市民の動きがあり、行政では戦後の地域民主化、高度成長での公害問題、住民自治、新たな住民を迎えての生活課題など、社会教育の分野が重要となった。

八王子市教育委員会では地区ごとに社会教育推進委員会を設け、その活動の中から郷土史に関する団体が誕生した。さらに、社会教育施設の公民館、婦人センター、郷土資料館などから、歴史・民俗に関する市民グループが誕生した。昭和三十九年（一九六四）には、公民館で八王子を知る会が発会している。

昭和五十年代には、郷土を考える会、古文書を探る会、桑都民俗の会、婦人センター歴史クラブ、川口郷土史研究会、谷地郷史話会、横山会、打越歴史研究会、めじろ台歴史愛好会、八王子城山会などが生まれた。昭和六十年代には、説経節の会、大谷町歴史愛好会、古文書の初歩を学ぶ会、水曜歴史愛好会（古文書）、糸の会（古文書）などが生まれる。この時期のグループの特徴は、地域的には旧村や大字などの比較的狭い範囲で構成され、テーマは古文書・民俗・城などと分野を限り、構成員は新市民の女性と地域の変化に危機意識の高い旧住民が多かった。宅地開発で転居してきた多数の新たな市民の活動が刺激となって、旧市民が地域の歴史や伝統文化を意識し、両者が一体となった活動が展開される。

多くの市民グループの誕生は、地域社会に歴史や民俗に関心を寄せる人々が確実に増加した証である。特に女性の活躍が顕著で、婦人センター歴史クラブは昭和五十六年に、『八王子の結婚〜大正・昭和のよめとり・むことり〜』、昭和六十二年に『八王子のお葬式〜歩いて聞いたお弔い〜』を、八王子市教育委員会社会教育部婦人センターから発行している。公民館の歴史講座を受講した六人の主婦による横山会は、一〇年かけて旧横山村の石仏調査を行い、『旧横山村　石仏調査報告書』を手製の本にまとめている。婦人の活躍は八王子市ばかりでなく、福生市の「ゆずりは」、東大和市の「みちの会」などが民俗調査で顕著な成果をあげている。

由井地区では大規模住宅地の開発に対して、地域の伝統的な生活文化の保存継承を目的に、中学校のPTAを基礎にして平成三年（一九九一）から地動な活動を行い、平成六年に由井地区「ふるさと資料館」建設推進委員会を結成した。同会は民具の収集・保存・調査などを行い、平成九年には『めかご～八王子市宇津貫町における「目籠づくり」の現状調査～』を刊行した。

この時期の歴史・民俗系市民グループは、郷土資料館などの社会教育施設を拠点に、市民運動的側面はあまりなく、具体的な調査・研究をすすめる点が特徴的である。

郷土資料館と桑都民俗の会　昭和四十二年（一九六七）四月、八王子市郷土資料館は、大規模宅地開発に対する埋蔵文化財の保護を目的とした市民の文化財保護運動を経て誕生した。同館は織物業を営んでいた井上郷太郎が収集した考古学資料「井上コレクション」の市への寄贈がきっかけとなり、オリンピック東京大会の開催を記念して建設された。

昭和四十九年ころからは、埋蔵文化財保護行政の窓口は、社会教育課文化財係が担当し、文化財保護行政は開発に対応した考古学の発掘調査が主となる。そうしたなか郷土資料館では、古文書や民具などの資料収集と収蔵、その資料に関する講座や展示会の開催を行い、それらは社会教育活動としての市民との協働の場となった。郷土資料館長の小泉恵一は、終戦直後から社会教育活動の実践者で、郷土資料館では管理運営の改革を断行し、桑都民俗の会の創立など市民グループの育成に力を入れた。

昭和五十年代は、多摩地域に複数の市立博物館が開館し、各館の連携が図られた。昭和五十二年、青梅市郷土博物館・川崎市立日本民家園・調布市郷土博物館・八王子市郷土資料館・府中市郷土館・町田市立博物館の民俗分野を専門とする学芸員によって背負子（しょいこ）の会が結成され、西多摩郡檜原村の背負梯子の調査など、新たな分野である民具研究がすすめられた。日本民具学会や関東民具研究会の活動にかかわる。この背負子の会は、地域博物館を基盤とした民俗系学芸員による連携組織としては、わが国で最も早い時期のものであった。

昭和五十三年、郷土資料館の秋の特別展「ねがい展」の開催を機会に、郷土資料館長の企画で、その年の五月二十七日に桑都民俗の会が発足した。特別展の資料調査者が桑都民俗の会の会員となり、各地区の民俗に精通している相原悦夫、秋間健郎、植松森一、小泉栄一、澤井榮、鈴木樹造、瀬沼和重、福島千春、福島和助と、事務局として郷土資料館学芸員の佐藤広を加えての一〇名でのスタートであった。活動は主に郷土資料館で例会を開催し、民俗散策や体験学習などを行い『桑都民俗の会月報』と会誌『桑都民俗』を発行した。郷土資料館と桑都民俗の会が連携した調査は、昭和五十三年の「祈願の調査」、昭和五十九～六十年にかけての「養蚕織物に関する信仰調査」、昭和六十三年の「縫うことに関する民俗調査」、平成二年（一九九〇）と四年の「伝統的建造物等の所在確認調査」などがある。平成九年には、桑都民俗の会が八王子市で最初の民俗誌『小津の民俗』を刊行した。この桑都民俗の会は、郷土資料館で民俗を担当する学芸員の神かほり、美甘由紀子が受け継いでいく。

市民の民俗研究　何人かの桑都民俗の会会員の活動に言及しよう。児童文学者の菊池正は、とんとんむかしの会を主宰し、市内に伝わる伝説や俗信、昔話などを丹念に収集し、『八王子の弘法伝説』や『むかしでござる～高尾山説話集』などを著し、自ら語り部として実践した。光石知恵子は、八王子の近世史研究を柱に石川日記をはじめとする古文書解読から水田直播の摘田、遊び日、養蚕などの民俗に触れ『近世八王子の研究』にまとめている。相原悦夫は、

『八王子の曳山祭』、『八王子の曳山彫刻』、『彫刻師　佐藤光重』などをまとめ、八王子の曳山研究を進展させた。小宮山登は発掘調査に参加して実測図の作成を学び、それを民具研究に活かして千歯扱きや鍛冶の研究を行い、自治体史編さんなどにも加わっている。主婦の新堀八重は婦人センター歴史クラブで活躍し、次第に研究の場を広げていくつかの民俗学研究会に所属し、自治体史の編さんにもかかわるようになった（新堀八重遺稿集『白櫻』）。恩方地区出身の鈴木樹造は、地名研究を一筋に行った。植松森一は、教え子の中学生のレポートを『郷土夕焼けの里』にまとめるほかに、継続して石仏研究を行った。澤井榮は生まれ育った高月町滝にこだわり続け「多摩川中流域のムラ〈八王子市高月町滝の民俗〉」（『加住の民俗』）などをまとめている。

桑都民俗の会は八王子に住む新旧住民が、郷土資料館という場で出会い、開発で失われていく民俗の記録と継承が主な活動となった。昭和五十年代に、ようやく民俗分野独自の展開が可能となったのである。古くから八王子市域に住む市民にとって地域を記録することが急務で、新たに転入した市民は、これから住み続ける新天地の生活文化に関心を示した。そこで、地域でいろいろな課題に向き合い、新旧市民の中から民俗学に深い関心を寄せる人々が生まれた。

桑都民俗の会初代会長の福島和助のように、自らが話者でもあり、多様な人々をまとめることのできる存在も地域ではきわめて重要であった。

（四）現代の民俗的課題——まちづくりと民俗

民間機関の活動　地域における活動で見落としてはならないことに、民間機関での取り組みがある。歴史的にみると、民間企業の文化事業では、昭和二十三年（一九四八）、京王帝都電鉄（現在の京王電鉄）が沿線の史蹟紹介と旅客誘致を目的に発足させた京王多摩文化会が挙げられる。ここでは八王子の郷土史家である佐藤孝太郎を講師とした歴史探訪のほか、八王子車人形の公演などを行っている。多摩文化研究会の誕生も、八王子の地域経済の要であった振興信用組合を拠点としての、組合の普及という側面も持っていた。

今日、多摩地域で最も知られている地域の季刊誌『多摩のあゆみ』は、昭和五十年に、多摩中央信用金庫（現在の多摩信用金庫）が創刊した。当時の理事長の関塚正平は、多摩中央信用金庫創立四十周年記念誌編さんの際に思い立った企画で、地域金融機関の業務推進には職員は地域の生活・産業・文化、歴史を学ぶ必要がある、地域に多くの研究者が存在する、地域の人々の関心が高い、などの理由から茶の間の郷土誌として『多摩のあゆみ』を発行したことを述べている（「創刊の御挨拶」『多摩のあゆみ』創刊号）。平成三年（一九九一）からは、新たに設立されたたましん地域文化財団が編集を行っている。民俗的な特集を記してみると、『多摩の地名』、『多摩の「講」』、『多摩地方の年中行事』、『多摩地方の俗信』、『多摩の民俗芸能』、『多摩の食生活』、『多摩の祭りと芸能』、『多摩の伝統芸能』、『多摩の民話』、『豊かさの再発見～民具からのアプローチ～』、『多摩の説経節』、『民具歳時記』、『多摩の民家』、『高尾山』、『多摩の養蚕・織物』、『神楽・神楽師』、『葬送と墓制』、『宮本常一と多摩』、『石仏にみる民間信仰』、『民具に見る社会』など、二〇冊にも及ぶ。同誌には八王子の民俗に関するレポートも多く掲載されている。さらに『多摩民具事典』を刊行している。

こうした刊行物では、市町村の枠を超えて歴史文化の状況を把握することができる。また、研究者と市民をつなぎ、自由な立場からの意見発表の場という点でも『多摩のあゆみ』は重要である。

新たな地域活動と課題　わが国では、昭和五十年代半ばから平成のはじめにかけて、まちづくり、環境保全、福祉、平和、食などの多様な分野で、営利を目的としない生活課題の解決を目指す新たな市民活動が数多く誕生した。それまでの市民団体とは違った新しいタイプのものであった。そうした動向を背景に、平成十年（一九九八）に特定非営利活動推進法（ＮＰＯ法）が施行された。八王子市内でもＮＰＯ法人をはじめ、法人格の有無を問わず、多くの非営利団体が設立され、新たに地域課題に取り組んでいる。ある団体では、里山の自然環境の保全を目的に雑木林の管理を行い、谷戸田を活用し、稲の栽培を子どもたちに体験させたりしている。また、南多摩の主要な副業であったメカイ（目籠）の製作技術の記録や保存伝承を行っている団体もある。自然環境の保全では、かつては村の山・田・畑であった里山を活動の舞台にするため、民俗にかかわる側面を有している。

いちょうホール（八王子市芸術文化会館）を拠点とする伝統文化ふれあい事業実行委員会では、八王子車人形と説経節の体験・発表講座と木遣・獅子舞の民俗芸能講座を開催し、後継者育成や八王子車人形の学校公演などを行っている。獅子舞・木遣・八王子車人形・説経節の保存団体で構成した八王子指定文化財芸能団体協議会では、平成十五年から「八王子車人形と民俗芸能の公演」を毎年開催し、同時にロビーでの展示と解説を行い、自立的な活動を続けている。まちづくりや観光事業では、伝統芸能や昔話などを資源として活用し、獅子舞などの保存会が学校教育の現場で子どもたちに指導するなど、民俗との接点は確実に多くなっている。また、地域コミュニティの中核組織である町会・自治会は、大きく変貌する地域社会の中で、さまざまな課題に直面している。そうした地域の社会組織の課題については、きだみのる（木田稔、本名山田吉彦）の取り組みや民俗学での社会組織研究は、今日と将来のコミュニティの創造に欠かせないものである。

八王子市下恩方町に居住したことのあるきだみのるは、著名な社会学者であるデュルケムの甥のマルセル・モース（社会学・人類学）に、パリ大学で師事した。そのきだは、疎開を兼ねて長い間恩方地区を観察し、書名はセンセーショナルであったが日本社会の「基本的な構造と機能メカニズムを説明するモデルを描く」（「あとがき」『気違い部落周游紀行』）意図で、『気違い部落周游紀行』や『にっぽん部落』を著した。きだの子である山田彝は、「この集落の住人たちの考え方・行動のパターンは、実のところ私たち日本人の誰もの心の中に生きている一般的なものなのである」としている（「あとがき」『気違い部落周游紀行』）。

地域社会は多様な多くの課題に直面している。人の誕生と子育て、婚姻、高齢化社会における介護、老いや死、葬儀、グローバル化のなかでの伝統文化のあり方など、地域社会における課題は多い。

あとがき

私は地方自治体の職員として、博物館（郷土資料館）・文化財保護行政・歴史編さん（市史編さん）の仕事をしてきた。故に基本は行政マンで、仕事の中で専門性への興味が生じ、知識が必要であることを学んだ。そして、自分らしい仕事をしたいとたびたび悩んだ。若い頃は自分が生まれ育った農村の家庭や地域から、自らを社会的少数者と考えていた。でも自分の個性はそこにあると気づき、地域の民俗や伝統文化の調査研究に至った。

令和二年（二〇二〇）の誕生日を迎え私は七〇歳になり、身辺整理を試みた。蔵書や日記をはじめ、自分が処分しなくては片が付かない。その一つの手法として本書がかたちとなった。亡くなった姉の供養のためと思い、平成七年（一九九五）に『八王子の民俗』を出版してから二〇年が経過しようとしている。ようやく続編の刊行となった。

地域の伝統文化や歴史は、地域社会にとって中核の部分である。八王子市には豊富な歴史資料、発掘された考古資料・江戸時代から明治・大正・昭和の文書資料・織物産業資料・民具などの民俗資料・八王子空襲の戦災資料などに加え、八王子車人形・説経節・芸妓衆・鳶職・獅子舞の保存団体などの伝統文化の継承者が活躍されている。ささやかな本書が、学校教育や生涯学習で八王子の歴史や伝統文化がより活用され、少しでも地域の人々の繋がりを生みだすきっかけとなれば望外の喜びである。

編集をはじめ根気よくお付き合いいただいた揺籃社（清水工房）の、増沢航氏にまず感謝申し上げる。高齢者あんしん相談センター南大沢の生活支援コーディネーターの青山百合香氏がまとめている「由木ぶら散歩の会」でお会いした写真家の清水琴美氏には、ブックカバーの写真をお願いした。また同会の橋本直紀氏には明治十二年（一八七九）の「村名改称」などでご教示いただいた。題字は幼馴染みの田倉幸彩さんに揮毫していただいた。歴史や地域を通しての繋がりに感謝している。

八王子市教育委員会生涯学習スポーツ部文化財課（郷土資料館）の栁沢誠氏、八王子千人同心旧交会会長の野嶋和之氏には種々ご教示いただいた。町田市立自由民権資料館には史料の利用でご理解をいただき、心からお礼申し上げます。

『新八王子市史』の編さんで民俗部会長をつとめていただいた國學院大學名誉教授の小川直之氏には、同時代をともに活動してきた仲間としての過分な序文をいただいた。

本書の刊行に際してご協力いただいた皆様方に、心からお礼申し上げます。最後に、聞き書きの話者と関係者の方々のお名前を記し感謝の意を表します。


〈話者・関係者（掲載順・敬称略）〉

佐藤孝太郎　金子　吉蔵　林　市郎　石川浪之助　林　マサ子　小俣　惣司　秋山　広誠
遠藤　蔵雄　大野　敏夫　安田　正三　安田　勲　豊泉　こと　南町町会　松田　旭子
松田　邦義　高瀬　勝郎　高瀬喜美枝　高瀬　勇行　久野　久夫　井上　泉　内田　総淑
村野　杉次　篠崎　保治　鴨下　長治　矢島　てる　吉見　義明　吉見　一雄　立川　秋雄
井上　輝久　内田　福島　忠治　田野倉久美　谷合　良一　谷合　浩一　石井ウメ子
多賀谷香奈江　石川寿栄子　石川　明　澤本　宜男　大井　英二　朝倉　和男　峯尾　満
岸本　俊一　岸本　守正　真　福　寺　金子　照雄　澤田　鶴吉　澤田　和夫　寺田町老人会
落合　与一　常盤クニ子　横川町の元鍛冶職の奥様　市川庄太郎　菊谷　久次　菊谷　浩一

菊谷　文男
馬場　テウ
三橋　道子
澤井　トキ
青木　勝一
大導寺昭夫
小泉　栄一
佐藤　幸男
佐藤　ツナ
林　　昭雄

虎見
鈴木勝太郎
圓　通　寺
澤井　正喜
栗原　　茂
大導寺　敬
小泉　秀夫
田中　武雄
佐藤　利夫
林　　宗敬

内田弥三郎
高島　キン
関　　英夫
澤井　安雄
岡部
飯島　きぬ
小泉美智子
田中久美子
石井　貞之
清　鏡　寺

山下　若松
久保辰太郎
関　　芳夫
渡部　恵一
峰尾　幸雄
伊藤卯重郎
浅井　道江
佐藤要次郎
吉田　隆治

小澤　達人
久保　誠一
澤井　常一
後藤　又吉
青木　為蔵
高麗忠次郎
木下　春夫
佐藤　一郎
齋藤麟太郎

高井　住和
車田　勝彦
澤井　ツ子
田代　クニ
青木　タツ
市川
佐藤　　昇
溝口　龍蔵
田口　茂一

楢本　考吾
三橋　良雄
澤井　　功
菱山　房吉
大導寺隆助
石井　栄治
佐藤　一三
佐藤　三吉
加藤　見法

引用・参考文献一覧（第三章を除く）

第一章

一九二六　小松茂盛『八王子十五組地誌　全』（八王子）史談会

一九二六　串田克明『散田村初り之事記』

一九三二　「水のお礼に禁札」『郷土教育資料』八王子教育会

一九六〇　鈴木龍二校閲『写本　八王子郷風土記』多摩文化研究会

一九六一　眞上隆俊「八幡、八雲両社について」『多摩文化』7号　多摩文化研究会

一九六三　「横山根元記」『多摩文化』13多摩文化研究会

一九六四　『八王子市町村廃合表』八王子市史編集室

一九六五　佐藤孝太郎「生き返った八王子の名」『八王子物語』下巻明治篇　多摩文化研究会

一九六六　佐藤孝太郎「時の鐘の由来」『八王子物語』上巻江戸時代篇　多摩文化研究会

一九六七　八王子市史編さん委員会編『八王子市史』下巻　八王子市役所

一九六八　八王子市史編さん委員会編『八王子市史』附編　八王子市

一九七二　大塚民俗学会編『日本民俗事典』弘文堂

一九七二　塩野適斎著　栗山亀蔵訳『桑都日記』続編　鈴木龍二記念刊行会

一九七三　塩野適斎著　山本正夫訳『桑都日記』鈴木龍二記念刊行会

一九七五　植田孟縉著　片山迪夫編『武蔵名勝図会』慶友社

一九七五　相原悦夫『八王子の曳山祭』有峰書店

一九七七　村上直　樋口豊治「解題　横山根元記」『日本都市生活史料集成』8宿場篇　学習研究社
一九八三　福井保『江戸幕府編纂物』解説編　雄松堂
一九八四　国史大辞典編集委員会編『国史大辞典』4巻　吉川弘文館
一九八六　小浦泰明『土地っ子が綴る散田の歴史』小浦泰明
一九八八　国史大辞典編集委員会編『国史大辞典』9巻　吉川弘文館
一九九〇　白井哲哉「八王子千人同心と地誌編纂事業」『地方史研究』277地方史研究会
一九九一　八王子市郷土資料館編『改訂石川日記（一）（二）（三）』享保5年〜元文5年　八王子市教育委員会
一九九二　佐々木蔵之助「史料紹介　復活した八王子の地名」『由井野』3号　元八王子歴史研究会
一九九二　嵯峨井建『日吉大社と山王権現』人文書院
一九九二　『八王子千人同心史』通史編　八王子市教育委員会
一九九二　国史大辞典編集委員会編『国史大辞典』13巻　吉川弘文館
一九九四　國學院大學日本文化研究所編『神道事典』弘文堂
一九九五　土井義夫「八王子千人同心の地誌捜索」『八王子の歴史と文化』7号　八王子市教育委員会
一九九六　間宮士信等編　白井哲哉解説『新編武蔵国風土記稿』多摩郡五巻　文研出版
一九九七　『多摩のあゆみ　特集「新編武蔵風土記稿」の世界』たましん地域文化財団
一九九七　古文書を探る会『明治三年の村明細帳にみる八王子のむら　付享保五年八王子宿明細帳』古文書を探る会
一九九八　村上直「徳川氏の関東入国と代官頭」『歴史の道調査報告書第5集甲州道中』東京都政策報道室
一九九九　「マルベリーブリッジと絹の道」八王子市
一九九九　『日本民俗大辞典』上　吉川弘文館

二〇〇〇　『日本民俗大辞典』下　吉川弘文館
二〇〇三　八王子市郷土資料館編『千人のさむらいたち――八王子千人同心』八王子市教育委員会
二〇〇四　白井哲哉「補論　八王子千人同心による地誌調査」『日本近世地誌編纂史研究』思文閣
二〇〇五　八王子市郷土資料館編『八王子千人同心の地域調査――武蔵・相模の地誌編さん――』八王子市教育委員会
二〇〇六　岸本覚「白井哲哉著『日本近世地誌編纂史研究』」『日本史研究』５２５　日本史研究会
二〇〇九　加藤友康　高埜利彦　長沢利明　山田邦明編『年中行事大辞典』吉川弘文館
二〇一〇　岩橋清美『近世日本の歴史意識と情報空間』名著出版
二〇一一　馬場喜信『植田孟縉　雲は夢見る世に事なきを』かたくら書店
二〇一一　井上攻「岩橋清美著『近世日本の歴史意識と情報空間』」『日本史研究』592　日本史研究会
二〇一二　八王子市市史編集専門部会近世部会編『八王子市史叢書1　村明細帳集成』八王子市総合政策部市史編さん室
二〇一三　八王子市市史編集委員会編『新八王子市史』資料編3近世1　八王子市
二〇一三　八王子市市史編集委員会『新八王子市史』資料編3　近世1　八王子市
二〇一四　鈴木泰「江戸時代の浅川治水と八王子のまちづくり」『水資源・環境研究』27水資源・環境学会
二〇一四　八王子市郷土資料館編『八王子名勝志　一』八王子市教育委員会
二〇一四　八王子市市史編集委員会編『新八王子市史』資料編2中世　八王子市
二〇一五　五味元『川口で活躍した千人同心牛尾善十郎　植田孟縉の武蔵名勝図会を書写して地域に広めた業績』牛尾征治
二〇一五　八王子市市史編集委員会編『新八王子市史』資料編4近世2　八王子市
二〇一五　八王子市郷土資料館編『八王子名勝志　二』八王子市教育委員会
二〇一五　八王子市郷土資料館編『高尾山石老山記』八王子市教育委員会

二〇一六　村上直「植田孟縉と塩野適斎」『江戸幕府八王子千人同心（増補改訂版）』雄山閣
二〇一六　野嶋和之「千人同心組頭　塩野氏について」『旧交会』19号　八王子千人同心旧交会
二〇一六　八王子市史編集専門部会民俗部会『新八王子市史民俗調査報告書　第5集　八王子市中央地域　旧八王子町の民俗』八王子市市史編さん室
二〇一六　八王子市市史編集委員会編『新八王子市史』通史編2　中世　八王子市
二〇一七　八王子市市史編集委員会編『新八王子市史』通史編3　近世（上）八王子市
二〇二〇　山下慶洋「日本遺産――事業開始から5年を経過して」『立法と調査』424　参議院常任委員会調査室
二〇二三　橋本直紀「多摩ニュータウン開発前の南大沢」『令和4年度八王子千人塾レポート集』八王子市中央図書館

〈利用史料〉

「桑都日記」極楽寺所蔵
「八王子郷風土記」町田市立自由民権資料館（図師町佐藤家旧蔵・複写史料）
「八王子郷名蹟拾遺」町田市立自由民権資料館蔵（図師町佐藤家旧蔵・複写史料）
「八王子十五宿地誌捜索」国立国会図書館デジタルアーカイブ
「武蔵名勝図会」国立公文書館デジタルアーカイブ

第二章

一九六八　八王子市史編さん委員会編『八王子市史』附編　八王子市役所
一九七八　小柳鹿蔵『ふだん記本52由木村はわが故郷　付由木村の百人』ふだん記全国グループ
二〇一七　八王子市市史編集委員会編『新八王子市史』民俗篇　八王子市

二〇二三　橋本直紀「多摩ニュータウン開発前の南大沢」『令和4年度八王子千人塾レポート集』八王子市中央図書館

第四章

一九二六　小松重茂盛『八王子十五組地誌全』八王子史談会
一九二六『散田村初り之事を記』小松茂盛　串田克明
一九六〇　植田十兵衛調　原利兵衛校訂『写本八王子郷風土記』多摩文化研究会
一九六三「横山根元記」『多摩文化』第13号　多摩文化研究会
一九六五　神奈川県立図書館『神奈川県史料』第一巻　制度部
一九七一　高橋磌一『歴史と庶民の対話』新日本出版社
一九七六　新藤恵久編著『道草日記　腕枕』
一九七七　三田村鳶魚『三田村鳶魚全集』第26巻　日記（中）　中央公論社
一九七八　色川大吉『ある昭和史　自分史の試み』中央公論社
一九八一　古文書を探る会編『江戸時代の庶民の旅～八王子鈴木佐平次道中日記』
一九八一　寺田和夫『日本の人類学』角川書店
一九八一　きだみのる『気違い部落周游紀行』冨山房
一九八二　八王子文化連盟『二十五年記念誌　くわ』
一九八二　柳田國男『定本柳田國男集』第三一巻（五刷）筑摩書房
一九九〇　松井翠次郎著作刊行会『松井翠次郎遺稿集～昭和史を貫く市民教育の軌跡』松井メイ子
一九九一　八王子市郷土資料館編『改訂　石川日記』（一）（二）（三）八王子市教育委員会

一九九二　高橋勝利『南方熊楠「芳賀郡土俗研究」』日本図書刊行会
一九九三　多摩百年史研究会『多摩百年のあゆみ～多摩東京移管百周年記念～』東京市町村自治調査会
一九九五　山口昌男「二つの自由大学運動と変わり者の系譜」『「敗者」の精神史』岩波書店
一九九六　間宮士信等編　白井哲哉解説『新編武蔵国風土記稿』多摩郡5巻　文献出版
一九九六　梱國男『土の巨人～考古学を拓いた人たち～』たましん地域文化財団
二〇〇一　逍遥協会「逍遥日記　大正一二年～大正一四年」『未刊・坪内逍遥資料集』三
二〇〇一　八王子市郷土資料館編「夕焼けの里の文化」八王子市教育委員会
二〇〇一　神奈川大学日本常民文化研究所編「資料紹介　アチックミューゼアム日誌（1）」昭和一〇年九月～一二月『歴史と民俗』一七　平凡社
二〇〇二　神奈川大学日本常民文化研究所編「資料紹介　アチックミューゼアム日誌（2）」昭和一一年一月～一二月『歴史と民俗』一八
二〇〇二　小倉英敬『八王子デモクラシーの精神史～橋本義夫の半生～』日本経済評論社
二〇〇五　八王子市郷土資料館編『八王子千人同心の地域調査～武蔵・相模の地誌編さん～』八王子市教育委員会
二〇〇五　馬場憲一編著『歴史的環境の形成と地域づくり』名著出版
二〇〇七　梶山雅史『近代日本教育会史研究』学術出版会
二〇〇八　西東京市・高橋文太郎の軌跡を学ぶ会『高橋文太郎の真実と民族学博物館～埋もれた国立民族学博物館前史～』萩原企画
二〇〇七　増沢航『記録の戦後史～橋本義夫が遺した記録～』ふだん記雲の碑グループ
二〇〇八　たましん歴史・美術館歴史資料室『多摩のあゆみ』第一三二号　たましん地域文化財団

二〇一〇　八王子市郷土資料館編『江戸時代に描かれた多摩の風景〜「新編武蔵国風土記稿」と「武蔵名勝図会」』八王子市教育委員会
二〇一〇　岩橋清美『近世日本の歴史意識と情報空間』名著出版
二〇一一　馬場喜信『植田孟縉』かたくら書店
二〇一二　雨森孝悦『テキストブックＮＰＯ（第二版）』東洋経済新報社
二〇一三　橋本鋼二「暴風雨を前に〜地方の教育・文化の向上を図る運動に精力的に取り組んだ時期」『ふだん記〜八王子雲の碑』第三三号　ふだん記雲の碑グループ
二〇一四　八王子市郷土資料館編『八王子名勝志』一　八王子市教育委員会
二〇一五　八王子市郷土資料館編『八王子名勝志』二　八王子市教育委員会
二〇一五　八王子市郷土資料館編『高尾山石老山記』八王子市教育委員会
二〇一五　佐谷眞木人『民俗学・台湾・国際連盟――柳田國男と新渡戸稲造――』講談社

初出一覧

第一章　江戸時代の地誌に記された八王子

書下ろし

第二章　八王子の民俗覚書――フィールドノートから

私の野帳から聞き書きをまとめた。以下の報告は再掲させていただいた。

一九八四　佐藤広「八王子市八日町の民俗雑記」『桑都民俗の会月報No.54』桑都民俗の会（二〇一五『八王子の民俗ノート』No.6八王子市市史編さん室に再掲）

二〇一五　佐藤広「石川町の立川秋雄氏聞き書き（小宮地区）」『八王子の民俗ノート』No.5　八王子市市史編さん室

二〇一五　佐藤広「小宮町の福島忠治氏聞き書き」『八王子の民俗ノート』No.5　八王子市市史編さん室

二〇一六　佐藤広「八王子市狭間町について」『八王子の民俗ノート』No.8　八王子市市史編さん室

二〇一六　佐藤広「八王子市南大沢・田中武雄氏聞き書き」『八王子の民俗ノート』No.8　八王子市市史編さん室

第三章　資料としての日記――私の「生活記録」

「一　私の生活記録」は、昭和三十八年（一九六三）から昭和四十七年までの一〇年間の日記のうち、その時代や地域の様子を表していると思われるものを筆者が選んで記載した。

「二　村組の終焉――八王子市南大沢の講中の場合」は、「村組の終焉――八王子市南大沢の講中の場合――」と題して、西郊民俗談話会発行の『西郊民俗』（第二五九号　令和四年六月）に掲載したものである。もとはこの稿のベースは、二〇一三年度法政大学人間社会研究科福祉社会専攻修士課程で提出した修士論文『村組の持続と終焉からみた地域コミュニティ』の「第三章　村組の終焉と現代地域コミュニティ」で、これを大幅に改定し『西郊民俗』に掲載させていただいた。大学院での指導教授は保井美樹先生（法政大学教授）で、先生は二〇二一年八月に、若くしてお亡くなりになられた。

第四章　八王子の民俗研究史――市民文化活動の軌跡

これは、八王子市が平成二十九年（二〇一七）三月三十一日日に発行した『新八王子市史』民俗編の「第十三章　八王子の民俗研究史」のうち、「八王子市民俗関係文献目録」を除き、収めたものである。八王子市市史編さん委員会民俗部会の部会長であった小川直之氏（当時國學院大學教授）から、地域の民俗学史を書くよう勧められた。私は現在の地域史研究の土台となっている江戸時代後期の地誌や、明治期の史料なども取り上げ、個人の論文としての学問成果よりも、広く戦前戦後の市民の地域文化に関係する活動を把握するよう努めた。

著者略歴

佐藤　広（さとう・ひろし）

1950年　東京都南多摩郡由木村南大沢（現 八王子市南大沢）に生まれる
1973年　法政大学社会学部卒
1973年　八王子市教育委員会に入り、八王子市郷土資料館に配属される
同館学芸員・同館館長、文化財課長、八王子市市史編さん室長を歴任
成城大学・多摩美術大学の非常勤講師を勤める
2014年　法政大学大学院人間社会研究科修士課程修了
単著に『八王子の民俗』、共著に『武相観音めぐり』『八王子事典』、編著に『多摩民具事典』『東京に残る江戸・人形芝居の世界　八王子車人形』などがある

続 八王子の民俗――地誌と伝承から見た八王子――

2024年11月14日　印刷
2024年11月26日　発行

著 者　佐 藤　　広
発 行　揺　籃　社
〒192-0056　東京都八王子市追分町10-4-101
㈱清水工房内　電話　042-620-2615
https://www.simizukobo.com/
印刷・製本／㈱清水工房

ISBN978-4-89708-521-0 C0039　乱丁本はお取り替えします。